Krüger-Kopiske / Reichardt (Hrsg.)

—

Wozu Marx?

Wozu Marx?

Gesellschaftskritik und individuelle Erfahrung

Herausgegeben von
Karsten Kunibert Krüger-Kopiske
Tobias Reichardt

Königshausen & Neumann

Bibliografische Information der Deutschen Nationalbibliothek

Die Deutsche Nationalbibliothek verzeichnet diese Publikation in der Deutschen Nationalbibliografie; detaillierte bibliografische Daten sind im Internet über http://dnb.d-nb.de abrufbar.

Verlag Königshausen & Neumann GmbH
Leistenstraße 7
D-97082 Würzburg
info@koenigshausen-neumann.de

Umschlag: skh-softics / coverart
Umschlagabbildung: Collab_media: Nahaufnahme von Karl Marx © envato.com

Druck: docupoint, Magdeburg
Printed in Germany

ISBN 978-3-8260-9345-6
eISBN 978-3-8260-9346-3

www.koenigshausen-neumann.de
www.ebook.de
www.buchhandel.de
www.buchkatalog.de

Inhaltsverzeichnis

Einleitung

Wer sich für Marx interessiert und über einen längeren Zeitraum hinweg verfolgt, wie dieser in der Öffentlichkeit rezipiert wird, stellt große Vorbehalte und Verzerrungen fest. Die Texte von Marx sind verstellt durch politisch motivierte Vorurteile und Fehlinterpretationen seitens ihrer jeweiligen Rezipienten. Es gibt viele Gründe, Marx falsch zu verstehen: In der Zeit des Kalten Krieges standen politische Überzeugungen und Befürchtungen einer vorurteilsfreien Marx-Rezeption entgegen. Man bekämpfte Marx und wollte die Staaten des Warschauer Pakts treffen, die sich auf ihn beriefen. Dabei wollte man auch innerhalb des Westens etwaige Kritiker, die von den Leistungen der Sozialen Marktwirtschaft vielleicht nicht restlos überzeugt waren, isolieren. Zwar gehören diese Verhältnisse der Vergangenheit an, da der „Systemgegensatz" von Kapitalismus und Realsozialismus nicht mehr existiert. Doch scheint eine neutrale Beschäftigung mit Marx auch heute noch häufig nicht möglich. Noch heute wird Marx in politischen Debatten für missliebige Positionen und wirkliche oder vermeintliche Fehlentwicklungen verantwortlich gemacht. Dass sich Wissenschaftler, Politiker oder andere Personen des öffentlichen Lebens offen als Marxisten bezeichnen, ist kaum vorstellbar und kommt nur in seltenen Ausnahmefällen vor. Gibt es Sympathien für Marx, so werden diese meistens eher versteckt gepflegt.

Aber auch seine Verteidiger haben nicht immer zu einem besseren Verständnis von Marx' Denken beigetragen. Dogmatismus hat dazu geführt, dass auch von der Seite seiner Apologeten eine sachliche Auseinandersetzung mit Marx oft nicht möglich war. Marx und Engels wurden, etwa von weiten Teilen der Studentenbewegung der 60er und 70er Jahre, nicht kritisch gelesen, sondern als Götzen verehrt. Man war auch hier weniger an den gesellschaftstheoretischen Inhalten denn an politischen Bekenntnissen interessiert. Und generell galt und gilt noch heute, dass sowohl diejenigen, die Marx ablehnen, als auch die, die sich auf ihn berufen, meist doch wenig von ihm gelesen und seine wissenschaftlichen Erkenntnisse kaum durchdrungen haben. So schreibt Eric Hobsbawm „Wer auch nur die geringste Ahnung von Ideologiegeschichte hatte, erkannte, daß die radikale Studentenbewegung von 1968 sehr viel mehr vom Geiste Bakunins oder sogar Netschajews umweht war als vom Geiste Marx'."[1] Noch viel stärker war dieser Zug in den Ländern, in denen der „Marxismus" oder „Marxismus-Leninismus" offiziell an der Macht war. Eine nichtdogmatische, selbstkritische Auseinandersetzung mit den marxschen Texten, wäre hier als Zweifel am politischen System, als politischer Angriff auf den Sozialismus aufgenommen worden, wie er in einer Diktatur natürlich nicht gestattet wird. Dogmatismus kann Unvollkommenheiten, Lücken, Ambivalenzen im Werk nicht dulden, da es ihm um Götzenverehrung geht. Dabei ist allerdings zu betonen, dass Dogmatismus und Vergötzung nicht nur von oben verordnet waren, sondern auch dem Bedürfnis vieler entgegenkamen, die offenbar mehr ein Idol als den fehlbaren Urheber kritischer Wissenschaft suchten.[2] Dieser marxistische Dogmatismus konnte keine langfristige Anziehungskraft entfalten. Er schadete der marxschen Theorie eher, als dass er ihr nützte. Auch einige der in diesem Band versammelten Autoren sind, vor allem in den 1970er und 80er Jahren, mit solchen fragwürdigen Marx-Interpretationen in Berührung gekommen. Sie schildern, was sie daran gereizt hat, aber auch, wo sie mit ihnen in Konflikt geraten sind.

Derzeit spielt Marx in der öffentlichen Diskussion keine große Rolle. In der Wissenschaft gilt er nicht gerade als der letzte Schrei. Marx ist nicht in Mode, wie es in den 1970er und 1980er Jahren in den geistes- und sozialwissenschaftlichen Disziplinen weitgehend der Fall war. Wollte man sich heute mit Publikationen über Marx für eine akademische Karriere rüsten, so würde man zumindest im deutschen Sprachraum ein hohes Risiko eingehen. Man würde sich dadurch

---

1 Eric Hobsbawm: Das Zeitalter der Extreme, München 1998, S. 102. Netschajew und Bakunin waren Anarchisten.

2 Dieses Phänomen gab es in politischen Bewegungen des Westens, aber auch in den Entwicklungsländern. Vgl. z.B. Dehqan Zehma: Der afghanische Marxismus als ‚säkulare Religion', in: Abbas Poya (Hrsg.), Afghanistan 2001–2021. Gewaltideologien und ein Hauch von offener Gesellschaft, Bielefeld 2024, S. 15–26.

angreifbar machen und in der „scientific community“ isolieren.[3] Wer linke politische Standpunkte in die Wissenschaft einbringen will, verortet sich derzeit eher im Spektrum von Feminismus, „Postkolonialismus“ oder „Intersektionalität“ und wird dort viele Gleichgesinnte und institutionelle Unterstützung finden.

Dennoch hat Marx, anders als dies viele nach 1989 wohl erwarteten, sich langfristig immer wieder als lebendig erwiesen. Sobald der Kapitalismus in eine Krise gerät wie in der Weltfinanzkrise, die 2008 ihren Ausgang nahm, scheint der Denker aus Trier wieder an Relevanz zu gewinnen und gewinnt sicher an Aufmerksamkeit. Auch die Massenmedien fragen regelmäßig, ohne dass dies Folgen hätte: „Hatte Marx doch recht?“[4] Zwar ist er in vielen Bereichen tabu, aber kritische Geister wenden sich bei bestimmten gesellschaftlichen Krisen und Herausforderungen über lange Zeit hinweg immer wieder seiner Gesellschaftsanalyse zu. Marx erweist sich damit als eine Art Underground-Klassiker. Dabei ist Marx ungleich lebendiger als andere „Klassiker“ wie Kant, Hegel, Nietzsche oder Max Weber. Während diese zwar in der Öffentlichkeit bisweilen zitiert, aber letztlich doch fast nur von Fachwissenschaftlern intensiv diskutiert werden, wird Marx nicht nur immer wieder und nahezu weltweit wissenschaftlich rezipiert und diskutiert. Es bilden sich auch unter Studenten oder auch außerhalb von Universitäten Lesekreise und Diskussionszirkel, die sich über Jahre hinweg mit den umfangreichen Schriften von Marx, vor allem mit dem *Kapital*, beschäftigen. So gibt es zum Beispiel in zahlreichen deutschen Städten Vereine, zu deren Hauptzwecken es gehört, sich mit der marxschen Theorie zu beschäftigen. Viele Menschen studieren Marx also nicht nur im weitesten Sinne beruflich, wenn sie an Universitäten oder anderen Lehranstalten angestellt sind, sondern verwenden ihre Freizeit dafür und gehen damit durchaus Risiken für ihre Karriere und in manchen Ländern für Leib und Leben ein.

---

3 So warnt auch Rainer Bohn im Vorwort zu seinem Buch „Marxistisches Denken“ vor den „karriereschädlichen Nebenwirkungen“ einer Beschäftigung mit diesen Themen. Vgl. Rainer Bohn: Marxistisches Denken, Baden-Baden 2021, S. IX.

4 So Der Spiegel, Nr. 1/ 2023, vom 30.12.2022.

Nicht nur aufgrund ihres Umfangs ist das Studium der marxschen Schriften schwierig. Seine Sprache ist diejenige des neunzehnten Jahrhunderts, die heute von vielen als schwierig und fremdartig empfunden wird. Hinzu kommt die enorme Komplexität der Theorie selbst, die, je nach individuellem Anspruch an das eigene Studium, eine langjährige Auseinandersetzung nötig macht. Belohnt wird man allerdings dadurch, dass man beim Studium, auch beim wiederholten Studium immer wieder neue Gedanken entdeckt oder diesen immer wieder neue Aspekte und Konsequenzen abgewinnen kann.

Die Interessen, die jeweiligen Aspekte des marxschen Werkes, die bei der Auseinandersetzung damit im Vordergrund stehen, sind sehr heterogen. Das umfangreiche Werk von Marx und Engels birgt verschiedene Anknüpfungspunkte. Einige Leser interessieren sich für historische Aspekte des Lebens und Wirkens von Marx und Engels, andere für ihre politischen Aussagen, wiederum andere für Geschichts- und Gesellschaftstheorie. Innerhalb der Gesellschaftstheorie kann das Interesse auf Ausbeutungsverhältnisse, Krisen, Imperialismus, das Finanzkapital oder gar auf das Verhältnis des Kapitals zur natürlichen Umwelt gerichtet sein. Auch die Interpretationen sind, wie sollte es anders sein, unterschiedlich. Es gibt Interpretationen, die an die politischen Interessen der Arbeiterbewegung anschließen, und solche, die etwa von der stark philosophisch geprägten Frankfurter Schule Adornos und Horkheimers bestimmt sind. Die Interpretationen unterscheiden sich auch in Hinblick auf mögliche politische Folgerungen. Manche Schulen betonen den Klassenkampf und nehmen recht direkt Partei für die Beherrschten. Andere betonen, wie sehr auch die Beherrschten in die Totalität der Gesellschaft eingebunden sind. Demnach gibt es keine „gute" Seite. Auch die Interessen der Beherrschten sind durch die kapitalistische Gesellschaft bestimmt und müssen demnach hinterfragt werden. Sie sind nicht immer auf Emanzipation gerichtet, sondern unter Umständen auch auf Erhalt des Status quo.

Die hier versammelten Beiträge illustrieren, dass Marx' Schriften unter vielen, miteinander verbundenen Aspekten relevant sein können. Es geht hier nicht um ein Dogma oder Verehrung eines Säulenheiligen, sondern um eine lebendige Aneignung und Weiterführung des marxschen Werks. Es handelt sich auch nicht um klassische „Sekundärliteratur“ nach dem Motto „Marx für Anfänger“ oder „Marx für Eilige“. Die Herausgeber ermunterten die Autoren, ihre jeweiligen Berührungspunkte mit der marxschen Theorie auch biographisch zu veranschaulichen. Ziel war dabei nicht, die Wissenschaft dem Relativismus preiszugeben, indem man sie von der Biographie eines Menschen abhängig macht. Ziel war vielmehr zu zeigen, dass die marxsche Theorie ihren Anhängern in verschiedenen Situationen oder zu verschiedenen Zeiten verschiedenes bedeuten kann. Vorschnellen Einordnungen „des“ Marxismus soll dadurch entgegengewirkt werden. Offenbar kann man sich aus verschiedenen Motiven mit Marx beschäftigen und als Marxist verstehen. Oft sind dies Motive und oft sind dies Formen des Marxismus, die den Leser oder die Leserin dieses Büchleins wohl überraschen werden. Auch die Verflochtenheit des Marxismus mit der realen politischen Entwicklung im Laufe der Jahrzehnte wird dabei angeschnitten. Fachwissenschaftliche Diskussionen und Detailfragen der Marx-Philologie spielen in diesen Beiträgen dagegen keine Rolle.

Diejenigen, die zu diesem Band beigetragen haben, sind recht bunt gemischt: Von Professoren über Studierende zu Berufstätigen in Sozialwirtschaft und in „freier“ Wirtschaft besteht eine beachtliche Bandbreite.

Die Podcaster für ökonomische Aufklärung Ole Nymoen und Wolfgang M. Schmidt erläutern das Konzept der Ideologiekritik. Mit der in ihren Podcasts (und in ihren Schriften) geübten Ideologiekritik, der Kritik an den Illusionen, die sich die bürgerlichen Subjekte über die Gesellschaft machen, in der sie leben, sehen sie sich in der Nachfolge von Marx. Zu den ausdrücklich erwähnten Gegenständen ihrer Kritik zählen nicht nur konservative oder wirtschaftsliberale Positionen, sondern auch linke wie die „Postwachstumstheorie“. Marxistische Theorie muss für sie eng mit den empirischen Fakten verknüpft sein, „eine Betrachtungsweise, die den Ist-Zustand der Welt nie übersehen darf“ – was gerade auf der politischen Linken, wo man Wunsch und Realität gerne verwechselt, eine sehr unpopuläre Betrachtungsweise sein dürfte.

Michael Hartmann wird dem als Empiriker nicht widersprechen. Hartmann ist als kritischer Elitenforscher bekannt. Sein Erkenntnisinteresse scheint dabei demjenigen Pierre Bourdieus zu ähneln. Bei beiden, Hartmann und Bourdieu, ist deutlich, dass sie mit ihrem Werk nicht nur einen wissenschaftlichen, sondern auch einen progressiven politischen Anspruch verbinden. Hartmann analysiert die Produktion und Reproduktion gesellschaftlicher Eliten zwar immer nach streng wissenschaftlichen Maßstäben. Dabei verfolgt er aber stets das Ziel, auf inegalitäre Tendenzen in der Gesellschaft hinzuweisen und politische Empfehlungen zu deren Abschwächung, wenn nicht gar Aufhebung zu geben. Hartmann nutzt die Gelegenheit, um auch eine Kritik an Bourdieu zu formulieren. Bei Bourdieu werde ein zentraler marxscher Begriff, derjenige des Kapitals nämlich, aufgegriffen, aber in einer Weise inflationär verwendet, dass er kaum noch etwas mit der marxschen Theorie zu tun habe, sondern dieser geradezu widerspreche. „Kapital“ werde gleichbedeutend mit einer beliebigen „Ressource“, die einem in der Gesellschaft Vorteile verschafft.

Krüger-Kopiske, der in den 1970er Jahren an einer links dominierten Universität studierte, schildert einen Zugang vieler Nach-68er zum Marxismus, ihre Auseinandersetzung mit der Elterngeneration und die Konflikte der unterschiedlichen Strömungen untereinander. Er zeigt, dass für viele Kleinbürgerkinder nicht Not und Zukunftsängste sowie gesellschaftliche Veränderung das treibende Moment waren, sondern sie häufig einer damaligen Mode entsprachen, insbesondere weil viele seiner ehemaligen Weggenossen sich heute weder tiefer mit Marx auseinandersetzen, noch gar für diesen öffentlich einstehen. Der Vietnamkrieg, der ein wesentliches Thema der Studentenbewegung der 1960er Jahre war, war zu Ende, der Linksterrorismus war für die meisten kein Bezugspunkt und von der Massenarbeitslosigkeit in Folge der strukturellen Umbrüche der Wirtschaftsstruktur der Bundesrepublik waren die meisten Jungakademiker nicht betroffen. Mit der Konzentration auf das eigene, private Leben und einen beruflichen Aufstieg verloren sie das Interesse an der marxschen Analyse der bürgerlichen Gesellschaft. Der „Marsch durch die Institutionen“ endete für viele im Erfolg bei der Nutzung eigener Karrierechancen. Für viele war die Auseinandersetzung mit Marx Teil ihrer

Persönlichkeitsentwicklung, blieb aber darüber hinaus folgenlos. Krüger-Kopiske zeigt mit seiner Kritik an modischer und dogmatischer Marx-Rezeption, dass die von den negativen Auswirkungen der Gesellschaft am meisten Betroffenen die Entwicklung, die Zukunft, selbst in ihre Hand nehmen und sich selbst politisch Gehör verschaffen müssen. Marx könne hier Aspekte beisteuern, die Ausrichtung gesellschaftlicher Veränderungen müssten die heute Lebenden jedoch selbst erkämpfen.

Tobias Reichardt setzt die Kritik an manch linkem Gedankengut, die schon in den ersten Beiträgen heraussticht, fort. Seine politische Sozialisation lässt sich auf interessante Weise mit derjenige Krüger-Kopiskes fünfzehn Jahre zuvor vergleichen. Reichardts Sicht auf die marxsche Theorie entspricht nicht dem derzeitigen linken Mainstream, sondern steht in Gegensatz zu vielem dessen, was man sich wohl gemeinhin unter einer linken Theorie oder einer linken politischen Einstellung vorstellt. Insbesondere von den derzeit herrschenden „woken" Vorstellungen distanziert sich Reichardt dabei deutlich. Er kritisiert unter Berufung auf Marx (und ein wenig Nietzsche) vor allem den Moralismus der Linken, die Missachtung von Wissenschaft und die Unterschlagung individueller Verantwortung und individueller Fähigkeit zur Selbstbestimmung. Die Tendenz der identitätspolitischen Linken, überall Opfer zu sehen, pauschalisiere unzulässig und erschwere es, reale Herrschaftsverhältnisse als solche zu erkennen. Mit dem Erkenntnisinteresse und dem politischen Interesse von Marx habe sie nur wenig zu tun.

Dehqan Zehma, heute Sozialarbeiter in Hamburg, hat bereits in seiner Jugend in Afghanistan und China durch seinen Vater und die damals bestimmenden politischen Kräfte Kontakt mit dem Marxismus gehabt. Wie sein Vater betrachtete er sich zunächst als Maoist und damit als Gegner der an der Sowjetunion sich orientierenden damaligen afghanischen Regierung. Als Jugendlicher nach Deutschland gekommen, beschäftigte er sich weiter mit politischer Theorie und den Schriften von Marx. Auch Zehma distanzierte sich zunehmend von vielen Ideologemen, die in der Linken weit verbreitet waren. Er stellte bei fortschreitender Lektüre fest, dass Marx' Gedanken ganz anders waren, als die linken, sektiererischen Gruppierungen, mit denen er in seiner Studentenzeit konfrontiert war, es dargestellt hatten. Dies zeigt er insbesondere an der zentralen Frage der Stellung zum Individuum. Marx sei keineswegs so kollektivistisch, wie einflussreiche Teile der Linken zumindest in der Vergangenheit waren. Im Gegenteil gehe es bei ihm um die Kritik eines Systems, dass dem Individuum gegenüber trotz individualistischen Scheins Zwang ausübt, sich dem ökonomischen Mechanismus zu unterwerfen.

Michael Löbig hat von der Bildungsexpansion der 1970er Jahre profitiert und nach einer Ausbildung als Elektromechaniker ein Studium aufgenommen, das ihn schließlich bis zum Doktor der Philosophie führte. Über ein Engagement in Gewerkschaft und SPD kam er in seiner Jugend mit den Schriften von Marx und Engels in Berührung. Von dort aus erschien es ihm notwendig, sich mit den geistigen und politischen Vorläufern des Marxismus, besonders der französischen Aufklärung und des Deutschen Idealismus zu beschäftigen, und er vertiefte sich in die Geschichte der Philosophie. Dies führte zu einem Studium der Philosophie auf dem „zweiten Bildungsweg", in welchem er sich mit den sich entwickelnden Konstellationen von Apologie und Herrschaftskritik in der Geschichte auseinandersetzte. Die Herrschaftskritik der Aufklärung begleitete die reale Ablösung direkter Herrschaftsverhältnisse durch die moderne, bürgerliche Gesellschaft. Heute ist Herrschaft abstrakt und hinter „Sachzwängen" verborgen. Doch auch die heutigen Konflikte und Krisen seien in hohem Maße herrschaftlichen Verhältnissen, dem kapitalistischen System mit seiner Profitlogik geschuldet. Das Studium der Theorie von Marx ist für Löbig eine Bedingung für Mündigkeit, die auch die Fähigkeit impliziere, die eigenen Lebensbedingungen zu hinterfragen.

Paul Stegemann hebt, ganz ähnlich wie Hartmann, in seinem Beitrag hervor, dass die marxsche Theorie nicht rein wissenschaftlich motiviert sei, sondern letztlich auf eine emanzipatorische Praxis ziele. Die Wissenschaft sei für Marx kein Selbstzweck. Stegemann beschreibt, wie die Empörung über die sozialen Verhältnisse beim jungen Marx zum theoretischen Studium eben dieser Verhältnisse und damit von einem naiven „Aktivismus" zu einer vertieften, rationalen und wissenschaftlich begründeten Kritik führte. Stegemann kritisiert, dass große Teile der linken Wissenschaft sich nur philologisch oder ideengeschichtlich mit Marx beschäftigten und das politisch motivierte Interesse an der sozialen Frage verloren hätten.

Moshe Zuckermann thematisiert die marxsche Geschichtsphilosophie. Er macht deutlich, dass es sich nicht um eine positivistische, „wertneutrale“ Theorie handelt, sondern um eine, die in emanzipatorischer Absicht verändern will. Veränderungen hat es nun seit Marx‘ Zeiten ohne Zweifel viele gegeben. Zuckermann betont die Flexibilität und Anpassungsfähigkeit des Kapitalismus. Diese ermöglichte auch eine von Marx ungeahnte gesellschaftliche und politische Integration der Beherrschten in den reichen Ländern. Durch Kulturindustrie und soziale Verbesserungen für die Massen ist die Integration so weit gediehen, dass ein „Proletariat“ kaum mehr erkennbar ist. Trotz aller sozialen Kompromisse sieht Zuckermann aber auch in der Gegenwart enorme soziale Konflikte, etwa durch die Flexibilisierung des Arbeitsmarktes in den reichen Ländern einerseits und die zunehmende Spaltung reicher und armer Länder andererseits, die die Frage nach der Möglichkeit einer Überwindung des Kapitalismus nach wie vor entstehen lassen.

Diesen Beiträgen einzelner Autoren folgt ein Gruppeninterview mit drei jüngeren Marx-Lesern. Die Interviewten sind Teilnehmende frei organisierter marxistischer Lektürekurse. Sie geben Hinweise darauf, wie sie selbst an Marx geraten sind, aus welchen Motiven sich junge Menschen heute mit Marx beschäftigen und welche Aspekte für sie relevant sind. Alle drei sind der Überzeugung, dass ihr Gesellschaftsverständnis durch die marxsche Theorie vertieft wird. Nicht überraschend geht es dabei nicht nur um ein theoretisches Verständnis, sondern letztlich auch um Politik: Wenn auch keiner der Interviewten sich Illusionen über eine nahe grundsätzliche Veränderung zum Besseren macht, so ist für sie doch eine langfristige Überwindung des Kapitalismus das Ziel und Marx soll dabei die nötige theoretische Tiefe vermitteln. Hierbei wird auch der ökologische Aspekt erwähnt: Ein Teilnehmer weist darauf hin, dass auch die ökologische Krise mit Marx sehr plausibel als Auswirkung des kapitalistischen Gegensatzes von Akkumulationszwang und Natur zu begreifen sei. Aber auch andere Konflikte und Krisen der Gegenwart, etwa im Bereich des Gesundheitswesens und der Stadtentwicklung, werden mit marxscher Theorie in Verbindung gebracht.

Die hier versammelten Beiträge zeigen ein sehr vielschichtiges Werk und einen vielschichtigen Einfluss der marxschen Schriften auf politische Strömungen und auf Individuen. Manche der vertretenen Auffassungen mögen überraschen, weil sie mit Klischees, die sich auf die Linke beziehen, nicht übereinstimmen – weder sind sie sektiererisch noch dogmatisch noch bemüht *politically correct*. Stattdessen dominieren Reflektiertheit, Unabhängigkeit des Urteils und das Bemühen die Sache von verschiedenen Seiten zu betrachten. Auch fällt auf, dass linke und sogar sich auf Marx berufende Strömungen der Linken in einigen Beiträgen scharf kritisiert werden.

Ein ausführliches Nachwort der Herausgeber stellt die verschiedenen in den Einzelbeiträgen angesprochenen Aspekte in den inhaltlichen Kontext der marxschen Theorie. Hier wird ein Überblick über die wichtigsten Werke von Marx und Engels gegeben. Zentrale Begriffe und Gedanken aus dem Werk von Marx werden erläutert, seine Geschichtstheorie skizziert, der Ideologiebegriff erläutert und schließlich diskutiert, inwiefern die marxsche Theorie einen wesentlichen Beitrag zur Diskussion aktueller sozialer Probleme leisten kann. Man erhält damit eine kleine Hinführung zum Werk von Marx und Engels. Häufig werden hier Themen, die in den Einzelbeiträgen angesprochen werden, wieder aufgegriffen und erläutert. Andere Themen, die man vielleicht erwartet, werden ausgelassen. Es kann kein Zweifel bestehen, dass angesichts der langen und vielfältigen Geschichte der Marx-Rezeption ein Band vom bescheidenen Umfang des vorliegenden keinen Anspruch auf Vollständigkeit erheben kann. Die Auswahl der Themen beruht zum großen Teil auf den Interessen und Erfahrungen derjenigen, die sich dazu bereit erklärt haben, einen Beitrag zu diesem Band beizusteuern.

An den Beiträgen zeigt sich, dass Marx' Werk tatsächlich herausragend ist. Während die weitaus meisten seiner schreibenden Zeitgenossen heute vergessen sind und man sie, wenn man sie denn noch lesen würde, als veraltet und überholt wahrnähme, kann man Marx heute noch mit großem intellektuellem Gewinn lesen. Gewiss hat auch Marx sich in manchem geirrt, aber seine Theorie war weit fortgeschritten, er erkannte den Charakter der modernen Gesellschaft, die zu seiner Zeit die Macht über den Globus errungen hatte, und entwickelte eine begriffliche Grundstruktur, die geeignet ist, auch die weitere Gesellschaftsentwicklung bis ins 21. Jahrhundert zu erfassen. Zahlreiche politisch Denkende haben Marx zu verschiedenen Zeiten rezipiert und verschieden interpretiert. Dabei ist es zu einer Vielfalt von Interpretationen und auch zu dogmatischen Irrwegen gekommen. Es scheint jedoch, dass das Ausmaß des Dogmatismus in einem umgekehrt proportionalen Verhältnis zum Grad der Beschäftigung mit marxschen Schriften stehen. Je mehr man sich ernsthaft mit Marx beschäftigt, desto wahrscheinlicher ist eine offene und reflektierte intellektuelle Haltung zu ihm. Zu solcher Beschäftigung möchte auch dieses Buch einen Impuls bieten.

Ole Nymoen und *Wolfgang M. Schmitt*

Warum wir Marxisten sind

Als der damalige Juso-Chef Gerhard Schröder 1978 von den *Lutherischen Monatsheften* gefragt wurde, ob er Marxist sei, antwortete er selbstbewusst: „Ja. Das ist auch die korrekte Bezeichnung für die politische Position der Jungsozialisten."[1] Ob es ihm, der knapp 20 Jahre später als Bundeskanzler zum größten Klassenkampf von oben in der bundesrepublikanischen Geschichte trommeln sollte, mit diesen Worten wirklich ernst war, sei einmal dahingestellt: Interessant ist vielmehr, dass Schröder früh begriffen hatte, welches Tabu ein Bekenntnis zum Marxismus in Deutschland darstellt – und dass er sich mit eben dieser Radikalität als *enfant terrible* inszenieren konnte.

Auch heute, über 40 Jahre später, hat das Schreckgespenst Marxismus nichts von seiner Wirkmächtigkeit eingebüßt, vielleicht hat es sogar daran hinzugewonnen: International glauben Intellektuelle wie Jordan Peterson, Terroristen wie Anders Breivik oder Demagogen wie Markus Krall an eine „kulturmarxistische" Verschwörung. Ihrer Unhaltbarkeit zum Trotz – nie können ihre Vertreter überzeugend darlegen, was genau damit gemeint sein soll – hat es diese Theorie in akademische und mediale Diskurse geschafft.

Marxismus ist anrüchig, und wer sich daher als Marxist „outet", kann sicher sein, auf Unverständnis zu treffen. Was das drei Jahrzehnte nach dem Niedergang der autoritären Ostblock-Staaten überhaupt bedeuten soll? Hat die Geschichte den Marxismus nicht längst widerlegt? Ist der Marxismus nicht furchtbar ideologisch? Derartige Fragen, begleitet von den immergleichen Floskeln, begegnen uns häufig.

---

1 Siegfried v. Kortzfleisch/ Gottfried Mierau: Das Paradies für möglich halten. Gespräch mit dem Juso-Vorsitzenden Gerhard Schröder, in: Lutherische Monatshefte (17. Jahrgang, 6/1978), S. 339.

Eine fertige Definition dessen, was ein Marxist sei oder nicht sei, wollen wir an dieser Stelle dennoch nicht abgeben. In Anbetracht der Vielfältigkeit marxistischer Strömungen wäre dies auf wenigen Seiten ohnehin kaum möglich. Stattdessen wollen wir anreißen, was es für uns persönlich bedeutet, Marxisten zu sein – in unserem Blick auf die Welt, aber auch in unserer praktischen Arbeit als Autoren, Podcaster und Kritiker.

Auch ohne Verschwörungsglauben hält sich bis heute so einige schiefe Kritik an marxscher und marxistischer Theorie. Etwa die, dass Marx und seine Anhänger einem vereinfachten Geschichtsbild anhängen würden, demzufolge der historische Fortschritt sich in teleologischer Weise von selbst erfüllen würde und in dem für ideelle Ursachen kein Platz sei. Wenn Max Weber in seiner *Protestantischen Ethik* den „naiven Geschichtsmaterialismus" geißelt, der davon ausgehe, dass Ideen „als ‚Widerspiegelung' oder ‚Überbau' ökonomischer Situationen ins Leben treten",[2] so ist klar, wen der konservative Soziologe des ausgehenden 19. und frühen 20. Jahrhunderts damit meint – auch wenn er Marx in der gesamten Schrift weder explizit zitiert noch namentlich nennt.

Diese nicht an präziser Kritik interessierte Haltung gegenüber einem Zerrbild der marxschen Schriften ist paradigmatisch für die bis heute erkennbare Ablehnung breiter akademischer Kreise gegenüber marxscher Theorie. Sie speist sich aus dem Vorurteil, dass Marx materiellen Ursachen allein Erklärungspotential zugesprochen habe – ein Kurzschluss, an dem Marx und Engels selbst nicht ganz unschuldig waren, wie letzterer 1890 in einem Brief an Joseph Bloch zugab: „Daß von den Jüngeren zuweilen mehr Gewicht auf die *ökonomische* Seite gelegt wird, als ihr zukommt, haben Marx und ich teilweise selbst verschulden müssen. Wir hatten, den Gegnern gegenüber, das von diesen geleugnete Hauptprinzip zu betonen, und da war nicht immer Zeit, Ort und Gelegenheit, die übrigen an der Wechselwirkung beteiligten Momente zu ihrem Recht kommen zu lassen."[3] Dieses späte Eingeständnis Engels', knapp sieben Jahre nach Marxens Tod, konnte

2 Max Weber: Die protestantische Ethik und der „Geist" des Kapitalismus, in: Gesammelte Aufsätze zur Religionssoziologie I, Tübingen 1988, S. 37.

3 Friedrich Engels: Engels an Joseph Bloch, 21./22. September 1890, MEW 37, S. 465.

nicht mehr verhindern, dass sich der Glaube in der Welt verbreitete, die beiden kommunistischen Vordenker hätten für realpolitische oder ideologische Fragen kein Gespür gehabt.

Tatsächlich ist das Gegenteil der Fall: Die enge Verbindung zwischen ökonomischen Formen und den durch sie bedingten Anschauungen (die wiederum auf den gesellschaftlichen Produktionsprozess zurückwirken) spielt eine wesentliche Rolle in der Kritik der politischen Ökonomie. Wenn etwa die Eigenschaft der Ware, Trägerin von Wert zu sein, scheinbar zu ihrer Natureigenschaft wird – obgleich es sich um gesellschaftliche Verhältnisse handelt, die sich in der Kategorie des Tauschwerts Ausdruck verschaffen –, dann ist diese falsche Anschauungsweise, die Marx als *Fetisch* bezeichnet, nicht einfach eine beliebige ideologische Verirrung: Nein, sie hilft dabei, ein in sich irrationales (und für viele Menschen schädliches) Wirtschaftssystem zu stützen. Denn wenn der Wert als Natureigenschaft der Ware (und nicht als Ausdruck gesellschaftlicher Verhältnisse) erscheint, so erscheinen auch die kapitalistischen Widersprüche und Antagonismen nicht als systemisches (und durch Menschen veränderbares) Problem, sondern als ein unbeeinflussbares Naturereignis. Die Kritik fetischistischer Anschauungen behandelt diese also nicht als bloße Widerspiegelungen, sondern wiederum auch als Stabilisatorinnen der warenproduzierenden Gesellschaft. Diese Erkenntnisse, die dabei helfen, den Kapitalismus zu entnaturalisieren, versuchen wir in unserem Podcast einem breiten Publikum verständlich zu machen. Denn trotz ihres Alters lässt sich die marxsche Kritik keineswegs nur auf die klassische Nationalökonomie seiner Zeit beziehen, fetischistische Vorstellungen etwa halten sich bis heute.

Denken wir nur an die unzähligen Investment-Ratgeber, die den Ausbruch aus dem „Hamsterrad“ der Erwerbsarbeit versprechen, wenn man denn nur sein Geld „für sich arbeiten“ lasse – und die sich bei jungen Leuten, die im Gegensatz zu ihren Eltern keine Aufstiegschancen durch Lohnarbeit mehr vorfinden, immer größerer Beliebtheit erfreuen. Aus einer marxistischen Perspektive lässt sich hervorragend begründen, wieso eine solche Investment-Strategie nicht gesamtgesellschaftlich funktionieren kann: Irgendjemand muss den Mehrwert erarbeiten, der sich in Form von Renditen oder höheren

Aktienkursen ausdrückt. Geld kann nicht arbeiten – man kann nur vermittelt durch sein Geld andere für sich arbeiten lassen. Daher funktioniert die populäre Idee, wir könnten alle durch ETF-Sparpläne und kluge Investments zu Wohlstand gelangen, nicht: Irgendjemand muss in der Produktionssphäre tätig sein, denn Geld vermehrt sich nicht von selbst (genauer: Kapital verwertet sich nicht von selbst). Gerhard Schröders Bonmot, wonach wir nicht alle davon leben können, uns gegenseitig die Haare zu schneiden, müsste zeitgemäß umformuliert lauten: Wir können nicht alle davon leben, uns gegenseitig Wohnungen zu vermieten und Aktien zu verkaufen. Diese scheinbar banale Erkenntnis ist vielen liberalen Ökonomen, die die immer stärker auseinanderklaffende Schere zwischen Arm und Reich auf unzureichenden Vermögensaufbau in den unteren Schichten zurückführen, offenkundig bis heute zu hoch – auch wenn Marx sie schon vor knapp 150 Jahren pointiert in seiner Kritik des Kapitalfetischs niedergeschrieben hat: „Im zinstragenden Kapital ist daher dieser automatische Fetisch rein herausgearbeitet, der sich selbst verwertende Wert, Geld heckendes Geld, und trägt es in dieser Form keine Narben seiner Entstehung mehr. Das gesellschaftliche Verhältnis ist vollendet als Verhältnis eines Dings, des Geldes, zu sich selbst. Statt der wirklichen Verwandlung von Geld in Kapital zeigt sich hier nur ihre inhaltlose Form.“[4]

Es ist die Irrationalität des kapitalistischen Systems selbst, die sich in den fetischistischen Vorstellungen der Vulgärökonomie, wie Marx sie spöttisch nennt, widerspiegelt und von ihnen wiederum manifestiert wird. Die Idee, Kapital könne sich von selbst vermehren, es schaffe also von sich aus Wert ohne einen vermittelnden Produktionsprozess, ist zwar hochgradig irrational – aber sie dominiert heute mehr noch als zu Marxens Zeiten die ökonomische Lehrmeinung. Bis heute leben wir laut der Ökonomenzunft in einer „Welt, wo Monsieur le Capital und Madame la Terre als soziale Charaktere und zugleich unmittelbar als bloße Dinge ihren Spuk treiben“, wie Marx spottet.[5] Die Rückbesinnung auf die marxschen Schriften kann dabei

4 Karl Marx: Das Kapital. Kritik der politischen Ökonomie, Dritter Band, MEW 25, S. 405.

5 Ebd., S. 838.

helfen, die heute dominante neoklassische Lehre mit ihren „Produktionsfaktoren" und „Grenzproduktivitäten" zu kritisieren.

Nicht nur die rein ökonomische Analyse von Marx ist für unsere Arbeit bedeutsam, selbiges gilt für seine soziologischen Untersuchungen und seine Klassenanalyse. Wer sich an eine präzise Marx-Lektüre wagt, die über die Rezeption von propagandistischen Pamphleten wie dem *Kommunistischen Manifest* hinausgeht, wird weder auf eine teleologische Geschichtsauffassung, die die im Überbau angesiedelten ideologischen, religiösen, juristischen oder politischen Kämpfe nicht ernst nimmt, noch auf ein oftmals behauptetes reduktionistisches Klassenschema treffen. Beispielhaft dafür ist die Präzision, mit der Marx im *Achtzehnten Brumaire des Louis Bonaparte* die Interessen der um die Führung im französischen Staat kämpfenden Parteien, Stände und Klassen seziert. Von einer sich selbst erfüllenden Geschichte ist hier nichts zu spüren, vielmehr wird diese Idee von Marx selbst verspottet, wenn er über die bürgerlichen Montagnards, die ihre Chance auf die Macht im Staate wittern, schreibt: „Jedenfalls geht der Demokrat ebenso makellos aus der schmählichsten Niederlage heraus, wie er unschuldig in sie hineingegangen ist, mit der neugewonnenen Überzeugung, daß er siegen muß, nicht daß er selbst und seine Partei den alten Standpunkt aufzugeben, sondern umgekehrt, daß die Verhältnisse ihm entgegenzureifen haben".[6]

Die Analyse der von Louis Bonaparte bedienten reaktionären Interessen – vor allem der der Landbevölkerung –, die seine Macht zu festigen halfen, bietet bis heute eine präzise Kontrastfolie, um aktuelle politische Bewegungen zu verstehen. Denken wir nur an Donald Trump, der durch seinen Protektionismus die heimische Industrie schützen wollte, so wie Louis Bonaparte die von seinem Onkel geschaffene Parzellierung des Grundeigentums zu bewahren versuchte. Beiden populistischen Herrschern ist gemein, dass sie an überkommenen Produktionsverhältnissen festhalten wollten: Trump wollte die amerikanische Deindustrialisierung stoppen, Bonaparte das zersplitterte bäuerliche Privateigentum bewahren, das mehr und mehr dem Kapital unterworfen wurde. „Diese widerspruchsvolle Aufgabe des

6 Karl Marx: Der achtzehnte Brumaire des Louis Bonaparte, MEW 8, S. 145.

Mannes erklärt die Widersprüche seiner Regierung, das unklare Hinundhertappen, das bald diese, bald jene Klasse bald zu gewinnen, bald zu demütigen sucht und alle gleichmäßig gegen sich aufbringt"[7] – so deutete Marx das Handeln von Napoleon III. Dass der *Achtzehnte Brumaire* im Zuge des global grassierenden Rechtspopulismus wieder zu einem vermehrt herangezogenen Text geworden ist, liegt vor allem daran, dass Marx die Konflikte seiner Zeit – etwa zwischen verschiedenen Parteien mit ihren Klasseninteressen – ohne Rücksicht auf ideologische Selbstvergewisserungsfloskeln zu sezieren und ökonomische Rollen zu identifizieren wusste; und vor allem: dass er die dem Klassenkampf entspringenden Widersprüche politischer Herrschaft verstand.

Marxist zu sein, heißt also, die Welt in einer bestimmten Weise zu betrachten, die wir tautologisch fürs erste als marxistisch bezeichnen wollen. Markiert werden soll damit zweierlei: Zum einen, dass diese Betrachtungsweise nicht neutral ist, zum anderen, dass sie auch gar nicht neutral sein kann, da der Marxismus uns lehrt, vermeintlich ideologiefreie Räume und Positionen als ideologisch wahrzunehmen. Ideologiefreiheit ist die Illusion derer, die die Hegemonie, die herrschende Ordnung, als Gegebenes akzeptieren – zwar zeigt man sich offen für Reformen oder kritische Einwürfe, solange dadurch im Grunde alles so bleiben kann, wie es ist. Der Konservatismus erfüllt diesen Zweck, ob nun im grünen, neoliberalen oder progressiv-disruptiven Gewand, vorzüglich, da er nicht allein technischen und sozialen Fortschritt, sondern auch das Denken, wo es konsequent werden könnte, rechtzeitig bremst. Und sind die Veränderungen und Verwerfungen einmal doch zu arg, finden sich immer Journalisten, die ein neues Plädoyer für die Mitte, in der sich alle klassenübergreifend treffen sollen, verfassen. Unausgesprochen bleibt dabei, dass die einen bequem mit dem Sportwagen in die Mitte fahren, während die anderen erst mit ihrem Fahrrad durch eine Polizeikontrolle müssen, weil sie zum Beispiel arm oder nicht weiß sind.

Die marxistische Position ist zweifellos nicht von Ideologie befreit, dass sie jedoch nicht den Deckmantel der Ideologiefreiheit trägt,

---

7 Ebd., S. 205.

ist ihre intellektuelle Stärke. Dies soll weder in bloßen Subjektivismus noch in postmodernen Relativismus münden, da objektive Aussagen sich von einem marxistischen Standpunkt aus sehr wohl treffen lassen. Geben wir ein Beispiel: Die Daten zur globalen Vermögensungleichheit (selbst wenn man die verschiedenen Methoden zu deren Erhebung berücksichtigt) sind neutral zur Kenntnis zu nehmen, nicht jedoch die Tatsache, welche Schlussfolgerungen aus den Daten zu ziehen sind. Wer beispielsweise einem hierarchischen Gesellschaftsmodell anhängt, mag in den Daten zur Kluft zwischen Arm und Reich keinen Anlass zur Umverteilung sehen, sondern möglicherweise einen Appell zur Aufrüstung, um die Besitzenden vor den Besitzlosen zu verteidigen.

Letzteres wäre das exakte Gegenteil zum Marxismus, der auf der Idee einer herrschaftsfreien Gesellschaft – was stets auch ökonomisch zu begreifen ist – sich gründet und deshalb die Datenlage entsprechend diametral entgegengesetzt interpretiert. Zuallererst dahingehend, dass auch im bestehenden System durch Umverteilung soziale Verbesserungen zu erreichen sind, aber auch, dass es darüber hinaus eines neuen Systems bedarf, in dem der Produktionsprozess der Gesellschaft nicht in antagonistischer Form geregelt ist. Damit würde der Marxismus im Zuge seiner Interpretationsleistung das neutrale oder objektive Terrain verlassen und reine Meinung werden, wären da nicht die Prinzipien der Aufklärung und des Universalismus, die wir objektivieren und denen wir als Marxisten die Treue halten müssen, da sie die Bedingung nicht allein der Emanzipation, sondern des menschenwürdigen Menschseins überhaupt sind.

Nur wenn wir im Sinne der Aufklärung von einem sich selbst ermächtigenden, mündig werdenden Subjekt ausgehen, das seine Lebensbedingungen selbst in die Hand zu nehmen in der Lage ist; nur wenn wir diese Entwicklung in universalistischer Hinsicht einem jeden Menschen (unabhängig von Geschlecht, Ethnie, Klasse etc.) zugestehen, ist eine marxistische Position von Belang, indem sie in eins fällt mit der Entfaltung des Menschen hin zu einem Freien und Mündigen unter anderen Freien und Mündigen. Denn dass die bürgerliche Gesellschaft ihr höchstes Ideal, das der Freiheit, nicht realisieren kann; dass im Warentausch Gleichheit und Freiheit zu Ungleichheit und Unfreiheit werden, darf nicht dazu führen, diesen Wert aufzugeben. Vielmehr ist ein Verständnis der Freiheit notwendig, das die Menschen nicht in antagonistische Verhältnisse zwingt, sondern das die individuelle menschliche Entfaltung auf Basis des gemeinsamen Reproduktionsprozesses denkt. Oder in Marx' Worten: „Freie Individualität, gegründet auf die universelle Entwicklung der Individuen und die Unterordnung ihrer gemeinschaftlichen, gesellschaftlichen Produktivität als ihres gesellschaftlichen Vermögens".[8]

Diesen Anspruch lediglich als eine Idee unter vielen zu klassifizieren, hieße, alles Denken und Theoretisieren auf Lobbyarbeit für bestimmte Interessengruppen zu degradieren, weshalb auch die Ablehnung der universalistischen Position aus identitätspolitischen oder postkolonialistischen Gründen fehlgeht. Verwechselt wird dabei das Konzept mit der historischen Situation, die selbstverständlich – sehen wir von einzelnen wahrhaft universalistischen Ereignissen wie der haitianischen Revolution einmal ab – exklusiv sich auswirkte, etwa auf jene, die nicht weiß und männlich waren. Dennoch ist der Universalismus an sich deshalb ebenso wenig zu verwerfen wie der Marxismus, gegen den seine konservativen Kritiker gern die – tatsächlich – gescheiterten sozialistischen Experimente in Anschlag bringen. Die Philosophin Renata Salecl gibt zu bedenken, dass die Idee der Menschenrechte zwar von Europäern ersonnen wurde, ihnen jedoch nicht gehört: „Damit die klassischen Menschenrechte wirksam werden, müssen wir vergessen, dass sie bei ihrer Einführung nur für weiße männliche Europäer galten."[9] Ähnliches muss für einen zeitgemäßen Marxismus gelten, da Marx nicht nur, aber immer auch Kind seiner Zeit war und folglich etwa queere Emanzipationspolitik bei ihm keine Rolle spielen konnte. Dennoch sollten wir die Frage danach, was das marxsche Werk uns heute zu sagen hat, nie ohne ihre Umkehrung denken: Was haben wir ihm zu sagen? Und Marxisten zu sein, bedeutet nicht zuletzt, das Werk vom Autor zu trennen ebenso wie von seinen Rezipienten. Roland Barthes' Konzept vom „Tod des Autors" meint in erster Linie eine Emanzipation des Lesers, das heißt, wir

---

8 Karl Marx: Grundrisse der Kritik der politischen Ökonomie, MEW 42, S. 91.

9 Renata Salecl: Universalismus und kulturelle Differenz, in: Das Argument, Nr. 234 (42. Jahrgang), 1/ 2000, S. 37.

können *Das Kapital* oder den *Achtzehnten Brumaire* dem 19. Jahrhundert, Marx sowie seinen orthodoxen Auslegern entreißen.

Daraus folgt für uns aber, dass Marxisten die Aufklärung in ihrer ganzen Radikalität verstehen müssen, womit strategische Bündnisse und Interessenpolitik zwar nicht ausgeschlossen, allerdings mit Vorsicht zu genießen sind. Hier helfen erneut die reinen Fakten. Marx war im Gegensatz zu vielen seiner Epigonen wie Gegner hinsichtlich empirischer Fakten keineswegs verbohrt, sondern erlaubte sich heftige Polemiken nur auf dem Fundament von objektivem Wissen – etwa, wenn er den Opium-Krieg zwischen dem britischen Empire und China im 19. Jahrhundert analysierte. Nicht die Tatsachen wurden der Theorie angepasst, sondern die Theorie an der Realität überprüft und modifiziert, bis verallgemeinerbare Aussagen über den Kapitalismus oder die imperialistische Geopolitik getroffen werden konnten. Mit anderen Worten: Marx war nicht sentimental.

Die Sentimentalität ist sicherlich eines der größten Probleme vieler linker Bewegungen und Parteien. Nicht nur bei moderaten oder linksliberalen Ausprägungen, sondern ebenso wenn wir auf die Extreme blicken, angefangen bei Stalins Liebe zum Musical über Maos Verbot europäischer klassischer Musik zugunsten kitschiger propagandistischer Modellstücke, die bisweilen unfreiwillig wie ins Bittersüßliche gesteigerte Kompositionen der Romantik klingen, bis hin zu Kim Il-sungs (von dessen Sohn und Enkel fortgesetzte) Förderung von kollektiv produzierten, bunten Gemälden im Stile des sozialistischen Realismus, dessen gebotene Verherrlichung der Arbeiterklasse in ihrer unbeholfenen Hollywood-Ästhetik eher irreal wirkt. Noch mehr, als sie grausame Herrscher waren, eint die drei Diktatoren die völlige Ignoranz gegenüber volkswirtschaftlichen Fakten zugunsten von folkloristischem Kitsch. Was, wenn wir am Kunstunverstand der Diktatoren ihre ideologische Verblendung in Wirtschaftsfragen ablesen können? Alle drei stürzten ihre Bürger in furchtbare Hungersnöte, weil sie sich eine Realität ausmalten, die in Wahrheit sehr grau war. Mao befahl sogar während des sogenannten Großen Sprungs der chinesischen Landbevölkerung, dass sie ihr Besteck einschmelzen sollen, um mittels selbstgebauter, klappriger Hochöfen das vom Großen Vorsitzenden vorgegebene Stahlproduktionsziel zu erfüllen.

Was haben diese Schrecken des 20. Jahrhunderts mit unserer Gegenwart zu tun? Es soll hier nicht auf Provokationen hinauslaufen. In unserer Arbeit entlarven wir hauptsächlich neoliberale und libertäre Mythen, ordoliberale Lehrmeinungen und konservative Verklärungen der vermeintlich sozialen Marktwirtschaft. Damit stehen wir in Marxens übergroßen Fußstapfen, wenn man nur an die vielen Angriffe auf die Vulgärökonomie in seinem Werk denkt. Nicht in Vergessenheit geraten sollte trotzdem, wie scharf und kritisch sich Marx und Engels an reformistischen, rebellischen oder gar revolutionären Denkern ihrer Zeit abgearbeitet haben. Ob Pierre-Joseph Proudhon oder die Junghegelianer – immer wurden politische Engagements oder Theorien verworfen, wenn sie illusorisch oder eben sentimental waren. Marxismus heißt, gegen theoretischen Kitsch zu kämpfen. Dass dieser nicht nur jene befällt, die vom sogenannten deutschen Wirtschaftswunder wie vom Christkind sprechen, sondern auch populäre Kapitalismuskritiker, führt uns in die Gegenwart.

Die eklatante globale Ungleichheit ist eine seit vielen Jahren belegte Tatsache ebenso wie der menschengemachte Klimawandel. Beide hängen schon deshalb miteinander zusammen, da die Reichsten im Vergleich zu den Ärmsten ein Vielfaches an Treibhausgasen emittieren, woraus sich die ethische Forderung ableiten lässt, dass die Reichen sich dringend einschränken, wir die Wirtschaft in eine klimaneutrale transformieren müssen und/ oder der Wachstumszwang abgeschafft gehört. Ohne nun die einzelnen Ansätze der Postwachstums- und Degrowth-Theoretiker vorzustellen, ist zunächst festzuhalten, dass diese Marx entweder gar nicht, falsch oder unzureichend rezipiert haben. Ihre Kapitalismuskritik impliziert keineswegs die Überwindung des Kapitalismus, auch von Klassenkampf ist eigentlich nie die Rede. Geleugnet wird zudem nicht selten der dem Kapitalismus innewohnende Wachstumszwang, wenn Letzterer bekämpft, Ersterer aber aufrechterhalten werden soll. Vorzugsweise wird das Bild einer im Überfluss lebenden westlichen Gesellschaft gezeichnet, die für die Klimakatastrophe verantwortlich ist. Das ist keineswegs falsch, wenngleich die Illustrationen die Wirklichkeit verzerren, da das Leben der meisten Menschen im Westen keineswegs aus Privatjets, Luxuslimousinen und Kreuzfahrten besteht. Sentimental wird es, wo Autoren wie Serge Latouche oder Niko Paech das einfache Leben verklären und Loblieder auf das Aufhören, Nichtstun oder auf vorindustrielle Arbeitsweisen anstimmen. Ein globales Zurück in solche Verhältnisse würde in eine ähnliche Katastrophe führen wie die Hungersnöte unter den genannten Diktatoren, da nur eine industrielle Produktion die Bedarfe der Weltbevölkerung decken kann.

Kaum optimistischer sollten wir sein, was die Forderung nach einer Schrumpfung der reichen Volkswirtschaften (zu denen möglicherweise in wenigen Jahren auch China und Indien zu zählen sind) betrifft, ist sie zwar wohlfeil auszusprechen, jedoch schlichtweg zu teuer in der Umsetzung, wie der Ökonom Branko Milanović vorgerechnet hat. Im Jahr 2008 lag das mittlere Einkommen der Weltbevölkerung bei 1400 Dollar im Jahr. Das ärmste Zehntel hatte weniger als 450 Dollar. Auch wenn in den vergangenen 10 Jahren die mittleren und unteren Einkommen etwas gestiegen sind, ist die Kluft noch immer gigantisch. Was also, wenn wir nicht weiter wachsen, sondern umverteilen: „Das ‚Problem' ist, dass das Medianeinkommen im Westen (jährlich rund 14.600 US-Dollar pro Person nach Steuern) sich auf dem 91. Perzentil der globalen Einkommensverteilung befindet. Wenn also die Einkommen von 90% aller Menschen auf dieses Niveau steigen, würde dies unseren BIP-Rahmen gleich mehrfach sprengen (2,7 Mal, um genau zu sein). So ‚generös' können wir nicht sein."[10] Milanović spielt das Spiel weiter, indem er überlegt, wie es wäre, den Armen wenigstens ein bisschen mehr zu geben, als das 13. Perzentil im Westen erhält: zum Beispiel 5.500 Dollar pro Jahr. Mit diesem für uns immer noch geringen Einkommen gehört man immerhin global zum 73. Perzentil. Das heißt, die unteren 72 Prozent der Weltbevölkerung haben weniger. Für diese Umverteilung müssten die Westler – das sind wir! – zwei Drittel abgeben: Natürlich gibt es auch außerhalb des Westens inzwischen Vermögende, doch das fällt für die Rechnung nicht so sehr ins Gewicht. Und da Deutschland besonders reich ist, müssten viele von uns 84 Prozent oder mehr abgeben.

10 Branko Milanović: Die Degrowth-Illusion, 2017, https://makronom.de/die-degrowth-illusion-24137 (abgerufen am 07.04.2023).

Es ist vielleicht eine kleine Geschmacklosigkeit, wenn Milanović auf Pol Pot verweist, doch bleiben wir marxistisch und unsentimental: „Es ist schlicht unmöglich, es in der Praxis anzuwenden, und zwar nicht nur in Demokratien, sondern wahrscheinlich auch in Nordkorea. Ich will nicht unhöflich oder beleidigend sein, aber ich glaube, dass bisher nur in Kambodscha während der Herrschaft der Roten Khmer etwas annähernd Ähnliches versucht worden ist. Viele Länder haben durch Kriege große Teile ihres Gesamteinkommens verloren – aber kein Land hat sich bisher selbst freiwillig arm gemacht. Wenn man es im echten Leben anstatt auf Konferenzen und Blogs testen würde, würde Jasons Programm [sowie das der meisten Degrowth-Befürworter, Anm. O.N., W.M.S.] von praktisch niemandem unterstützt werden."[11] Offen gestanden haben wir für dieses Dilemma keine fertige Lösung parat, aber als Marxisten sollten wir diese Fakten nicht ignorieren, vielmehr müssen wir sie in unsere Analysen und Politiken integrieren, sonst erzählen wir zwar andere Märchen, als jene, die hegemonial sind, aber es bleiben Märchen.

Das heißt, der Marxismus ist eine Betrachtungsweise, die den Ist-Zustand der Welt nie übersehen darf – erst dann ist eine Alternative, vielleicht sogar eine Utopie vorstellbar. Womit wir nach gründlicher Marx-Lektüre (obwohl das Marx-Studium selbstredend nie ein Ende findet) immer eine Kamera mit uns führen, die uns die Wirklichkeit besser erkennen und eine Gegenwirklichkeit stichhaltiger imaginieren lässt.

Infolgedessen ist ein Marxismus ohne Ideologiekritik undenkbar. Ein wichtiger Ausgangspunkt für Marx' Ideologiekritik ist seine Religionskritik, wenn es heißt: „Das *religiöse* Elend ist in einem der *Ausdruck* des wirklichen Elendes und in einem die *Protestation* gegen das wirkliche Elend. Die Religion ist der Seufzer der bedrängten Kreatur, das Gemüt einer herzlosen Welt, wie sie der Geist geistloser Zustände ist. Sie ist das *Opium* des Volks."[12] Marx betrachtet hier die

---

11 Branko Milanović: Die Degrowth-Illusion. Teil II, 2017 https://makronom.de/die-degrowth-illusion-2-24156. (abgerufen am 07.04.2023). „Jason" ist Jason Hickel, mit dem Milanović eine kontroverse Diskussion hatte, die sich über mehrere Texte erst reckt.

12 Karl Marx: Zur Kritik der Hegelschen Rechtsphilosophie. Einleitung, MEW 1, S. 378.

Religion nicht als ein himmlisches Phänomen, sondern als eines, das auf ein anderes verweist: nämlich das soziale Elend, das durch die Religion gerechtfertigt und zugleich für die Gläubigen abgefedert wird durch das Versprechen auf ein Jenseits mitsamt höherem Wesen. Die Kritik gibt sich demnach nicht schlicht mit einer Abschaffung der Religion zufrieden: „Die Aufhebung der Religion als des *illusorischen* Glücks des Volkes ist die Forderung seines *wirklichen* Glücks. Die Forderung, die Illusionen über seinen Zustand aufzugeben, ist die *Forderung, einen Zustand aufzugeben, der der Illusionen bedarf*. Die Kritik der Religion ist also im Keim die Kritik *des Jammertales*, dessen *Heiligenschein* die Religion ist."[13]

Geklärt sein sollte damit, warum derzeit überall auf der Welt nicht nur Verschwörungstheorien als Ersatzreligionen blühen, sondern auch religiöse Strömungen – etwa die der fundamentalistischen Evangelikalen in Nord- und Südamerika sowie in Südkorea oder des fundamentalistischen Islamismus in den arabischen Regionen – stetig wachsenden Zuspruch finden. Die Verhältnisse sind schlecht, der Nährboden für Religionen ist folglich gut. Gerade dort, wo der individuelle, und in der „Abstiegsgesellschaft" (Oliver Nachtwey) immer seltener gelingende Erfolg mit einem religiösen Überbau verknüpft werden kann, floriert das Geschäft mit dem Glauben. „Die Kritik des Himmels verwandelt sich damit in die Kritik der Erde", erklärt Marx.[14] Für uns bedeutet das, dass wir als Podcaster und Kritiker alle kulturellen und diskursiven Erscheinungen zur Wirklichkeit in Bezug setzen müssen – seien diese auch noch so fiktional.

In *Jurassic Park III* geraten die Dinosaurier-Forscher eher unfreiwillig auf eine längst von allen Menschen verlassene Insel, auf der die genetisch reproduzierten Urzeitviecher lauern sollen. Es finden sich nur noch verblasste Spuren menschlicher Zivilisation, die Natur hat sich alles wieder angeeignet, so auch das einstige Forschungslabor, in dem aber noch Getränkeautomaten stehen. Paul Kirby (William H. Macy), ein Kleinbürger, der sich als Millionär ausgibt, um seinen Sohn zu retten, geht auf einen der Automaten zu und greift sich in die

---

13 Ebd., S. 379.
14 Ebd.

Hosentasche: „Hat jemand Kleingeld, das kostet nen Dollar, und ich hab nur 60, 80, nein, ich hab 90 Cent". Das ist Ideologie in Reinform.

Kirby hat seinen Sohn verloren, ist auf einer völlig verlassenen Insel und wird von Dinosauriern bedroht, doch möchte für die Cola völlig konform der kapitalistischen Ordnung den angezeigten Preis bezahlen. Das sowohl Slavoj Žižek als auch Fredric Jameson zugeschriebene Bonmot, wonach wir uns eher das Ende der Welt als das des Kapitalismus vorstellen können, veranschaulicht diese Filmszene von 2001. Als Marxisten erkennen wir hier den Warenfetisch als Pointe, amüsanterweise durch den Filmtitel rückgebunden an das Jura-Zeitalter, das vor 145 Millionen Jahren endete – als hätte es den Kapitalismus immer schon gegeben. Ein ideologiekritischer Blick auf Fiktion und Wirklichkeit ist, wie Tilman Reitz schreibt, „für die beteiligten Individuen immer eine rudimentäre Befreiung"[15]. Immerhin gewährt uns eine solche auch der Film: Der draufgängerische Billy Brennan (Alessandro Nivola) tritt, während Kirby noch nach Kleingeld sucht, die Scheibe eines Automaten einfach ein und bedient sich. Prosit!

15 Tilman Reitz: Ideologiekritik, in: HKWM, Bd. 6/1, Sp. 691.

Michael Hartmann

Marx, wissenschaftliche Analyse und politisches Handeln

Mit der Frage, warum ich mich als Marxist bezeichne, werde ich immer mal wieder in Gesprächen mit anderen Wissenschaftlern, vor allem empirisch arbeitenden Sozial- und Wirtschaftswissenschaftlern, konfrontiert. Deren Argumentation ist dabei im Kern durchweg dieselbe: ein „so guter Wissenschaftler" könne doch gleichzeitig kein Marxist sein. Marxismus bedeute schließlich, die Wirklichkeit durch eine ideologische Brille zu betrachten statt sie wie ein richtiger Wissenschaftler nüchtern und sachlich, d.h. objektiv, zu analysieren. Meine Antwort verblüfft sie dann in der Regel sehr. Ich verweise einfach auf die zentrale Aussage von Marx zu seinem eigenen Wissenschaftsverständnis, wie er sie im Nachwort zur zweiten Auflage des *Kapital* formuliert hat. Dort schreibt er über seine Methode ganz unmissverständlich: „Die Forschung hat sich den Stoff im Detail anzueignen, seine verschiedenen Entwicklungsformen zu analysieren und deren inneres Band aufzuspüren. Erst nachdem diese Arbeit vollbracht, kann die wirkliche Bewegung entsprechend dargestellt werden".[1] Das entspricht im Kern ihrem Verständnis von Wissenschaft, auch wenn sie diesem Anspruch selbst nur bedingt gerecht werden, nicht aber ihrer Vorstellung vom Marxismus.

Diese Vorstellung, die mit Marx nur wenig zu tun hat, seine wissenschaftlichen Analysen nur verzerrt widerspiegelt, hat ihre Grundlage allerdings nicht allein in der klassenspezifischen Prägung und der politischen Einstellung der bürgerlichen Wissenschaftler. Sie beruht zu einem nicht unerheblichen Teil auch auf der schon zu Lebzeiten von Marx einsetzenden Kanonisierung seines Werks, der Umwand-

1 Karl Marx: Das Kapital. Kritik der politischen Ökonomie. Erster Band, MEW 23, S. 27.

lung seiner auf empirischer Forschung basierenden Erkenntnisse und Theorie in ein für immer und ewig feststehendes Lehrbuchwissen. Die bekannte Äußerung von Marx, er sei kein Marxist, hätte er sicherlich gerade auf eine solche, seinen Intentionen völlig zuwider laufende Versteinerung seines Werks angewandt. Die von Engels überlieferte Aussage bedeutet nämlich (anders als heute in der Regel verstanden) nicht die generelle Ablehnung des Begriffs Marxismus oder Marxist. Sie bezog sich nur auf eine falsche Interpretation marxscher Positionen durch einen Teil seiner französischen Anhänger, denen er damit sagen wollte, dass er selbst, wenn das Marxismus sein sollte, kein Marxist sei.

Für Marx bestand der Ausgangspunkt aller Forschung stets in einer sorgfältigen Analyse der realen Verhältnisse. Das bedeutet auch, dass man die Resultate dieser Forschung akzeptieren muss, egal ob sie einem politisch gefallen oder nicht. Wissenschaft ist für Marx eben keine Bestätigung schon zuvor feststehender „Wahrheiten", sondern ein offener Prozess. Dass man sich in linken Kreisen nicht unbedingt beliebt macht, wenn man diese Position ernst nimmt, diese Erfahrung habe ich schon relativ früh in meiner wissenschaftlichen Laufbahn machen müssen. Als ich Mitte der 1970er in meiner Dissertation aufgrund sorgfältiger empirischer Recherchen zu dem Ergebnis kam, dass die von den meisten linken Sozialwissenschaftlern damals prognostizierte umfassende Taylorisierung der Büroarbeit aufgrund der Fortschritte in der Mikroelektronik nicht eintreten werde, wurde ich von vielen dieser Wissenschaftler mehr oder minder massiv angegriffen. Ihr Vorwurf lautete: So würden Illusionen über den technischen Fortschritt geschürt und ihre politischen Aktivitäten in den Gewerkschaften behindert. Meine Antwort war immer dieselbe. Man könne die Realität nicht nach seinen politischen Wünschen uminterpretieren. Das würde einem spätestens dann auf die Füße fallen, wenn die Wirklichkeit auch oberflächlich unübersehbar die eigene Position als falsch entlarve. Da Glaubwürdigkeit für Linke ganz entscheidend sei, viel entscheidender als für das bürgerliche Lager inklusive der bürgerlichen Wissenschaftler, würde man so sein wichtigstes Pfund verspielen.

Eine sorgfältige Analyse der realen Entwicklung zeigt auch, in welchen Teilen das Werk von Marx historisch überholt ist. Seine Schilderung des konkreten Arbeitsprozesses z.B. ist zwangsläufig geprägt von der Erfahrungen in der britischen Industrie seiner Zeit. Sie bot damals das Modernste, was es in dieser Hinsicht gab. Nichtsdestotrotz repräsentierte sie nur in der Mitte des 19. Jahrhunderts die Spitze des Fortschritts. Es war für Marx unmöglich, Entwicklungen des 20. Jahrhunderts wie den Computer, das Internet oder die Raumfahrt vorauszusehen. Das macht die historische Beschränktheit eines Teils seiner Analysen aus. Ähnliches gilt beispielsweise auch für seine berühmte Unterscheidung zwischen Mensch und Tier. Sie repräsentierte das Wissen seiner Tage in seiner fortgeschrittensten Form. Was man heutzutage über die Intelligenz von Tieren weiß, war damals nicht einmal zu ahnen. Insofern war Marx genauso ein Kind seiner Zeit wie auch andere große Denker, z.B. Aristoteles, für den Sklaverei völlig normal war und Sklaven ganz selbstverständlich keine wirklichen, d.h. vernunftbegabten Menschen waren, sondern nur beseelte Werkzeuge. Wenn man diese Teile des marxschen Werks daher, wie es im Gefolge der Studentenbewegung vielfach geschah, einfach eins zu eins auf die aktuelle Lage überträgt, tritt an die Stelle der von Marx geforderten Aneignung des „Stoffes im Detail“ eine unhistorische Gleichsetzung überholter Forschungsresultate mit der Wirklichkeit.

Etwas anderes gilt für die von Marx entwickelte allgemeine Theorie des Kapitalismus, die auf seinen empirischen Analysen aufbaut. Ihre Bewegungsgesetze sind zwar auch nicht überhistorisch, gelten aber so lange, wie die kapitalistische Gesellschaftsform existiert, also sehr viel länger als bestimmte Formen der Arbeitsteilung oder der Maschinerie. Mit dieser Theorie und ihren zentralen Elementen, der Analyse der Wertform und des Geldes, der Akkumulations- und Konzentrationsdynamik des Kapitals und der Zwangsläufigkeit von sich regelmäßig wiederholenden Krisen, bietet das marxsche Werk etwas, was die bürgerliche Sozial- und vor allem Wirtschaftswissenschaft trotz aller zutreffenden Detailanalysen nicht zu bieten haben. Sie erlaubt eine systematische Einordnung all jener neuen Erkenntnisse, die die empirische Forschung erbringt. Auch wenn manche Elemente der marxschen Kapitaltheorie, vor allem seine Arbeitswerttheorie, selbst unter Marxisten nicht unumstritten sind, so liefert sie trotz offener Fragen meines Erachtens immer noch den plausibelsten und überzeugendsten Erklärungsansatz für die Struktur und Entwicklung kapitalistischer Gesellschaften. Das gilt nicht nur im Vergleich mit den vorherrschenden Modellen in den Wirtschaftswissenschaften. Es trifft auch auf heterodoxe Neuerungen wie die postkeynesianistische Modern Monetary Theory zu, deren Grundfehler sich durch einen Blick auf die marxsche Geldanalyse gut erkennen lässt. Genauso gilt es in Hinblick auf die Vielzahl soziologischer Gegenwartsdiagnosen, die in den letzten Jahren mit immer neuen Gesellschaftstypen aufwarten, von der Abstiegsgesellschaft (Oliver Nachtwey) und der Gesellschaft der Angst (Heinz Bude) über die Gesellschaft des Zorns (Cornelia Koppetsch) und die digitale Gesellschaft (Armin Nassehi) bis hin zur Gesellschaft der Singularitäten (Andreas Reckwitz). Obwohl diese soziologischen Analysen zumeist richtige Aspekte hervorheben, verfehlen sie doch den Kern der Sache, weil sie zu sehr an der Oberfläche bleiben und die zugrunde liegenden strukturellen Veränderungen innerhalb kapitalistischer Gesellschaften deshalb nur teilweise erfassen.

Auch für mein direktes Forschungsgebiet, die gesellschaftlichen Eliten, ist die marxsche Theorie von zentraler Bedeutung, allerdings nur, wenn man das (vor allem im Anschluss an die Studentenbewegung) weit verbreitete Missverständnis vermeidet, für Marx seien persönliche Merkmale ohne jegliche Bedeutung, weil Kapitalisten und Lohnarbeiter ausschließlich Personifizierungen der ökonomischen Verhältnisse seien, also nicht mehr als Charaktermasken. Wenn dem so wäre, machte eine detailliertere Analyse der Elitemitglieder tatsächlich keinen Sinn. Marx verdeutlicht allerdings nicht nur in seinen politischen Arbeiten, dass er bei der Betrachtung konkreter historischer Entwicklungen nicht so schematisch denkt. In einem Brief an Ludwig Kugelmann anlässlich des Kampfes der Pariser Kommune geht er sogar unmittelbar auf ein solch falsches Verständnis seiner Theorie ein. Er sagt dort, dass die Weltgeschichte „sehr mystischer Natur“ sei, wenn „Zufälligkeiten“ wie der „Charakter der Leute, die zuerst an der Spitze der Bewegung stehn“, keine Rolle spielten. Zwar würden sie „in den allgemeinen Gang der Entwicklung" fallen, „Beschleunigung oder Verzögerung" seien aber sehr von ihnen abhängig.[2] Diese unmittelbar auf die zentralen Personen der Kommune bezogenen Äußerungen zeigen, dass Marx den persönlichen Charakteristika der Handelnden durchaus eine nicht unerhebliche Bedeutung beimisst. „Beschleunigung oder Verzögerung" des allgemeinen Gangs der Entwicklung kann in konkreten historischen Situationen einen großen Unterschied ausmachen. Der Sieg von Trump 2016 fällt z.B. genauso in diese Kategorie wie die Niederlage von Corbyn 2019. Generell müsste die marxsche Aussage gerade auf die Elitemitglieder zutreffen, weil sie dank ihrer Machtpositionen und der daraus resultierenden Handlungsmöglichkeiten den Gang der Entwicklung stärker beeinflussen können als andere.

Geht man nun von der marxschen Theorie als Basis für eine Analyse der Eliten aus, so muss man diese, und das ist der entscheidende Punkt, stets im Zusammenhang mit den gesamtgesellschaftlichen Klassenverhältnissen sehen. Dadurch wird nicht nur die in der Elitediskussion traditionell stark betonte Dichotomie von Elite und Masse vermieden und das Verhältnis zwischen Eliten und herrschender Klasse begrifflich klarer, es lassen sich auch theoretische Neuerungen oder Erweiterungen besser auf ihre Stichhaltigkeit überprüfen. Das trifft vor allem auf die in den letzten zwei Jahrzehnten sehr populäre These von der „transnational capitalist class" oder globalen Elite zu, einer Elite, die nicht mehr an die Nationalstaaten gebunden sei, sondern sich transnational oder global organisiere. Die (leider nur knappen) Ausführungen von Marx zu Klassenbildungsprozessen sind sehr hilfreich, um den zentralen Irrtum dieser These zu erkennen und deutlich zu machen. Für Marx ist Mobilität, gerade auch räumliche Mobilität, die entscheidende Voraussetzung für jedweden Klassenbildungsprozess, wie er anhand der Konstituierung von Bourgeoisie und Arbeiterklasse aufzeigt. Mobilität sei die zentrale Voraussetzung für die Aufhebung traditioneller Schranken zwischen den einzelnen Bevölkerungsgruppen, aus denen die jeweilige Klasse dann entstehe. Am Beispiel des frühen Bürgertums oder der „Bürgerklasse" schildern Marx und Engels in *Die deutsche Ideologie* skizzenhaft diesen Prozess. Die Bürger der einzelnen Städte seien durch die Ausdehnung

2 Karl Marx: Marx an Ludwig Kugelmann, 17. April 1871, MEW 33, S. 209.

der Kontakte und der Kommunikation untereinander sowie durch die Auseinandersetzung mit dem Adel „sehr allmählich" zur Klasse geworden. Die von ihnen geschaffenen Lebensbedingungen, die ihnen gemeinsam seien, ihnen zugleich aber auch als eine unabhängige äußere Kraft entgegen träten, hätten sich durch die „Verbindung zwischen den einzelnen Städten" von „gemeinsamen Bedingungen zu Klassenbedingungen" weiterentwickelt. Marx geht an dieser Stelle sogar noch weiter, erinnert in seiner Argumentation stark an das, was Pierre Bourdieu als das Verhältnis von Klassenlage und Klassenhabitus (als inkorporierter Klassenlage) analysiert, wenn er sagt: „Dieselben Bedingungen, derselbe Gegensatz, dieselben Interessen mussten im Ganzen und Großen auch überall gleiche Sitten hervorrufen".[3]

Wie entscheidend räumliche Mobilität in diesem Zusammenhang für Marx war, zeigt seine viel zitierte Passage aus *Der achtzehnte Brumaire des Louis Bonaparte* über die französischen Bauern, die diese Mobilität im Gegensatz zu Bourgeoisie und Arbeiterklasse nicht aufwiesen. In seiner 1852 veröffentlichten Analyse des Bonapartismus heißt es: „Insofern Millionen von Familien unter ökonomischen Existenzbedingungen leben, die ihre Lebensweise, ihre Interessen und ihre Bildung von denen der andern Klassen trennen und ihnen feindlich gegenüberstellen, bilden sie eine Klasse. Insofern ein nur lokaler Zusammenhang unter den Parzellenbauern besteht, die Dieselbigkeit ihrer Interessen keine Gemeinsamkeit, keine nationale Verbindung und keine politische Organisation unter ihnen erzeugt, bilden sie keine Klasse".[4] Für die Herausbildung einer transnationalen Klassenlage und eines daraus resultierenden transnationalen Klassenhabitus wäre demnach ein Prozess erforderlich, den Bourdieu, auf die nationale Ebene bezogen, folgendermaßen beschreibt: Ihre Mitglieder müssten mit ähnlichen und für ihre Klasse typischen Erfahrungen in entscheidend höherem Maße als die Angehörigen der anderen Klassen konfrontiert werden.[5] Genau das ist aber nicht der Fall. Deshalb hält die Behauptung, es habe sich eine „transnational capita-

3 Karl Marx/Friedrich Engels: Die deutsche Ideologie, MEW 3, S. 53.

4 Karl Marx: Der achtzehnte Brumaire des Louis Bonaparte, MEW 8, S. 198.

5 Pierre Bourdieu: Die feinen Unterschiede. Kritik der gesellschaftlichen Urteilskraft, Frankfurt a.M. 1982 (1979), S. 175f.; Bourdieu, Pierre: Soziologische Fragen, Frankfurt a.M. 1993 (1980), S. 112.

list class" oder eine globale Elite herausgebildet, einer genaueren empirischen Analyse nicht Stand.[6]

Obwohl Pierre Bourdieu in seinen Arbeiten über die Bildung und Reproduktion von Klassen die knappen marxschen Ausführungen zu dieser Thematik entscheidend weiterentwickelt hat, zeigt sich doch an zwei zentralen Stellen, dass seine stärker an Max Weber als an Marx orientierte Theorie dadurch wesentliche Schwachpunkte aufweist. Das betrifft zum einen seinen Kapitalbegriff, zum anderen den des Feldes der Macht. Was den Kapitalbegriff angeht, so verwendet Bourdieu ihn zunächst nur in drei Varianten, als ökonomisches, kulturelles und soziales Kapital. Etwas später kommt dann noch das symbolische Kapital hinzu. Im Verlauf seiner weiteren Arbeiten wird der Gebrauch aber zunehmend inflationär, mit je nach untersuchtem Feld ganz spezifischen Kapitalsorten wie dem politischen, wissenschaftlichen, intellektuellen, philosophischen, journalistischen oder auch linguistischen Kapital. Da die Anzahl der gesellschaftlichen Felder schier unbeschränkt ist, trifft dasselbe auch auf die Anzahl der möglichen Kapitalsorten zu. Mittlerweile werden in an Bourdieu orientierten Arbeiten auch Begriffe wie transnationales Kapital oder schauspielerisches Kapital verwendet. Damit hat sich Bourdieu immer weiter von der marxschen Definition des Kapitals als eines durch Dinge vermittelten gesellschaftlichen Verhältnisses von Menschen entfernt und sich einer einfachen Gleichsetzung der Begriffe Kapital und Ressourcen angenähert. Der wesentliche Fortschritt, den Marx mit seiner Definition erreicht, wird so weitgehend wieder zunichte gemacht. Ich verwende den Begriff des Kapitals daher auch nur im klassischen marxschen Sinne. Ansonsten ziehe ich den Begriff Ressourcen vor.

Mit Bourdieus Idee eines Feldes der Macht habe ich ebenfalls Probleme, die zum Teil auch wieder auf seinen Kapitalbegriff zurückzuführen sind. Er definiert dieses Feld als den Raum, in dem die verschiedenen Kapitaleigentümer um die Macht über das staatliche Kapital kämpfen, das die Macht über die verschiedenen Kapitalarten, ihre relativen Währungen zueinander und ihre Reproduktion (vor allem

6 Michael Hartmann: Die globale Wirtschaftselite. Eine Legende, Frankfurt a.M. 2016.

durch das Bildungssystem) gewährt. Bourdieu verwendet den Begriff „Feld der Macht“ erstmals in seinem Buch *Der Staatsadel.*[7] In wesentlichen Teilen, die er vollständig aus älteren Aufsätzen in der von ihm herausgegebenen Zeitschrift *Actes de la Recherches* übernimmt, ersetzt er einfach den Begriff der „herrschenden Klasse“ durch den des „Feldes der Macht“, ohne ansonsten am Text etwas zu ändern. Den Begriff der „herrschenden Klasse" durch den des „Feldes der Macht" zu ersetzen, hat Vorteile, aber auch klare Nachteile. Der Hauptvorteil ist, dass der Feldbegriff deutlich macht, dass es sich um ein Schlachtfeld handelt, dessen Akteure ständig um ihre Positionen kämpfen müssen. Den Hauptnachteil sehe ich darin, dass Bourdieu, so lange er den Begriff der „herrschenden Klasse“ verwendet, eine klare Unterscheidung zwischen der dominanten Fraktion dieser Klasse, die hauptsächlich über ökonomisches Kapital verfügt, und der dominierten Fraktion, die hauptsächlich über kulturelles Kapital verfügt, trifft. Hier macht sich bemerkbar, dass Bourdieu in seinen frühen Arbeiten noch die Dominanz des ökonomischen Kapitals gegenüber den anderen Kapitalsorten betont, das aber später mehr und mehr in den Hintergrund treten lässt bzw. überhaupt nicht mehr erwähnt. Bei den meisten der Wissenschaftler, die in der Elitenforschung mit dem Begriff „Feld der Macht“ arbeiten, wird dieser Mangel noch sehr viel deutlicher, weil ihnen Bourdieus breites theoretisches Fundament fehlt. Sie erstellen, methodisch zumeist sehr exakt, umfangreiche Korrespondenzanalysen, in denen sie die Eliteangehörigen in Relation zur jeweiligen Verfügung über die zwei entscheidenden Kapitalsorten zwischen den beiden Polen viel ökonomisches Kapital und viel kulturelles Kapital einsortieren. Die Tatsache, dass erstere deutlich mehr Macht haben, geht dabei in der Regel völlig unter. Es gibt keinen klaren Maßstab mehr für die Gewichtung der verschiedenen Akteure auf dem Feld der Macht, wenn man die verschiedenen Kapitalsorten einfach als mehr oder minder gleichwertig nebeneinander stellt und keinen Bezug zu den gesellschaftlichen Klassenverhältnissen herstellt.

Neben meiner wissenschaftlichen Orientierung an der marxschen Methode und Theorie gibt es noch einen zweiten Grund, warum ich mich als Marxist bezeichne. Ich verstehe mich nicht nur als Wissen-

7 Pierre Bourdieu: Der Staatsadel, Konstanz 2004 (1989).

schaftler, sondern ebenso als politisch aktiver Mensch, der, soweit es heute möglich ist, für die Überwindung kapitalistischer Verhältnisse kämpft. Schon der erste Zugang zum Werk von Marx erfolgte aufgrund politischer Aktivitäten, die für die Paderborner Provinz relativ früh einsetzten, und zwar bereits 1968 durch einen Klassenkameraden, dessen ältester Bruder damals in Bochum SDS-Vorsitzender war. War die theoretische Orientierung zunächst der Anarchismus von Michail Bakunin, so trat recht schnell Marx an dessen Stelle. Dafür sorgte eine ebenfalls eher zufällig durch ehemalige Schüler meines Gymnasiums zustande gekommene Verbindung zum Frankfurter SDS. Diese Schüler, inzwischen Studenten in Frankfurt, waren weiterhin in unserer Stadt politisch aktiv und brachten zu Schulungszwecken nicht nur regelmäßig die neuesten Anregungen und Texte aus Frankfurt mit, vom heute weitgehend unbekannten Philosophen Karl Heinz Haag über Theodor W. Adorno und Karl Korsch bis schließlich zu Marx. Immer wieder kamen auch Größen des Frankfurter SDS wie der SDS-Cheftheoretiker Hans-Jürgen Krahl zu uns, um uns den historisch-dialektischen Materialismus näher zu bringen. Das war für mich langfristig prägend, weil diese Form des Marxismus sich positiv sowohl von dem abhob, was man damals als Zerrbild des Marxismus in den Medien und Schulen kennenlernte, als auch vom dogmatischen Marxismus-Leninismus der real-sozialistischen Länder. Sie eröffnete einem jungen Menschen wie mir speziell mit der Lektüre der gerade erst neu veröffentlichten und kaum rezipierten *Grundrisse der Kritik der politischen Ökonomie* neue Horizonte und spornte an, sich intensiv und ernsthaft mit theoretischen Fragen auseinanderzusetzen. Das geschah allerdings immer mit Bezug auf die eigene politische Tätigkeit, sei es zunächst in der Schüler- und Studentenbewegung, später dann in der Anti-AKW- und der Friedensbewegung sowie seit 1971 durchgängig in kritischen Gewerkschaftskreisen.

Im Grunde ist das bis heute so geblieben. Meine wissenschaftlichen Arbeiten sind gleich in doppelter Hinsicht mit meinen politischen Aktivitäten verbunden. Zum einen bilden letztere immer einen zentralen Orientierungspunkt für die wissenschaftlichen Analysen. Mal ist das ganz direkt der Fall wie bei meinen Arbeiten zur Rolle der Studiengebühren im US-Hochschulsystem oder zur Bedeutung der

Exzellenzinitiative für die Hierarchisierung des deutschen Hochschulsystems. Sie wurden für mich zu einer Notwendigkeit, als es im Rahmen der vielfältigen Aktivitäten gegen Studiengebühren und Eliteuniversitäten darum ging, für die zahlreichen Streitgespräche mit Uni-Präsidenten oder Wissenschaftsministern sowie meine entsprechenden Beiträge in den unterschiedlichsten Medien argumentativ gerüstet zu sein. Mal gilt es eher allgemein, indem meine Arbeiten zu den Eliten stets auch die Macht- und Herrschaftsverhältnisse in Deutschland und anderen Industriestaaten, vor allem Frankreich, Großbritannien sowie den USA, thematisieren und analysieren. Mit den Ergebnissen kann man dann in politische Debatten über die Kluft zwischen den Eliten und der breiten Bevölkerung ebenso eingreifen wie in solche über die ungerechte Verteilung von Einkommen und Vermögen oder die Steuerpolitik der Bundesregierung. In meinem letzten, direkt für ein breites, nichtwissenschaftliches Publikum gedachten Buch *Die Abgehobenen*[8] war die politische Zielsetzung von vornherein ausschlaggebend. Das Buch sollte in erster Linie die gesellschaftlichen Ursachen für den Aufstieg des Rechtspopulismus materialistisch erklären und denen Argumente an die Hand geben, die sich dieser Entwicklung entgegenstellen wollen. Im Zentrum der Erklärung standen deshalb nicht die üblichen überwiegend kulturell geprägten Deutungsmuster, sondern die Spaltung der Gesellschaft in materieller Hinsicht und deren politische Ursachen wie Konsequenzen.

Zum anderen bieten die Analysen eine solide Grundlage für meine politischen Aktivitäten. Sie liefern nicht nur schlagkräftige Argumente für die Auseinandersetzung mit den politischen Gegnern, sie erlauben auch eine realistische Einschätzung der gesellschaftlichen Kräfteverhältnisse und damit eine halbwegs solide Abschätzung der Erfolgsaussichten eigener Aktivitäten und das Erkennen von Irrwegen. Das galt z.B. schon in den 1970ern für die gewerkschaftlichen Initiativen im Angestelltenbereich, die immer dann an der Alltagswirklichkeit der allermeisten Angestellten vorbeigingen, wenn sie ihren theoretischen Ausgangspunkt in der These von einer umfassenden Taylorisierung der Büroarbeit hatten. Genauso ist es heute bei der Corona-

8 Michael Hartmann: Die Abgehobenen. Wie die Eliten die Demokratie gefährden, Frankfurt a.M. 2018.

Pandemie.[9] So war es möglich, schon in den ersten Monaten der Pandemie all jene Prognosen als irreführend zu erkennen, die vom Ende des Neoliberalismus und von größeren Chancen für eine linke Politik sprachen. Bei einer vernünftigen Analyse der Klassenverhältnisse war schon damals klar, dass die Pandemie durch den Verlust vieler Arbeitsplätze oder zumindest die Drohung damit eher auf eine Stärkung der Kapitalseite hinauslaufen würde. Inzwischen weiß man, dass das im Wesentlichen genauso gekommen ist und die negativen Folgen die Menschen umso stärker treffen, je weiter unten sie in der Einkommensskala angesiedelt sind.

Die Bedeutung der marxschen Kapitalismusanalysen reicht aber noch weiter. Sie gestattet auch eine Einordnung konkreter historischer Prozesse. Dabei erscheint mir vor allem eines wichtig. Man sollte die vielzitierte Aussage von Marx aus dem Vorwort *Zur Kritik der Politischen Ökonomie* über die Dauer einer Gesellschaftsformation ernster nehmen, als es viele Linke taten und zum Teil noch tun. Marx schreibt dort: „Eine Gesellschaftsformation geht nie unter, bevor alle Produktivkräfte entwickelt sind, für die sie weit genug ist, und neue höhere Produktionsverhältnisse treten nie an die Stelle, bevor die materiellen Existenzbedingungen derselben im Schoß der alten Gesellschaft selbst ausgebrütet worden sind".[10] Auf die heutige Lage bezogen heißt das für mich, dass dieser Punkt noch längst nicht erreicht ist. Zahlreiche Innovationen z.B. auf den Gebieten der Mikroelektronik oder der Genforschung zeigen ebenso wie die kapitalistische Durchdringung immer weiterer Bereiche (geographisch wie innergesellschaftlich), dass der Kapitalismus offensichtlich immer noch in der Lage ist, die Produktivkräfte weiter zu entwickeln. Auch wenn es dabei regelmäßig zu Konflikten kommt, beispielsweise zwischen Formen unmittelbar vergesellschafteter Arbeit, wie sie die Wissenschaften prägen, und der privaten Aneignung durch einzelne Kapitale, so sind diese im Rahmen des Kapitalismus bislang immer noch hinreichend zu lösen.

Ich glaube daher, dass die Linke sich noch für etliche Jahrzehnte darauf einstellen muss, innerhalb kapitalistischer Verhältnisse für

9 Dieser Beitrag ist im Januar 2021 verfasst worden.
10 Karl Marx: Zur Kritik der politischen Ökonomie, MEW 13, S. 9.

Veränderungen zu kämpfen, und nicht auf das absehbare Ende dieses Gesellschaftstypus hoffen darf. Teilt man diese Einschätzung, hat das natürlich Konsequenzen für die eigene politische Arbeit. Man wird bescheidener, was die kurz- und mittelfristig erreichbaren Ziele angeht. Konkret bedeutet das z.B., dass man in der Kritik an den politischen Programmen von Personen wie Jeremy Corbyn oder Bernie Sanders darauf achten muss, was angesichts der herrschenden Kräfteverhältnisse auch wirklich durchsetzbar ist. Abstrakte Kritik nach dem Muster, solche Politik führe nicht über den Kapitalismus hinaus, sondern verbleibe innerhalb seines Rahmens, verbietet sich dann. Kritik an den Programmen wird dadurch nicht obsolet, muss aber immer konkret an den realen gesellschaftlichen Bedingungen ausgerichtet sein. Um das vernünftig einschätzen zu können, sind an der marxschen Theorie orientierte wissenschaftliche Analysen sehr hilfreich, wenn nicht sogar unverzichtbar. Sie verpflichten einen aber auch, theoretische Ansätze wie die Modern Monetary Theory, die unter linken Demokraten in den USA derzeit sehr populär ist und Linken zunächst politisch auch sehr gelegen kommt, deutlich zu kritisieren, wenn sie im Kern auf falschen Annahmen beruhen, in diesem Fall auf einer völligen Verkennung des Charakters von Geld.

Auch Marx selbst sah in seinen theoretischen Arbeiten immer eine entscheidende Grundlage für politisches Handeln, bei ihm selbst wie bei anderen. Er war eben nicht in erster Linie Wissenschaftler, sondern ein politisch aktiver, sich für die Überwindung kapitalistischer Verhältnisse einsetzender Mensch. Allerdings bestand er immer darauf, seinen politischen Aktivitäten eine solide wissenschaftliche Grundlage zu geben und hob sich damit positiv ab von jenen Linken damals wie auch heute, die vorwiegend moralisch argumentieren. Wenn er, wie vor allem anlässlich der Feiern zu seinem 200. Geburtstag, nur als weltberühmter Philosoph gefeiert wird, verfehlt man deshalb den Kern seiner Person völlig. Er soll so, das ist auch die Absicht solcher Feiern, entpolitisiert und seiner politischen Wirkungskraft beraubt werden. Das zu verhindern, ist die Aufgabe derjenigen, die innerhalb wie außerhalb der Wissenschaft ernsthaft auf der Basis seiner Analysen arbeiten.

Karsten Kunibert Krüger-Kopiske

Marxismus als Mode und als Gesellschaftsanalyse

Früher haben wir die für uns wichtigsten Stellen in Marx' Texten rot unterstrichen, den Genossen belehrend vorgetragen und den Gegnern vor die Füße geworfen. Die Texte waren eine Waffe – nicht zum Erkennen der Wirklichkeit, sondern um uns als Gruppe zu bestätigen und von anderen abzugrenzen. Dies ist mehr als 40 Jahre her und – zum Glück – haben wir uns weiterentwickelt. Doch warum befassen wir uns mit Marx und seinen Ideen? Andersherum – was hat Marx uns heute zu sagen, um unsere Gesellschaft zu verstehen?

Als 1959 Geborener kam ich etwas zu spät für die 68er, habe aber das „rote Jahrzehnt" (Gerd Koenen), also die 1970er Jahre, erlebt und war auch seit 1974 politisch aktiv. Marx war in diesem (roten) Jahrzehnt in Westeuropa „Mode". Wer an der Schule oder der Uni nicht irgendwie links war, gehörte nicht dazu, war wie ein Nichtraucher, stand abseits. Hinzu kam die Beschäftigung mit der deutschen Vergangenheit und damit mit der Elterngeneration. Viele unserer Eltern waren in den 1930er Jahren Nazis oder Mitläufer und auch sonst konservative Verteidiger der „deutschen Tugenden". Sie hatten Probleme, die Entwicklung seit Mitte der Sechziger Jahre zu verstehen – Liberalität, sexuelle Freizügigkeit und „mehr Demokratie wagen" waren ihnen fremd. Auch die äußeren Erscheinungsbilder, lange Haare bei Männern und Bärte, Blumen im Haar und bunte Kleidung, verabscheuten sie. Und sie lebten ihre eigene Geschichte und Vergangenheit – die sowjetische Armee hatte die deutschen Truppen im Osten überrannt, die Aufteilung Europas nach dem Krieg ist bekannt. Für Millionen Vertriebene hatte die alte Heimat jedoch noch eine große Bedeutung. Erst die von Willy Brandt und Walter Scheel mit den Ostverträgen geregelte Grenzfrage im Osten ergab die Möglichkeit, in der Gegenwart anzukommen. Das „Wirtschaftswunder" führte für viele zu bescheidenem Wohlstand, der mit Fleiß und Disziplin erwirtschaftet wurde. Doch „der Russe" stand an der westdeutschen Grenze und gefährdete das Erreichte. Hiermit machten fast alle Parteien Politik und dies begründete den Hass auf alles „Linke". Der Hass saß tief, schon gar auf diejenigen, die sich auf Marx beriefen, wie es die SPD bis zum Godesberger Programm von 1959 auch tat. Scheinheilig gerierten sich viele Menschen als Demokraten, die im faschistischen Mördersystem zumindest mitgelaufen waren, wenn sie nicht gar von ihm profitiert hatten. Führende Kräfte der großen Parteien – insbesondere der FDP – bekannten sich vor 1945 zum deutschen Faschismus und waren auch in der NSDAP. Die Reaktion der Jungen auf solche Lebensläufe und die „Unfähigkeit zu trauern" (Mitscherlich) nach der Niederwerfung des „Dritten Reichs" war zu erwarten und oft berechtigt – der Faschismusvorwurf und die Suche nach etwas anderem. Dies konnte nur etwas radikal anderes sein, nicht ein lauwarmer Liberalismus oder Demokratismus von Junger Union oder RCDS. In den Ideen von Karl Marx suchten wir eine Alternative zu dieser Gesellschaft.

Aber es war nicht nur dies. Die Bezugnahme auf Marx, noch gar nicht die Beschäftigung mit ihm und seinen Texten, eröffnete damals eine neue, andere Welt, in der man nicht nur mitlaufen, sondern sein Umfeld beeindrucken und Menschen führen konnte. Man glaubte damit auf der Seite des Fortschritts zu stehen. Die Auseinandersetzung mit den Texten kam später hinzu und erfolgte meist mithilfe von Sekundärliteratur. Und in diesem „roten Jahrzehnt" entsprang der Eintritt in eine marxistische Gruppierung „dem Wunsch oder geradezu dem Gesetz der Gemeinschaftsbildung, die sich auch als Angst äußerte, den Anschluss zu verlieren".[1]

Darüber hinaus war nicht Armut, Not oder Perspektivlosigkeit der Antrieb der akademischen Jugend, sich dieser Theorie zu nähern, sondern der Versuch, die bisherige Welt erklären zu können, eine Basis dafür zu haben, warum vieles in unserer Welt nicht richtig läuft und in den Abgrund führen könnte, und vielleicht auch der Wunsch ein Zukunftsbild zu entwerfen. Häufig gestritten wurde mit der Elterngeneration, die politisches Handeln auf eine Wahlbeteiligung alle

---

1 Gerd Koenen: Das rote Jahrzehnt, Köln 2001, S. 261.

vier Jahre reduzierte. Wen man wählte, stand auch meist fest und hing von festen Strukturen, vom Milieu ab. Das Engagement in der Linken war für viele der Versuch diesem „Mief“ aus Schweinebraten, Vergessen, Häuschen mit Vorgarten und Volkswagen zu entkommen – es war in unserem Kleinbürgermilieu mehr ein kultureller Kampf als eine wissenschaftliche Auseinandersetzung mit dem Kapitalismus.

Eine interessante Frage ist, warum die Linke gerade in den 1970er Jahren einen so rasanten Aufschwung nahm und der Marxismus eine Renaissance erlebte, warum eine Vielzahl von linken Organisationen und (Kleinst-)Parteien entstand.

Das Wirtschaftswachstum nach dem zweiten Weltkrieg mit hohen Wachstumsraten über einen Zeitraum von vielen Jahren kam an sein Ende. Ausgelöst durch die Ölkrise(n) wurde die strukturelle Krise des kapitalistischen Systems deutlich und für viele Industriearbeiter zu einer Bedrohung ihrer Zukunft. Mit der Entwicklung der Produktivkräfte, deren Ausdruck eine verstärkte Rationalisierung und Technisierung war, fielen Arbeitsplätze weg. Gleichzeitig drängte die heute vor der Rente stehende „Baby-Boomer“-Generation auf den Arbeitsmarkt. Um auf den internationalen Märkten konkurrenzfähig zu bleiben, wurden Produktionsstandorte aus den kapitalistischen Zentren ins Ausland verlagert, was insbesondere die Schwer- und Textilindustrie betraf. „Die (west-) deutsche Wirtschaft verzeichnete 1975 und 1982 negative jährliche Wachstumsraten und die Arbeitslosenquote stieg von etwa einem Prozent vor der ersten Ölkrise auf über neun Prozent.“[2] Insbesondere nach der Regierungszeit von Willy Brandt kam es zu erheblichen Einschränkungen der Sozialleistungen und der „Radikalenerlass“ war gegen fortschrittliche Menschen gerichtet. Mit keynesianischen Globalsteuerungsmethoden kam die Wirtschaft nicht mehr in Schwung und auch Sozialdemokraten setzen zunehmend auf die Befreiung der Marktkräfte.

Damit erlitten auch unsere Fortschrittserwartungen einen erheblichen Dämpfer. Und gewerkschaftliche Aktionen nahmen zu. Im Durchschnitt der 1960er Jahre wurden 224 Unternehmen pro Jahr bestreikt – in den 1970er Jahren waren es mehr als doppelt so viele

---

2 Vgl. Peter Starke: Krisen und Krisenbewältigung im deutschen Sozialstaat: Von der Ölkrise zur Finanzkrise von 2008, ZeS Arbeitspapier 02/2015, S. 13.

(519), was eine deutlich gestiegene Kampfbereitschaft der organisierten Arbeitnehmerschaft zeigt. In den 1980er Jahren waren es dann wieder „nur“ noch 218. Neben den üblichen Fragen von Lohnerhöhungen, die insbesondere in den 1970er Jahren in Folge von hohen Preissteigerungen eine Rolle spielten, waren es auch Fragen der Arbeitszeitverkürzung (35-Stunde-Woche) und der Arbeitnehmerrechte (Streikrecht, Lohnfortzahlung im Krankheitsfall etc.). Und auch manche von uns, die dem wenige Jahre zuvor noch erteilten Rat zu einem Lehramtstudium gefolgt waren, standen vor einer unsicheren Zukunft, wurde in diesem Bereich doch erheblich gespart.

Diese Entwicklungen trugen zu der Erkenntnis bei, dass gesellschaftliche Probleme etwas mit dem System zu tun haben – ein Aspekt, der direkt zu Marx führt. Marx war en vogue, ähnlich wie nach der Finanz- und Wirtschaftskrise 2008.

Die Szene, die sich (auch) auf Marx berief, war vielfältig. Wurde auch die 1956 verbotene KPD nicht wieder zugelassen, so wurde jedoch ab Ende der 1960er Jahre die Gründung von neuen kommunistischen Parteien in Folge der auch durch die Studentenbewegung geschaffenen neuen gesellschaftlichen Lage erlaubt. Neben der DKP, die sich an der DDR und der Sowjetunion orientierte, entstanden Organisationen, die sich dem Maoismus verschrieben, wie der Kommunistische Bund Westdeutschland (KBW), die KPD-ML oder die KPD (AO), oder auch „undogmatische“ Gruppen wie der Kommunistische Bund oder die Marxistische Gruppe. Alle beriefen sich auf Marx und/ oder Lenin, Trotzki, u.a. und alle lagen im Streit miteinander, der häufig auch in physische Gewalt ausartete – gerne auf den Demonstrationen zum Ersten Mai des DGB, wo es um den besten Platz im Demonstrationszug ging und um die Sichtbarkeit der eigenen Fahnen und Transparente. Da die überwiegende Mehrheit der Parteimitglieder aus dem (klein)bürgerlichen Milieu kamen, fiel es nicht schwer, diese nach dem Kollaps dieser Organisationen oder deren Abstieg in die absolute Bedeutungslosigkeit in bürgerlich-liberale Parteien zu integrieren. Die Karrieren vor allen Dingen von Maoisten, die heute hohe Funktionen bei den „Grünen“ bekleiden, legen hiervon beredt Zeugnis ab.

Doch in den 1970er Jahren schien die Revolution manchem zum Greifen nahe: „Genossinnen und Genossen, man braucht kein Prophet zu sein, um festzustellen: Von heut an bis in zehn Jahren wird sich für die Arbeiterklasse erneut die Frage stellen von Sieg oder Niederlage in ihrem Kampf gegen Ausbeutung und imperialistischen Krieg und für die proletarische Weltrevolution." So der ZK-Sekretär des KBW Joscha Schmierer 1977,[3] der bis zu seinem Ruhestand in hohen politischen Ämtern war und die „Weltrevolution" wohl aus dem Blick verloren hat. Ererbtes Geld war vorhanden und die Genossen kauften Häuser, in denen schon mal der Kampf „Mann gegen Mann" mit Holzgewehren geübt wurde – alles, um bereit zu sein für die Revolution. Zwar verurteilten die meisten dieser K-Gruppen die individualistischen Gewaltaktionen der „Rote-Armee-Fraktion", aber eine „klammheimliche Freude" wurde doch zum Ausdruck gebracht.

Etwas mehr Einfluss auf die „Arbeiterklasse" versuchte die DKP auszuüben, war sie doch mit einer Orientierung auf Gewerkschaften in deren Gremien und in Betriebs- und Personalräten sichtbar und hatte durch alte Genossen, die schon in den 1950er Jahren aktiv waren, Einfluss auf die linke Jugend. Daneben wurde sie stark finanziell durch die DDR unterstützt und konnte so durch ihre Presse und durch Massenveranstaltungen („Festival der Jugend" oder „Maizelte") auch kulturell wirken. Ende der 1970er Jahre stand sie kurz vor dem Einzug in einige Landesparlamente und hatte Abgeordnete auf kommunaler Ebene. Dass es sich hierbei auch nicht um eine nachhaltige Verankerung handelte, zeigt der weitgehende Zusammenbruch nach 1989, als die Ressourcen und die Unterstützung aus Osteuropa entfielen.

Und so versöhnte sich die akademisch gebildete Avantgarde der Arbeiterklasse mit dem Kapitalismus.

Doch zurück zu Marx. Seine Texte allein zu bewältigen, ist in der Regel nahezu unmöglich, zumindest für die, die sich ihnen zum ersten Mal nähern wollen. Sätze, die über zwölf Zeilen reichen, das Deutsch eines vergangenen Jahrhunderts und die Dichte der Gedanken, die hierin präsentiert wird, machen den Zugang zunächst schwer. Wie auch bei Hegel erfordern sie Konzentration, mehrmaliges Lesen

3 Gerd Koenen: Das rote Jahrzehnt, Köln 2001, S. 417.

und häufig auch Nachfragen und das Hinzuziehen von Sekundärquellen. Die Texte lösen weitere Fragen und Gedanken aus. Die Aneignung in einer Gruppe macht es da einfacher. So haben sich die meisten während des Studiums erstmalig mit Marx befasst. Jeder linke Studentenverband verstand sich als marxistisch und bot Lesekreise an. Es war zunächst das diffuse Gefühl, dass Marx die Strukturen und Tendenzen unserer Gesellschaft beschrieb und Hinweise auf gesellschaftliche Veränderungen darlegte. Antworten auf Fragen, wie der politische Kampf in der BRD aussehen könnte, welche Themen auf der Tagesordnung stehen, welche Bündnisse eingegangen werden sollten, versuchte man in den Texten zu finden. Für die an der traditionellen Linken orientierten Gruppen war die Verbindung mit der Arbeiterklasse von entscheidender Bedeutung. Andere setzten mehr auf die aufkommenden neuen sozialen Bewegungen (Frauen, Schwule, Naturschützer etc.). Wieder andere – wie die sogenannte „Marxistische Gruppe" – interpretierten Marx' Gedanken als einen Hinweis auf die Macht des Kapitalismus, gegen die nichts zu setzen ist, außer darauf zu warten, dass das System von selbst an seinen strukturellen Krisen zugrunde gehen würde.

Aus der sozialen Lage von studentischen Kreisen ergibt sich, dass sie zu wirklichen gesellschaftlichen Veränderungen allein nicht fähig waren. Sie gehören zur aus dem gesellschaftlichen Mehrwert alimentierten Schicht. Dennoch wurden Zukunftsmodelle entworfen und wurde versucht in Demonstrationen für diese eine Öffentlichkeit zu schaffen. Und natürlich musste jedes Semester einmal gestreikt werden – ohne jedwedes ökonomische Zwangsmittel. Eine Verbindung zwischen Arbeiterklasse und Studenten, wie in Frankreich 1968, gab es in den 1970er Jahren in der BRD nicht, zumal Forderungen in der Regel auf die Verbesserung der studentischen Situation, nicht auf diejenige der Lohnarbeiter abzielten.

Und in dieser offensichtlichen Machtlosigkeit wurde der Streit darum, was Marx wirklich sagen wollte, der Streit um die Interpretation seiner Texte zur politischen Auseinandersetzung stilisiert. „Die Lehre von Marx ist allmächtig, weil sie wahr ist."[4] Dieser Satz und

4 Wladimir Iljitsch Lenin: Drei Quellen und drei Bestandteile des Marxismus, LW 19, Berlin 1977, S. 3.

noch viel mehr Dummes und Unbewiesenes war eine wesentliche Unterlegung vieler „Argumente“ in den Diskussionen innerhalb der genannten Gruppen, sowohl gegen die „Bürgerlichen“ als auch – und dies besonders gern – gegen den „Gegner“, wenn nicht gar „Feind“ in den vermeintlich eigenen Reihen. Dies alles war folgenlos für die wirklichen gesellschaftlichen Konflikte – Kampf um den Mehrwert, Kampf für mehr Rechte der Arbeitenden im Produktionsprozess und der Kampf um den Erhalt von sozialen Errungenschaften, die nach dem Krieg erzielt wurden. Studenten waren hier Zuschauer oder Kommentatoren – nicht Handelnde. Als zukünftig Lohnabhängige waren sie zunächst nur Zaungäste. Dennoch waren sie in Diskussionen und Auseinandersetzungen um eine zukünftige Gesellschaft – zumindest, wenn sie linken Organisationen oder Parteien angehörten – eingebunden. Schriften wie die des Eurokommunismus wurden zur Hand genommen, um im Kapitalismus diesen durch Reformen zu überwinden. Hier wurden konkrete Maßnahmen dargelegt, wie etwa die Verstaatlichung der Groß- und Schlüsselindustrie, um ein neues, gebrauchswertorientiertes Wirtschaften möglich zu machen, ein Wirtschaften, das der Profitlogik mit ihrer Krisenanfälligkeit entzogen sein sollte.

Es war der Versuch, die Intellektuellen, die Wissenschaftsarbeiter, mit den Gewerkschaften als Organisation der Arbeitenden zu verbinden. Ansätze waren auch in Deutschland vorhanden. In Kreisen der linken JUSOs wurden die „Herforder Thesen“ diskutiert, die in diese Richtung gingen. Hier ging es – so der Untertitel – um die „Arbeit von Marxisten in der SPD“, die von den Anhängern des STAMOKAP-Ansatzes vertreten wurden – nebenbei; auch Olaf Scholz rechnete sich diesem linken Flügel der Jusos zu. Es galt, eine Doppelstrategie zu verfolgen – aus den fortschrittlichen außerparlamentarischen Bewegungen (z.B. Gewerkschaften) deren Ziele und Strategien in die SPD zu tragen und dort für Demokratie und Vergesellschaftung zu kämpfen. Diese Doppelstrategie war bei den JUSOs Teil der DNA der 1970er Jahre: „Zur Durchsetzung antikapitalistischer Strukturreformen bedarf es des Zusammenspiels von Arbeit in den Institutionen und der Entwicklung von Basismobilisierung und Gegenmacht. Eine so verstandene Doppelstrategie ist die einzige

Möglichkeit, die demokratische Substanz sowohl des Veränderungsprozesses als auch des sozialistischen Zieles zu garantieren."[5] und diese Ziele waren die Vergesellschaftung der strukturbestimmenden Bereiche der Volkswirtschaft, eine gesamtgesellschaftliche Planung und Mitbestimmung in den Betrieben. Es sollten also die wesentlichen Teile der Wirtschaft der Logik des „sich verwertenden Werts", also der Ausbeutung der Ware Arbeitskraft entzogen werden, ohne in einer Diktatur des Proletariats zu enden, denn damit sollten für weite Bereiche der Ökonomie noch weiterhin unternehmerisches Handeln eine Richtschnur sein. Dieses Positionspapier wurde unterschrieben unter anderem von Heidemarie Wieczorek-Zeul (später u.a. JUSO-Bundesvorsitzende und Bundesministerin) und Rudolf Scharping (vormals Bundesminister, heute Radfahrer). Wichtig in der politischen Diskussion unter den JUSOs war dann natürlich die Rolle des Staates und seiner Institutionen. Hier erregte vor allen Dingen ein Antrag des Bundesvorstands, der im Wesentlichen von Johano Strasser inspiriert wurde, großen Streit, denn es hieß dort: „Die Jungsozialisten erkennen den großen Wert funktionsfähiger parlamentarisch-demokratischer Institutionen für die Weiterentwicklung der Gesellschaft zum demokratischen Sozialismus an. Sie kritisieren aber die aus den gesellschaftlichen Machtverhältnissen herfließenden Einschränkungen der Demokratie und die tatsächliche Ausrichtung eines großen Teiles staatlicher Politik an den Interessen mächtiger Minderheiten. Die parlamentarische Demokratie ist nicht das ideale Herrschaftsmittel des Kapitals. Vielmehr bietet sie die Möglichkeit gesellschaftlicher Reformen im Interesse der Mehrheit der Bevölkerung und wird daher auch vom Kapital als ständige Bedrohung empfunden."[6] Es war eine Verabschiedung von einer grundsätzlichen Systemkritik und von der marxschen Sicht, dass die ökonomische Basis (letztendlich) auch den entsprechenden Überbau ins Werk setzt. Und so antwortet Christoph Butterwegge hierauf auch: „Kein Marxist betrachtet die Demokratie als Idealform bürgerlicher Klassenherrschaft – ideal für alle Zeiten und Gelegenheiten. Sie ist eine adäquate

5 Wolfgang Krause/Andreas Wehr/Hans Willi Weinsen: Zwischen Anpassung und sozialistischer Politik – zur Geschichte der Jungsozialisten seit 1945, Berlin 1975, S. 124.

6 Ebd., S. 84.

Herrschaftsform so lange, wie es der Arbeiterklasse nicht gelingt, ihre Freiräume in systemgefährdender Weise für den sozialistischen Kampf auszunutzen, und wegen der fortschreitenden Monopolisierung ständig in Gefahr, vom Kapital durch autoritäre Herrschaftsvarianten abgelöst zu werden".[7]

Einige von uns sahen schon damals die Notwendigkeit, das Gerüst der Theorien von Marx, Engels, Lenin zu ergänzen und den Verhältnissen unserer Zeit anzupassen, und setzten sich daher etwa auch mit Antonio Gramsci, dessen Hegemonietheorie und der Frage des „historischen Kompromisses", der die Kommunisten regierungsfähig machen sollte, auseinander.

All diese Projekte kamen über Diskussionen und Ideen nicht hinaus und scheiterten, denn es gab am Ende keinen Träger dieser Ideen, der eine gewisse politische Relevanz, ökonomische Macht hatte und bereit war, für eine grundsätzlich andere Gesellschaft zu kämpfen.

Einen kleinen Einblick in die „Diktatur des Proletariats" oder den „real existierenden Sozialismus" konnte ich auf drei Delegationen auf Einladung der FDJ in die DDR gewinnen. Zunächst einmal blieb neben dem Eindruck einer völlig maroden Infrastruktur und von grauen Städten ohne „Westwerbung" und dem ständigen Geruch von Braunkohle (den ich immer noch mag, denn er erinnert mich an meine Jugend) ein Gefühl, dass die Genossen „drüben" deutlich konservativer waren als wir. Als Studenten lebten viele von uns in Wohngemeinschaften und lebten auch unsere Sexualität freier aus – als verspätete 68er. Die FDJler verstanden das gar nicht, denn ihr Leben spielte sich zwischen Studentenwohnheim, Uni und Kneipe ab. So wurde ich einmal völlig fassungslos gefragt, ob ich denn in einer „Kommune" leben würde, weil man offenbar mit dem Ausdruck „Wohngemeinschaft" nichts anfangen konnte.

Nach der Rückkehr aus der DDR wurde mir dann klar, dass dieses Land das „deutschere" war. Die Menschen waren in ihrem privaten sozialen Verhalten in den 1930er Jahren stehengeblieben. Und der Grund ist mir dann auch klar geworden. Während wir den Verlockungen des „Westens" erlegen waren, mit Popmusik, Elektrogeräten

7 Christoph Butterwegge: SPD und Staat heute, Berlin 1979, S. 549.

aller Art, Tiefkühlkost und Pizza, gab es für die Bürger der DDR kein Vorbild, dem man sich anpassen wollte. Die Sowjetunion war über Jahrzehnte ein zerstörtes Land und hatte die DDR in der Nachkriegszeit nach ihren Bedürfnissen gestaltet. Russland war nicht der Traum und da blieb man dann lieber stramm „deutsch".

Wenn wir uns heute fragen, warum die Ostdeutschen nach der Wende eher konservativ bis hin zur AfD wählen, dann liegt ein Schlüssel in der Erfahrung von 40 Jahren DDR. Das Zukunftsexperiment „Sozialismus" war für die Menschen in einem hochindustrialisierten Land nicht attraktiv. Solidarität gab es sicher im Privaten, doch „Loyalität" zur politischen Verfasstheit konnte nur über Propaganda, Repression und Grenzanlagen hergestellt werden.

Mit dem Zusammenbruch der realsozialistischen Staaten des Ostens, mit der Enttäuschung nach dem Sieg einiger Befreiungsbewegungen, die die von ihnen gekaperten Länder in eine Kleptokratie für die Eliten und ihre Familien und Clans verwandelten, mit der Entwicklung Chinas zu einem turbokapitalistischen Staat, musste sich auch das Bild der Marxisten von der Welt und von den Erkenntnissen von Marx verändern, denn in den Ländern, in denen man den Sozialismus entwickeln wollte, entstanden erhebliche ökonomische und soziale Probleme.

Neben den Konsequenzen aus diesen weltpolitischen Umbrüchen führte auch die individuelle Entwicklung der meisten von uns zu einer veränderten Sichtweise: Mit dem Eintritt in das Berufsleben, der Hoffnung auf Aufstieg und der Einbindung in die bestehenden Produktionsverhältnisse verlor marxistisches Denken für die meisten an Relevanz, zeugten nur noch die „blauen Bände" in der privaten Bibliothek hiervon. Das kapitalistische Wohlstandsversprechen übte auf viele Wissenschaftsarbeiter einen Reiz aus. Einige blieben noch in ihren Parteien und engagierten sich dort, quasi als Freizeitbeschäftigung und ohne Folgen. Andere traten aus ihren Sektierer-Parteien aus und wurden Mitglied der „Grünen", machten dort auch Karriere. Wieder andere waren mit dem Zusammenbruch des osteuropäischen Sozialismus konfrontiert und mussten feststellen, dass ihre Partei, die DKP, nur aus der DDR heraus am Leben erhalten wurde. Hier brachen die Strukturen weg und die Rentnerpartei „Deutsche Kommunistische Partei“ spielt heute keine Rolle mehr in der politischen Landschaft – nicht mal in den Gewerkschaften. Laut Wikipedia hat sie (2020) bundesweit 2.850 Mitglieder mit einem Durchschnittsalter von 60. Zur Bundestagswahl 2017 konnte die DKP 11.558 Zweitstimmen auf sich vereinigen – was einem Stimmenanteil von 0,025% entsprach. 2021 sah es nicht wesentlich anders aus, 2025 ist sie nicht mehr angetreten.

Der Kapitalismus entfesselte die Märkte im Neoliberalismus als Lösung für seine strukturellen Verwertungsprobleme und geriet nach 20 Jahren erneut in eine Krise. Und seitdem sich der Kapitalismus in seiner neoliberalen Form seit Ende der Nullerjahre in einer tiefen Krise befindet, war nicht nur in der Öffentlichkeit Marx wieder gefragt, sondern nahmen viele das Studium der Texte wieder auf, zumal man aufgrund seiner Vorkenntnisse einfacher in sein Gedankengebäude wieder einsteigen konnte. Nach mehrmaliger Beschäftigung und mit den unmittelbaren Erfahrungen wachsen Wissen und Kenntnisse, wächst aber auch die kritische Würdigung. Wenn man sich heute als Marxisten bezeichnet, dann ist immer ein Hinterfragen dabei. Man erkennt eher seine zeitbezogenen Fehler und Falscheinschätzungen. Marx wird ja der Satz zugeschrieben: „Alles was ich weiß ist, dass ich kein Marxist bin.“[8] Dies kann so interpretiert werden, dass Marx kein Dogmatiker war. Marxistisches Denken ist immer offen und der Zeit angemessen. Die kritische Auseinandersetzung mit der eigenen Vergangenheit ist also für viele kein Abschied von Marx, sondern eine erneute Annäherung an seine Gesellschaftstheorie, jedoch mit der Kritik, die sich aus der Beschäftigung mit anderen Theoretikern und aus Erkenntnissen des „gelebten Lebens“ und der Entwicklung der letzten Jahrzehnte ergeben hat.

Wie umgehen mit Texten, die mehr als 150 Jahre alt sind? Im letzten Satz im dritten Band des *Kapital* steht: „{Hier bricht das Ms. Ab.}“[9] Es folgen noch Anmerkungen, Erläuterungen, Marginalien und das Übliche. Marx’ Hauptwerk, das *Kapital*, ist unfertig geblieben, insbesondere wenn man sich den Editionsplan, den er in den

---

8 Vgl. Friedrich Engels, Engels an Eduard Bernstein, 2./3. November 1882, MEW 35, S. 388.

9 Karl Marx: Das Kapital, Dritter Band; MEW 25, S. 893.

Grundrissen der Kritik der politischen Ökonomie von 1857[10] darlegt, vor Augen führt.

Vor allem die Frage der Rolle des Staats als „ideeller Gesamtkapitalist" hätte zum Verständnis des marxschen Oeuvres beigetragen, würde damit auch mehr Licht in das Dunkel einer nach-kapitalistischen Zukunft werfen können und könnte Ansatzpunkte bieten, von hier aus – unter den jetzigen Bedingungen und Verhältnissen – die Aufgaben von fortschrittlichen Kräften bezüglich einer potenziellen Verbesserung der Welt zu definieren. Eines war Marx klar und gilt generell für die Weltentwicklung und die Zukunft des Kapitalismus, „daß die dieser spezifischen, historisch bestimmten Produktionsweise entsprechenden Produktionsverhältnisse – Verhältnisse, welche die Menschen in ihrem gesellschaftlichen Lebensprozess, in der Erzeugung ihres gesellschaftlichen Lebens eingehen – einen spezifischen, historischen und vorübergehenden Charakter haben".[11] Gesellschaften haben also keine Ewigkeitsgarantie. Der Kapitalismus verändert sich täglich und erfindet sich täglich neu, er kann und will nicht stehen bleiben, festgefügte Verhältnisse sind ihm nicht eigen.

Marx war sich der Schwierigkeiten, die die Lektüre seines Hauptwerks – des *Kapital* – macht, durchaus bewusst. Aus diesem Grund empfahl er dem Leser, zur Einarbeitung nicht am Anfang anzufangen. So schrieb er am 30. November 1867 an Ludwig Kugelmann: „Wollen Sie Ihrer Frau Gemahlin als zunächst lesbar die Abschnitte über den ‚Arbeitstag', ‚Kooperation, Teilung der Arbeit und Maschinerie', endlich über die ‚ursprüngliche Akkumulation' bezeichnen. Über unverständliche Terminologie müssen Sie den Aufschluss geben. Bei sonstigen Bedenklichkeiten stehe ich zur Verfügung."[12] Marx wollte den Leser also mit den mehr historischen Kapiteln in das Werk einführen, zumal in diesen auch damals politische Auseinandersetzungen aufgegriffen wurden. Also schlägt Marx vor, vom achten zum elften bis dreizehnten und dann zum 24. Kapitel

10 Vgl. Karl Marx.: Grundrisse der Kritik der politischen Ökonomie, MEW 42, S. 91.

11 Ders.: Das Kapital, Dritter Band, MEW 25, S. 885.

12 Karl Marx: Brief an Ludwig Kugelmann vom 30. November 1867, MEW 31, S. 575f.

überzugehen.[13] Insbesondere aber heute, wo viele der eher deskriptiven Teile des *Kapital* an Relevanz verloren haben, trägt die Beschäftigung mit den ersten vier Kapiteln zum Verständnis unserer Gesellschaft bei. Hier werden die grundlegenden Kategorien Ware, Wert, Geld und „Geldfetisch" entwickelt und damit die Dynamik des Systems, die auch heute noch unsere Gesellschaft treibt, dargestellt.

Eine Gesellschaft, die ihre Dinge gemeinschaftlich in die Hand nimmt und die die Produktion an den notwendigen Gebrauchswerten ausrichtet und nachhaltig wirtschaftet, die mehr produziert, aber dieses Mehr nicht nur einer Klasse zuteilt, lebt mit sich in Zukunft angemessen. Welche Rahmenbedingungen hierfür erforderlich sind, darüber hat Marx sich nicht oder nur vage geäußert. Er hat keinen Masterplan einer zukünftigen Welt entworfen. Und diese „Schwäche" ist seine Stärke. Die Leser müssen selbst denken und – am Ende – auch selbst handeln.

Der Kapitalismus hat große Fehler – die falsche Allokation der Ressourcen, die immer wieder auftretenden Krisen mit den bekannten Folgen für die breite Masse der Bevölkerung, die ungleiche Versorgung mit lebensnotwendigen Gütern wie Gesundheit, Bildung und Kultur. Die marxsche Theorie kann helfen, diese Fehler zu erkennen. Die Migrationsbewegung macht deutlich, dass der Kapitalismus eben für die meisten in seinem Wohlstandsversprechen für alle versagt hat. Die Menschen im „globalen Norden", also eine Minderheit, leben meist gut im Kapitalismus, zumal in einem der reichsten und demokratischsten Länder der Welt. Aber sich zu wünschen, dass die globalen Verhältnisse so bleiben, verbietet die Solidarität mit denen, die nicht so leben können. Und das ist noch nicht einmal altruistisch. Es erwächst schlicht aus der Erkenntnis, dass Gesellschaften langfristig nur überleben können, wenn deren Wohlstand nicht auf der Armut anderer basiert. Die Migrationsproblematik, die in Europa seit vielen Jahren diskutiert wird, zeigt dies deutlich.

Ausbeutung der Ware Arbeitskraft ist und bleibt die Basis des Kapitalismus. Und je weiter wir uns von den Zentren dieses Systems entfernen, desto brutaler ist sie sichtbar, desto mehr bedroht sie die

13 Vgl. Karl Marx: Das Kapital, Erster Band, MEW 23, S. 245ff., sowie 341ff. und S. 741ff.

Physis der Menschen. Sie zeigt sich nicht in den konsolidierten Bilanzen – und hier zeigen sich auch nicht die sozialen und ökologischen Folgeschäden ökonomischen Handels.

Was bleibt heute von Marx und seinen Schriften? Generell zeichnen sich relevante Texte dadurch aus, dass sie bedenkenwerte Argumente vortragen und cum grano salis ein gewisses Maß an Wahrheit für sich in Anspruch nehmen können. Noch viel wichtiger ist jedoch, wenn diese Schriften beim Leser einen Denkprozess auslösen, der über das geschriebene Wort hinausgeht. Damit entwickeln sich neue Ideen, die das ursprüngliche Werk erweitern oder gegebenenfalls dessen Fehlerhaftigkeit sichtbar machen. Damit kann sich auch ein neues zeitgemäßes Handeln entwickeln.

Marx hat eine Basis gelegt, hat ein Fundament geschaffen. Niemand würde erwarten dürfen, dass die von ihm beschrieben dynamische Gesellschaft noch heute so ist wie vor 150 Jahren. Aber aus der Beschäftigung mit seinem Werk geht hervor, dass politische, gesellschaftliche, ökonomische und ökologische Probleme häufig ihre Ursache in der ökonomischen Basis haben, die die Eigentums- und Herrschaftsstruktur formt. Sie verweist somit auf die Angriffspunkte für gesellschaftliche Veränderungen. Damit ist Marx' Werk auch heute noch von unschätzbarem Wert.

Häufig ist die Kritik an marxistischen Texten, die uns regelmäßig in den entsprechenden Journalen dargeboten werden, angebracht, dass zwar die Analyse des gegenwärtigen Systems kohärent und gelungen ist, dass der Leser dann aber mit dem „was tun“ allein gelassen wird. Es hat sich bei mir die Erkenntnis durchgesetzt, dass der Staffelstab an uns weitergegeben ist, aus diesen Erkenntnissen etwas selbst und mit anderen zu entwickeln, dies in Forderungen und Handlungen umzusetzen.

Das Bild einer nachkapitalistischen Gesellschaft zu skizzieren, gar zu entwerfen, ist nicht zielführend. Neues entwickelt sich in der gesellschaftlichen Auseinandersetzung, im Kampf, im Diskurs, je nach den Kräfteverhältnissen im Alten und auf Basis der sich ständig verändernden Produktivkräfte. Wie der Kapitalismus seine konjunkturellen Krisen überwindet, hat Marx für seine Zeit beschrieben. Die strukturellen Krisen der Verwertung hat das System – bisher – immer lösen können. Sozialstaat und Konsumchancen für viele beseitigten die schlimmsten Folgen einer von Marx beschriebenen Verelendung und stabilisierten das System, ohne dessen grundlegenden Eigentums- und Machtverhältnisse zu verändern. (Re-)Privatisierungen von öffentlichen Gütern eröffneten neue Akkumulationschancen für das Kapital. Aktienemissionen schufen dem Kapital Finanzquellen, ohne die Macht über die Konzerne zu „demokratisieren".

Wie eine zukünftige nach-kapitalistische Gesellschaft aussehen wird, ist nicht zu prognostizieren, denn die Gesellschaft steuert auf neue, uns jetzt noch unbekannte Krisen zu. Es wird dann am Stand der Technik und an den Machtverhältnissen in der Gesellschaft liegen, wie es weitergeht. Die Mehrheit der Menschen wird darum zu kämpfen haben, dass die gesellschaftliche Entwicklung in ihre Richtung geht, dass der Reichtum gleicher verteilt wird, dass die Lebensgrundlagen erhalten werden.

Grundsätzlich hat Marx dargelegt, dass Produkte, die einen Gebrauchswert haben und die damit einen Nutzen für die Menschen bieten, im Kapitalismus zu Waren werden, also zu verwertbaren Dingen oder Dienstleistungen, die auf Märkten getauscht werden müssen. Den Kapitalisten kommt es hier aber nicht auf den Nutzen (Gebrauchswert) an – der zeigt sich nicht in ihren Bilanzen, sondern auf den Tauschwert (den Wert). Und hier ist das Kapital indifferent gegenüber seinen Waren – Hauptsache, sie bringen Geld. Ob es sich um Brot, Haarschnitte, Atomkraftwerke oder Kampfpanzer handelt, ist dann egal. Dies führt erstens dazu, dass wirtschaftliches Handeln im Kapitalismus nicht die Frage von Sinn und Nachhaltigkeit stellt. Darüber hinaus versucht der Kapitalismus seit mehr als 40 Jahren immer mehr bisher öffentliche Güter zu „kommodifizieren", sie also der Verwertungslogik des Marktes zu unterwerfen. Denn in Phasen, in denen keine neuen revolutionären Technologieschübe zu erwarten sind, ist diese innere Landnahme das probate Mittel, um die Rentabilität zu sichern. Das hat die Produkte oder Dienstleistungen nicht „verwohlfeilert" (Marx), also verbilligt, sondern häufig auch verteuert. Strom- und Wasserversorgung, (Tele-)Kommunikation, Gesundheitsfürsorge, Verkehr, Bildung etc. werden in Gemeinschaft erbracht und sollten zum Nutzen aller „at cost" produziert und angeboten werden, also Allmende werden. Wo dies nicht der Fall ist, müssen diese Güter und Dienstleistungen wieder zur „Gesellschaft“ zurückkommen, im Interesse einer nachhaltigen und solidarischen Gesellschaft. Wenn wir etwas von Marx gelernt habe, dann dies. Ein solcher Prozess der (Rück-)Eroberung wird meist nur gegen den Widerstand der wenigen in der Bevölkerung durchzusetzen sein. So führt die Analyse von Marx auch zu politischem Handeln.

Marx hat der Nachwelt ein Fragment hinterlassen. Dies ist für die Leser ein Auftrag, ausgehend von der marxschen Analyse der Bewegungsgesetze des Kapitalismus diese in die Gegenwart zu übersetzen. Die Zukunft bleibt herausfordernd und offen. Das „Wohin“ und das „Wie“ sind Fragen, die immer wieder neu beantwortet werden müssen. Wir brauchen eine Politik des ökologisch-ökonomischen Umbaus, dies wird eine Revolution sein, die unsere Gesellschaft grundlegend verändert. Und wir brauchen das handelnde Subjekt, den Träger dieser Politik und Bewegung.

Tobias Reichardt

Die Linke und Marx – ein gespanntes Verhältnis

Wie viele andere auch habe ich in meiner Jugend zu meiner Empörung entdeckt, dass auf der Welt manches ungerecht zugeht, dass viele Menschen, vor allem in den Ländern der „Dritten Welt", wie man damals noch sagte, in menschenunwürdigen wirtschaftlichen und politischen Verhältnissen leben, die dringend verändert werden sollten. Politische Bewegungen gegen diese Missstände machte ich vor allem auf der Linken aus. Hinzu kam ein nach der Wiedervereinigung erstarkter Nationalismus und Rassismus, den ich bekämpfen wollte. Neben meinem in der Pubertät erwachten Interesse für Politik und Gesellschaft hatte ich auch schon früh eine Neigung zu Philosophie und Theorie. Daher dauerte es nicht lange, bis ich mich mit den Schriften von Karl Marx, auch mit dem *Kapital*, beschäftigte. Die marxsche Kritik an profitorientierter Produktion und ungleicher Verteilung von Ressourcen schien mir sehr plausibel, wenngleich mein Verständnis zunächst unvermeidlich sehr begrenzt war. Vieles von dem, was ich an ihr erfasste, passte nach meinem Eindruck gut auf die Gesellschaft der Gegenwart, deren unangenehme Seiten vor allem in den Entwicklungsländern hervortraten.

Hinwendung zur Linken

So orientierte ich mich an der politischen Linken. In den folgenden Jahren musste ich als Jugendlicher und junger Erwachsener jedoch feststellen, dass weite Teile der linken politischen Gruppen Standpunkte vertraten, mit denen ich gar wenig anfangen konnte: Es ging viel um Diskriminierungen, Benachteiligungen und die diese legitimierenden Ideologien. Wir kennen diese Ideologien oder Benachteiligungen (beides wurde nicht immer exakt auseinandergehalten) auch aus heutigen Diskussionen. Kurz gesagt handelt es sich primär um:

Sexismus, Rassismus und Antisemitismus. Aufgefallen ist mir, dass es in den politischen Gruppen, zu denen ich Kontakt hatte, häufig darum ging, sich gegenseitig eine dieser Ideologien, Vorurteile oder diskriminierenden Verhaltensweisen zu unterstellen. Denn Außenstehende, konservative, liberale oder rechte Gruppierungen hätten sich durch solche Vorwürfe sicher nicht beeindrucken lassen, sie waren praktisch nicht erreichbar. Also musste man die Vorwürfe dort erheben, wo man prinzipiell auf ein offenes Ohr hoffen konnte: bei anderen Linken. Als Mitglied linker Gruppierungen befand man sich permanent in der Gefahr, dass einer der genannten Vorwürfe gegen einen selbst erhoben wurde, was ich als sehr unangenehm empfand. Diese Gefahr bestand insbesondere, wenn man sich nicht im jeweiligen Jargon der Gruppe ausdrückte. Um sich gegen solche Vorwürfe zu schützen, musste man seine „richtige Gesinnung" durch konsequente Verwendung einer bestimmten Sprache zeigen – wir kennen das auch heute: Die politisch korrekte Sprache, die damals nach meiner Wahrnehmung eher in linksradikalen Nischen kultiviert wurde, hat heute den Mainstream erreicht und tobt sich unter anderem bei den Grünen, in der SPD und in kommunalen Verwaltungen aus. Durch Verwenden bzw. Vermeiden bestimmter Wörter und Ausdrucksweisen zeigte man, dass man zur Gruppe gehörte und eine einwandfreie Gesinnung hatte. Wer das nicht tat, war der Feind – ein soziologisch auch aus anderen Gebieten, keineswegs nur bei der Linken bekanntes Phänomen. Besonders überzeugend konnte man seine richtige Gesinnung und damit seine Gruppenzugehörigkeit beweisen, indem man selbst Vorwürfe dieser Art erhob, also anderen öffentlich unterstellte, Antisemiten, Rassisten, Sexisten etc. zu sein. Es war angeraten, mit solchen Vorwürfen nach Möglichkeit schneller zu sein als andere.

Nun soll nicht bestritten werden, dass es auch gute politische und moralische Gründe geben kann, bestimmte Wörter oder Ausdrucksweisen zu verwenden oder nicht zu verwenden. Da die eben beschriebene Verhaltensweise aber nicht nur sachlich-politisch begründet ist, es vielmehr auch um Gruppenkonstitution und Abgrenzung nach außen wie nach innen geht, müssen die Regeln von Zeit zu Zeit geändert werden: Wörter und Ausdrücke, die gestern noch als neutral aufgefasst wurden, werden heute als diskriminierend deklariert. Wer sie benutzt, steht auf der anderen Seite. Die Gruppenloyalität muss stets aufs Neue bewiesen werden. Zudem gibt es in den verschiedenen Gruppen verschiedene Auffassungen davon, was gesagt werden darf, wie und von wem es gesagt werden darf. Daher gibt es keine eindeutig korrekte Position und man ist, wie immer man es auch macht, der Gefahr ausgesetzt angeklagt zu werden – es sei denn, man ist wie gesagt schneller als die anderen mit den Anklagen.

Die linken Gruppen, die ich kennenlernte, waren also zu weiten Teilen damit beschäftigt, sich gegenseitig Sexismus, Rassismus, Antisemitismus und bei Gelegenheit auch noch andere, ähnliche Unappetitlichkeiten vorzuwerfen. Ich hatte nicht nur an der Weise Zweifel, wie man in diesen Kreisen miteinander umging, sondern auch daran, ob mein Verständnis von Gesellschaftskritik sich mit diesem Kampf gegen böse Denk- und Diskriminierungsformen in Deckung bringen ließ. Zunächst ist man wohl geneigt, diesen Kampf als berechtigte, fortschrittliche Politik zu betrachten. In mir gärte jedoch der Verdacht, dass es hier doch vielleicht eher darum ging, Gut und Böse einander gegenüberzustellen und sich selbst auf der Seite der Guten zu positionieren – nicht um des Guten willen, sondern um des idealisierten Selbstbildes willen. Auch wenn ich Nietzsche im Allgemeinen für überschätzt halte, stimme ich ihm doch darin zu, dass den Hyper-Moralisten, die sich zu Richtern über ihre Mitmenschen aufschwingen, zu misstrauen ist: „Also aber rathe ich euch, meine Freunde: misstraut Allen, in welchen der Trieb, zu strafen, mächtig ist! Das ist Volk schlechter Art und Abkunft; aus ihren Gesichtern blickt der Henker und der Spürhund“.[1] Bei Marx, den Nietzsche leider nicht zur Kenntnis genommen hat, hatte ich nichts von dieser moralisierenden Art gefunden. Dort geht es darum, auf eine sehr sachliche und differenzierte Art und Weise die Funktionsweise der Gesellschaft sowie deren Widersprüche zu verstehen. Die einzelnen Menschen werden in ihren spezifischen Rollen gesehen, Marx spricht von „Charaktermasken“. Nachdrücklich distanziert sich Marx davon, Men-

1 Friedrich Nietzsche: Also sprach Zarathustra, hrsg. von Giorgio Colli und Mazzino Montinari, München 1988, S. 129. So berechtigt die Warnung ist, aus dem Hinweis auf die Abkunft blickt leider Nietzsches Rassismus hervor. Offenbar schließen sich Rassismus und treffende Analyse nicht immer aus.

schen ihre soziale Rolle als persönliche Eigenschaft anzulasten. Menschen werden in der marxschen Theorie nicht als böse abgestempelt, auch wenn sie durch ihre soziale Rolle an Herrschaft und Unterdrückung teilhaben. Gesellschaftliche Missstände haben ihre Wurzel demzufolge in der Regel nicht in der schlechten Gesinnung von Einzelpersonen oder Gruppen. Gleichzeitig gesteht Marx den Menschen ausdrücklich auch zu, sich subjektiv über ihre soziale Rolle zu erheben – wie es auf Marx' besten Freund, einen privilegierten Kapitalisten, zutrifft. Nur ändert sich durch diese subjektive „Überhebung" weder ihre soziale Rolle noch die Gesellschaft als Ganze.

Mit dem in Teilen der Linken verlangten Konformismus, was etwa die Sprache anging, konnte ich mich nicht anfreunden. Schließlich hatten mich ja gerade eine gedankliche Unabhängigkeit und ein gewisser Widerspruchsgeist zur Linken geführt. Die nachdrücklichen Versuche, Sprache zu kontrollieren, waren und sind ein Versuch, indirekt die Gedanken zu kontrollieren. Dies dürfte schon für Menschen ohne spezifischen Widerspruchsgeist, die nur Wert auf ihre gedankliche Unabhängigkeit legen, schwer zu akzeptieren sein. Rassismus, Antisemitismus und Sexismus waren sicherlich zu bekämpfen, aber wie waren sie denn wesentlich mit meinem Gegenstand der Kritik, der kapitalistischen Gesellschaft, verbunden? War es nicht so, dass nach Marx die Gleichheit aller Menschen – auf einer bestimmten Ebene – den Kapitalismus kennzeichnet? Hat der Kapitalismus nicht wesentlich zur Abschaffung der Leibeigenschaft, der Sklaverei und zur Emanzipation der Frauen beigetragen? Marx selbst wird nicht müde solche Errungenschaften der modernen Gesellschaft zu betonen – und sie gleichzeitig zu kritisieren, insofern sie Bestandteil einer neuen, ebenfalls auf Herrschaft gründenden Gesellschaft wurden. Die Kennzeichnung der modernen, kapitalistischen Gesellschaft als „patriarchal" war also mit der marxschen Analyse schlecht vereinbar. Der Clou in seiner Analyse war doch ein anderer: Auch bei allgemeiner Gleichheit – also ohne Diskriminierung – erzeugt die kapitalistische Konkurrenz Gewinner und Verlierer, produziert und reproduziert ökonomische Ungleichheit sowie weitere destruktive Tendenzen. „Diskriminierung", worunter eine auf böser Absicht oder auf Vorurteilen beruhende, letztlich Individuen anzurechnende Benachteiligung zu verstehen ist, scheint da nicht das Wesentliche zu sein. Auch inhaltlich also konnte ich der politischen Linken zu großen Teilen wenig abgewinnen. In solchen Gruppen war ich auf Dauer nicht sehr glücklich. Ich konnte nicht ahnen, dass dieses Verhalten heute, fast dreißig Jahre später, gesellschaftlich viel verbreiteter sein würde.

Nach der Schule leistete ich Zivildienst und nahm dann ein Studium der Geschichte und Philosophie auf. In dieser Zeit vertiefte ich mich in Teile marxistischer Theorie. Ich muss betonen, dass die selbstorganisierten Diskussionszirkel, an denen ich schon vor meinem Studium, dann aber auch während desselben teilnahm, meine intellektuelle Entwicklung ganz erheblich förderten. Die oben genannten unangenehmen Eigenschaften linker Gruppierungen spielten in diesen Diskussionskreisen mit steigendem Niveau und geringerer Anbindung an Politik und Aktivismus eine zunehmend verschwindende Rolle. Früh rezipierte ich auch die Schriften Theodor Adornos und Max Horkheimers, die ja durchaus auch der marxistischen Tradition zuzurechnen sind. Die *Dialektik der Aufklärung* kam mir wie eine Offenbarung vor. Ich hatte den Eindruck, dass sich hier marxistische Gesellschaftskritik, eine profunde Bildung und ein ausgeprägter Individualismus verbanden. Auch hier fand ich die begründete Auffassung, dass nicht alles, was sich links oder „progressiv" gibt, uneingeschränkt zu begrüßen ist. Adorno und Horkheimer stellen im Gegenteil heraus, dass manchmal konservative Standpunkte verständlich und berechtigt sind, während umgekehrt scheinbar revolutionäre Auffassungen in Wirklichkeit nichts zur Verbesserung der Welt beitragen. Ein Zitat aus der *Dialektik der Aufklärung*, das diese Dialektik gut zum Ausdruck bringt, ist mir bis heute präsent. Dort wird zum Verhältnis von Kunst und Kulturindustrie gesagt: „Ehemals zeichneten sie [die Künstler, TR] wie Kant und Hume die Briefe mit ‚untertänigster Knecht' und unterminierten Thron und Altar. Heute nennen sie Regierungshäupter mit Vornamen und sind mit jeder künstlerischen Regung dem Urteil ihrer illiteraten Prinzipale untertan."[2] Dieses Zitat ist besonders aktuell, weil man Kant immer wieder wegen seiner Äußerungen über die „Menschenrassen" angreift. Ein

2 Max Horkheimer/Theodor W. Adorno: Dialektik der Aufklärung, in: Max Horkheimer: Gesammelte Schriften, Band 5, Frankfurt am Main 1987, S. 158.

Denker, der tatsächlich durch sein kritisches Gesamtwerk zum Fortschritt der Menschheit und zur Emanzipation vieler Menschen beigetragen hat, wird für einzelne Äußerungen als Rassist abqualifiziert. Diejenigen, die genau wissen, was man wie sagen darf, sonst aber recht wenig wissen, sind Kant und Hume keineswegs überlegen und deutlich weniger lehrreich als diese.

Mein Verhältnis zur Linken war inzwischen so abgekühlt, dass ich es für weitaus besser und weniger frustrierend hielt mich kritisch-wissenschaftlich zu bilden als mich politisch zu engagieren. Marx als Autor enttäuschte mich dagegen nicht. Je mehr ich mich mit seinem Werk beschäftigte, desto mehr wurde mir deutlich, wie tief und lehrreich es auch heute noch ist. Während mich politisches Engagement damals auch aufgrund der Beschaffenheit der linken Gruppierungen äußerst frustrierte, erfuhr ich die Beschäftigung mit Marx – und anderen Autoren derselben Traditionslinie – sowie den Austausch mit anderen hierüber als bereichernd, als wissenschaftliche und persönliche Weiterentwicklung.

Marxismus und Wissenschaftlichkeit

Wenn man Marx liest, auch wenn man dieselben Texte wiederholt liest, hat man häufig das Erlebnis, auf interessante und einem oft noch wenig bekannte Sachzusammenhänge von hoher Relevanz gestoßen zu werden. Dadurch setzt sich Marx ab von vielen anderen Autoren, auch von solchen, die lange nach ihm kamen – und von denen man daher denken könnte, sie seien auf demselben Niveau oder darüber hinaus. In meinem Studium hörte ich von französischen Autoren, Foucault, Lyotard, Derrida, die – angeblich der Frankfurter Schule nicht fernstehend – ebenfalls einen kritischen Blick auf die Gesellschaft pflegten. Ich nahm dann die Gelegenheit wahr, mich in entsprechenden Lehrveranstaltungen mit einigen Werken dieser Autoren zu beschäftigen. Schon bald jedoch befielen mich Zweifel, ob das wirklich so erkenntnisfördernd war, was ich da entdeckt hatte. Ich hatte eher den Eindruck, bei auffallend vielen der „Postmoderne" zugerechneten Autoren verdecke ein hohes Maß an Geschwafel das geringe Maß an inhaltlich verbindlichen Aussagen. Insbesondere ihr Relativismus stieß mich ab. Schließlich meinte ich doch, mit der einen oder anderen kritischen Erkenntnis über Geschichte und Gesellschaft aufwarten zu können. Nun sollte es kritisch sein, die Subjektivität und Zufälligkeit all dieser Erkenntnisse zu behaupten? Wozu arbeitete ich mich durch dicke Bände der ökonomischen Analyse, wenn doch alles relativ ist?! Wie soll es mit fundierter und verbindlicher Gesellschaftsanalyse vereinbar sein, wenn alles für „Text“, für eine Frage der Interpretation erklärt wird? Wieso sollte man unter dieser Voraussetzung gesellschaftliche Zustände kritisieren?

So war es das für mich bis heute wertvollste Ergebnis meiner Beschäftigung mit der Postmoderne, dass ich die „Sokal-Affäre“ entdeckte. Alan Sokal veröffentlichte 1996 einen versteckt satirischen Aufsatz im Stil postmoderner Theoretiker in der Zeitschrift *Social Text* (*Die Grenzen überschreiten. Auf dem Weg zu einer transformativen Hermeneutik der Quantengravitation*). Er wollte testen, ob es möglich sei, einer Zeitschrift entsprechender Geistesrichtung kompletten Blödsinn als seriöse postmoderne Theoriebildung zu verkaufen. Es wird Sie an diesem Punkt nicht mehr wundern, dass dies in der Tat möglich war. In dem von Alan Sokal und Jean Bricmont in der Folge veröffentlichen Buch *Eleganter Unsinn. Wie postmoderne Denker die Wissenschaft missbrauchen*[3] wird dieser Artikel veröffentlicht, erläutert und durch weitere Beiträge ergänzt. Besonders gefreut hat mich, dass Sokal und Bricmont durchaus von einem linken politischen Standpunkt argumentieren. Sie weisen maßgeblichen Autoren der Postmoderne Irrationalismus nach und kritisieren, dass viele Linke sich dieser Ideologie angeschlossen haben: „Die Postmoderne hat vor allem drei negative Auswirkungen: die Zeitverschwendung in den Humanwissenschaften, eine kulturelle Verwirrung, die Obskurantismus begünstigt, und eine Schwächung der politischen Linken.“[4] Denn mit der Zerstörung von Wissenschaft und Rationalität wird man die Linke kaum stärken. „Schließlich ist anzumerken, daß die Postmoderne für all jene unter uns negative Folgen hat, die sich mit der politischen Linken identifizieren. Die extreme Konzentration auf Sprache sowie das mit der Verwendung von aufgeblasenem Jargon

3 Alan Sokal/Jean Bricmont: Eleganter Unsinn. Wie die Denker der Postmoderne die Wissenschaften mißbrauchen, München 1999.

4 Ebd., S. 255.

einhergehende Elitedenken tragen dazu bei, Intellektuelle in fruchtlose Diskussionen einzubinden und sie von sozialen Bewegungen außerhalb ihres Elfenbeinturms abzukapseln. Wenn progressive Studenten an amerikanische Universitäten kommen und dort erfahren, die (sogar politisch) radikalste Idee bestehe darin, eine zutiefst skeptische Haltung einzunehmen und vollständig in der Analyse von Texten aufzugehen, wird ihre Energie vergeudet, die sonst für Forschung und Engagement fruchtbar einzusetzen wäre. Zweitens sind das wirre Denken und das schwammige Formulieren von Teilen der Linken dazu geeignet, die gesamte Linke zu diskreditieren, und die Rechte lässt sich diese Gelegenheit nicht entgehen, diese Verbindung demagogisch auszunutzen."[5] Leider haben diese Worte seit ihrer Niederschrift an Aktualität wohl noch gewonnen. Seitdem haben denn auch weitere Wissenschaftler ähnliche aufklärerische und entlarvende Listen angewendet. In der so genannten „Sokal squared"-Affäre reichten die US-Amerikaner James Lindsay, Peter Boghossian und Helen Pluckrose 2017/18 ähnliche Unsinns-Aufsätze bei sozialwissenschaftlichen Zeitschriften ein, die teilweise tatsächlich veröffentlicht wurden.[6] Sie stellten damit – wieder einmal – bestimmte, insbesondere in Nordamerika blühende, der Postmoderne entwachsene Pseudowissenschaften bloß, deren Inhalt hauptsächlich im Klagen und Quengeln über angebliche Diskriminierungen besteht („grievance studies"), wobei der Begriff der Diskriminierung maximal ausgedehnt wird. Trotz solcher inzwischen sowohl im englisch- als auch im deutschsprachigen Raum regelmäßig vorgebrachten fundierten Kritik halten sich die „grievance studies" bisher fest im Sattel. Ihre Bedeutung ist in Europa allerdings wohl bei weitem nicht so groß wie in Nordamerika.

Wie enttäuschend muss es für manchen wissbegierigen und politisch aufgeweckten jungen Menschen sein, der voller Hoffnung auf Erweiterung seines Wissens und seines Verständnisses ein Studium aufnimmt, um dann in dieser Wahnwelt aus wolkigen Behauptungen zu landen! Es bleibt zu hoffen, dass einige ihr unabhängiges Denken

5 Ebd., S. 257f.

6 Man informiere sich mithilfe des deutschen („Sokal Squared") oder englischen („Grievance Studies Affair") Wikipedia-Artikels oder auf www.peterboghossian.com.

bewahren und sich weder an den postmodernen Mainstream anpassen noch – von der Linken abgeschreckt – ins entgegengesetzte, rechte Lager überlaufen. Diese Zerstörung von Wissenschaft und Vernunft durch postmoderne Autoren hat sicherlich nicht unerheblich dazu beigetragen, dass an Universitäten inzwischen viel Irrsinn, durchaus auch gefährlicher Irrsinn entstanden ist. Es gibt linke Gruppierungen, in denen der Kampf für unterdrückte Minderheiten den Pfad der Rationalität verlassen hat, die von der ganzen Welt verlangen sich vehement für verschwindend kleine Minderheiten einzusetzen; Gruppen, für die die Hautfarbe in ihrem antirassistischen Kampf so wichtig geworden ist, dass man sie selber als rassistisch betrachten kann; Gruppen und Strömungen, die, weil sie die Gesellschaft verändern wollen, jede Bedeutung der *Natur*, der Biologie für den Menschen, prinzipiell leugnen; Gruppen, die es für verletzend und daher moralisch verwerflich halten, wenn jemand eine andere Auffassung vertritt als sie.

Bei Marx finden sich hiervon keine Spuren. Marx hat durchweg einen hohen Anspruch an Wissenschaftlichkeit. Dass Wissenschaft überkommene Auffassungen und Vorurteile herausfordern, daher auch Menschen „verletzen" oder „kränken" muss, wie Freud hervorgehoben hat, hätte er ohne Zweifel unterschrieben – und sein Werk entbehrt wahrlich nicht der Kränkungen. Bei aller Komplexität sind seine veröffentlichten Werke von großer argumentativer Klarheit. Er legt dabei nicht nur seine Auffassungen von Geschichte und Gesellschaft dar, sondern geht auch ideologiekritisch gegen den Schein vor, den die kapitalistische Gesellschaft erzeugt und der sich in den Auffassungen der von ihm so genannten „Vulgärökonomen" wiederfindet. Marx' Theorie wendet sich damit auch kritisch gegen das Bewusstsein, dass die kapitalistische Gesellschaft von sich selbst hat. Sowohl Marx als auch diejenigen, die sich an ihm orientieren, sind dem extremen Subjektivismus der Postmoderne völlig entgegengesetzt. Selbstverständlich wird auch die Naturwissenschaft von Marx keineswegs abgewertet, sondern stellt vielmehr ein Vorbild für Marx' Gesellschaftswissenschaft dar. Gerade die zu Marx' Zeit noch junge Evolutionstheorie wurde von ihm mit Begeisterung aufgegriffen. Er erkannte, wie sehr sie seiner Geschichts- und Gesellschaftstheorie, in der es doch ebenfalls wesentlich um Entwicklung geht, verwandt ist.

Es ist daher sachlich in keiner Weise nachvollziehbar, dass amerikanische Kritiker der postmodernen *woke culture* wie Jordan Peterson oder Janice Fiamengo diese auch als „neo-marxism" bezeichnen. Auch um Ausgewogenheit bemühte Denker wie Greg Lukianoff und Jonathan Haidt verbreiten leider dieses Missverständnis.[7] Eine spezielle Verbindung zu Marx ist dort nicht zu erkennen. Nachvollziehbar ist diese falsche Verbindung nur als ideologischer Reflex: Man versucht Marx oder den Marxismus mit zu erledigen, indem man leichter kritisierbare Gegner angreift. Gleichzeitig versucht man umgekehrt die *woke culture* zu treffen, indem man ihr einen scheinbar vielfach diskreditierten Denker anhängt. Es fällt generell auf, dass konservative oder liberale Intellektuelle, auch wenn sie auf ihren Fachgebieten sehr kompetent sind, bezüglich Marx große Verständnisschwierigkeiten aufweisen. Offenbar hat dies seinen Grund darin, dass es ihnen aus politischen Gründen widerstrebt, Marx zu verstehen, und sie sich dementsprechend wenig bemühen. Oftmals beschränkt sich ihre Kenntnis auf wenige Seiten des *Kommunistischen Manifests* – einer frühen, kurzen und zudem polemischen Schrift von Marx und Engels.

Marxismus und Eigenverantwortung

Lindsay, Penrose und Boghossian sprechen von „grievance studies", den „Jammerstudien". Sie meinen damit akademische Disziplinen oder Strömungen, die sich damit beschäftigen, über wirkliche oder angebliche Ungerechtigkeiten zu jammern, bevorzugt jene Ungerechtigkeiten, die die eigene Gruppe betreffen – und kaum wirkliche wissenschaftliche Erkenntnisgewinne damit verbinden. Anstatt sich in dieser Weise in die eigene etwaige Benachteiligung zu vertiefen, setzen klassische Liberale auf Eigenverantwortung. Man solle Verantwortung für sein Leben übernehmen und an einer besseren Zukunft arbeiten, ohne auf Hilfe von anderen zu warten. Der liberalkonservative Journalist Roger Köppel sagt: „Der Linke hat ein patien-

---

7 Greg Lukianoff/ Jonathan Haidt: The Coddling of the American Mind. How Good Intentions and Bad Ideas are Setting Up a Generation for Failure, New York 2018, S. 65ff.

tenhaftes Menschenbild“[8] und meint damit, dass der Mensch von der Linken nur als ein hilfloses, zu schützendes, zu versorgendes und in seinen Augen wohl auch zu bevormundendes Wesen gesehen wird. Wie positioniert man sich nun mit Marx zwischen Jammern und dem liberalen Prinzip der Eigenverantwortung? Für einen marxistischen Standpunkt steht es außer Frage, dass es tiefgehende Benachteiligungen, Ungleichheiten und Spaltungen in allen westlich geprägten Gesellschaften und auch in den meisten traditionellen, vom Kapitalismus noch nicht durchdrungenen Gesellschaft weltweit gibt. Dass diese Spaltungen nur politisch, nicht individuell gelöst werden können, ist ebenfalls klar. Dennoch kann die Frage durchaus erhoben werden, ob den Angehörigen von benachteiligten oder unterrepräsentierten Gruppen damit geholfen ist, wenn sie sich damit beschäftigen, die Welt permanent auf dieses Unrecht hinzuweisen. Möglicherweise kann es sinnvoll sein, diese Benachteiligung hinzunehmen, wenn man sie nicht ändern kann, und sich auf individuelles Vorankommen zu konzentrieren, anstatt sich auf seinen Opferstatus zu versteifen. Möglicherweise stärkt es die Menschen, wenn sie sich nicht nur als Opfer sehen. Vielleicht stärkt es Unterprivilegierte tatsächlich oft mehr, auf ihre Handlungsmöglichkeiten hinzuweisen denn auf ihre Opferrolle. Robert Pfaller bezeichnet dies mit leichter Ironie als „Erwachsenheit“: „Diese Haltung bedeutet manche Unannehmlichkeiten oder Übel ebenso als notwendige Begleiterscheinungen des Lebens zu erkennen wie die eigenen Möglichkeiten, sie zu ertragen oder zu überwinden. Nur auf diesem Weg lassen sich von diesen Übeln andere unterscheiden, die im sozialen Leben bewältigt werden müssen und für die die Politik zuständig ist.“[9]

Dem Liberalismus kann darüber hinaus zugestanden werden, dass es in vielen in der Öffentlichkeit diskutierten Fällen fraglich sein mag, ob man die Allgemeinheit für die eigene Benachteiligung oder die eigenen Nachteile verantwortlich machen kann. Möglicherweise ist die Benachteiligung ja auch eher gering. Alleinerziehende gelten im Allgemeinen als benachteiligte Gruppe. Oftmals sind sie sicherlich

8 Roger Köppel: Weltwoche Daily vom 19.08.2022, online verfügbar unter: https://www.youtube.com/ watch?v=8RK2Abc28b0, Min. 28:33.

9 Robert Pfaller: Erwachsenensprache. Über ihr Verschwinden aus Politik und Kultur, 4. Auflage Frankfurt am Main 2018, S. 10.

auch benachteiligt. Sie haben statistisch ein hohes Armutsrisiko, auch wenn dieser statistische Zusammenhang keinen kausalen Zusammenhang beweist. Haben aber Alleinerziehende deswegen das Recht irgendjemanden außer sich selbst oder ihren Ex-Partner für ihre Nachteile als Alleinerziehende verantwortlich zu machen? Werden sie diskriminiert oder unterdrückt? Im Gegenteil: Der deutsche Staat tut viel für Alleinerziehende, z.B. indem er Kindergärten schafft, steuerliche Entlastung bietet, einen Anspruch auf bezahlte Betreuungstage bei Krankheit des Kindes schafft und, wenn nötig, Unterhaltsvorschuss leistet. Es ist sicherlich nicht unmarxistisch anzuerkennen, dass diese und ähnliche Leistungen des gegenwärtigen deutschen Staates im historischen und globalen Vergleich herausragend sind. Es handelt sich hierbei um einen Ausbau staatlicher Funktionen, die die Gesellschaft leistungsfähiger und wohl auch humaner und gerechter machen. Nicht nur der Blick auf Unterdrückungen, sondern gerade auch derjenige auf soziale Weiterentwicklungen macht die marxsche Herangehensweise aus.

Erst vor dem Hintergrund jüngerer Diskussionen ist mir aufgefallen, dass ich abgesehen von anderen „Benachteiligungen“ oder „Diskriminierungsdimensionen“, die möglicherweise auf mich zutreffen, auch noch ein „Arbeiterkind“ bin: Ich bin nämlich der erste in meiner Familie, der studiert hat. Als Kind von Nichtakademikern bin ich an der Universität nach verbreiteter Auffassung ebenfalls benachteiligt gewesen. Wir Arbeiterkinder wussten nichts vom akademischen Leben, mussten uns den Bildungshintergrund, den andere mit der Muttermilch eingesogen hatten, mühsam erarbeiten und wurden gefoppt, weil wir die einschlägigen Fremdwörter nicht beherrschten. So hört und liest man es. Meine Erfahrung war anders. Im Gegenteil war ich sehr froh, dass ich an der Universität meinen Interessen in ganz anderem Ausmaß nachgehen konnte und viel mehr Gesprächspartner für die mich interessierenden Themen hatte als zuvor. Auch hier möchte ich festhalten, dass ich es keineswegs für sinnlos halte, Nichtakademikerkinder bei ihrem akademischen Fortkommen zu unterstützen. Dennoch sollte man es in erster Linie als Errungenschaft betrachten, dass in unserem Bildungssystem auch Menschen ohne reiches Elternhaus ein Studium möglich ist. In solchen Aufstiegen zuvörderst eine Benachteiligung zu erblicken, ist eine Verzerrung und Übertreibung. Ähnliches lässt sich über andere „benachteiligte“ Gruppen wie Frauen, Migranten, Jugendliche oder Menschen ab fünfzig sagen. Addiert man alle diese „benachteiligten Gruppen“, so kann sich fast jeder mit Rückendeckung unserer Antidiskriminierungsbeauftragten als benachteiligt bezeichnen. Die „soziale Benachteiligung“ ist dann zu einem ideologischen Instrument im Kampf um Aufmerksamkeit und finanzielle Ressourcen geworden. Es mag bis zu einem gewissen Grade verständlich sein, dass Gruppen damit ihre Interessen durchzusetzen versuchen, aber die Wissenschaft sollte solche Klassifikationen mit Distanz betrachten. Und emanzipatorische Bewegungen sollten zögern, ihre Ziele vorschnell mit denen von Partikulargruppen zu identifizieren.

Nicht jede Ungleichheit ist eine Benachteiligung oder eine Diskriminierung. Diskriminieren bedeutet zunächst einmal Unterscheiden. Unterscheiden ist aber eine wesentliche und äußerst basale Operation des Denkens. Das Feststellen von Ungleichheiten im Sinne von Unterschieden ist keine Benachteiligung. Das Berücksichtigen von Unterschieden beim Denken und Handeln ist es ebenfalls nicht. Absolute soziale Gleichheit ist kein sinnvolles politisches Ziel, wenn darunter verstanden wird, dass alle Menschen sich in einer nahezu identischen sozialen Lage befinden sollen. Es wird immer soziale Ungleichheiten von Menschen verschiedener Herkunft, verschiedenem Wohnort und unterschiedlichem Geschlecht geben. Aus mannigfachen individuellen Unterschieden können Nachteile oder Vorteile erwachsen. Es ist kein sinnvolles Ziel, alle individuellen Unterschiede zu beseitigen. Sinnvolles Ziel linker Politik kann es allein sein, *bestimmte* soziale Ungleichheiten – etwa große Einkommens- und Vermögensunterschiede oder Klassenunterschiede, aber natürlich auch rassistische Exklusionen, zu verringern oder aufzuheben. Die Forderung nach „Gleichheit“ wird schon bei Marx und Engels kritisiert, die mit dieser historisch aus der Französischen Revolution kommenden Forderung in den eigenen Reihen konfrontiert waren.[10]

---

10 Vgl. z.B. Karl Marx: Kritik des Gothaer Programms, MEW 19, S. 21; Friedrich Engels, Engels an August Bebel, 18./28. März 1875, MEW 34, S. 129.

Gewiss ist es sinnvoll und berechtigt, auf reale Ungerechtigkeiten und Ausschlüsse aufmerksam zu machen. Dass es dem Einzelnen nützt, sich auf das Beklagen von Missständen zu konzentrieren, womöglich gar so lange, bis es keine Benachteiligungen in der Welt mehr gibt, darf allerdings bezweifelt werden. Aber wahrscheinlich sind es oftmals gar nicht die von den Benachteiligungen Betroffenen selbst, die sich auf das „Jammern" verlegen, sondern kleine Splittergruppen, die sich zu ihren Fürsprechern erklären und durch moralischen Druck Macht ausüben wollen. Mit gewissen Ungerechtigkeiten muss man sich abfinden. Einige Menschen haben ohne jemandes Schuld eine schlechtere Gesundheit als andere. Dies können sie als ungerecht betrachten. Die Gesellschaft sollte, so sie es vermag, dafür sorgen, dass derlei Ungleichheiten so weit wie möglich ausgeglichen werden – etwa durch ein solidarisches Gesundheitssystem. Manche haben auch durch eigene Schuld eine schlechtere Gesundheit als andere. Sie beanspruchen das im Idealfall gegebene gute öffentliche Gesundheitssystem mehr als andere. Das könnten diese anderen jetzt wiederum als ungerecht empfinden. Es kann nicht darum gehen „absolute Gerechtigkeit" herzustellen. Marx hat sich kaum zur Beschaffenheit der nachkapitalistischen Gesellschaft geäußert, aber man kann wohl davon ausgehen, dass es in seinem Sinne ist, eine Gesellschaft mit ausgeprägter Solidarität anzustreben („jedem nach seinen Bedürfnissen"[11]). Die Gesellschaft sollte nach Möglichkeit den Bedürfnissen all ihrer Mitglieder entsprechen, ohne die einen oder die anderen zu privilegieren. Dies kann nicht heißen, dass eine absolute Gerechtigkeit herrscht, und auch nicht, dass alle natürlichen, kulturellen oder zufälligen Unterschiede durch die Gesellschaft ausgeglichen werden. Zudem sind im Sinne der marxschen Gesellschaftstheorie wesentliche von weniger wesentlichen sozialen Unterschieden und „Privilegien" zu unterscheiden. Nicht jede empfundene Verletzung oder Benachteiligung ist gleichermaßen wesentlich. Ökonomische Verhältnisse, die die Lebensgrundlage von Millionen betreffen, wird man mit Marx für wesentlicher halten müssen als das subjektive Empfinden so manch einer Minderheit, sie werde diskriminiert oder zumindest nicht genügend beachtet.

---

11 Karl Marx: Kritik des Gothaer Programms, MEW 19, S. 21.

Solidarität bedeutet auch nicht, dass Eigenverantwortung keine Rolle mehr spielen sollte. Der Marxismus ist dem Prinzip der Eigenverantwortung keineswegs entgegengesetzt. Gewiss geht es Marx um die objektiven Bedingungen, die das Leben der Einzelnen bestimmen. Die Einzelnen sind nicht immer für ihr Schicksal selbst verantwortlich zu machen. Wird jemand arbeitslos, so muss dies nicht an ihm oder ihr selbst liegen. Es kann z.B. seinen Grund in einer ökonomischen Krise, in strukturellen ökonomischen Veränderungen oder an der schlechten Führung eines Unternehmens liegen, letztlich sogar an einer ökonomischen Ordnung, die notwendig Arbeitskräfte überflüssig macht. Aber dies sollte natürlich nicht dazu führen, sich dauerhaft dem Jammern hinzugeben. Der Marxismus hat kein „patientenhaftes Menschenbild". Er betrachtet die Menschen als prinzipiell in der Lage, Eigenverantwortung im Sinne der mündigen Lebensführung zu übernehmen. Dies muss nicht nur zu Einzellösungen, sondern kann und sollte auch zu solidarischem und politischen Handeln führen. Wenn Marx und seine Anhänger die Arbeiter aufgefordert haben, sich zu organisieren und politische Macht anzustreben, so ist dies zweifellos eine Wahrnehmung von Verantwortung und Eigenverantwortung. Sie knüpfen damit an die kantische Forderung nach Mündigkeit an. So betont Marx auch, dass die Menschen ihre Geschichte selbst gestalten, wenn auch unter vorgefundenen Umständen.[12] Dies gilt sowohl gesellschaftlich als auch für das Individuum.

Aber auch im Privatbereich, jenseits von Politik, gibt es keine Hinweise darauf, dass Marx etwas gegen Initiative und Eigenverantwortung hatte. Sein bester Freund war bekanntlich Unternehmer. Warum sollten nicht die Eigenschaften von erfolgreichen Unternehmern – Initiative, Vorausschau, Verantwortungsbereitschaft, Mündigkeit – menschlich und politisch hoch zu achten sein? Marx würde vermutlich darauf hinweisen, dass die Unternehmer, so sie denn an diesen positiven Charaktereigenschaften teilhaben, diese nicht allein sich selbst, sondern in vielen Fällen bereits ihrer sozialen Herkunft, guten Verbindungen oder auch ihrem Glück verdanken. Diese Eigenschaften sind dadurch nicht weniger hoch zu schätzen. Marx und Engels heben im *Manifest der kommunistischen Partei* die Leistungen

12 Karl Marx: Der achtzehnte Brumaire des Louis Bonaparte, MEW 8, S. 115.

der Bourgeoisie hervor. Es spricht nichts dafür, dass sie den einzelnen Bourgeois für ihre Leistungen nicht ebenso Anerkennung gezollt hätten. Ebenso wie die Unternehmer von Marx nicht verteufelt werden, werden die Arbeiter von Marx und Engels auf der anderen Seite keineswegs verherrlicht, sondern im Gegenteil häufig als sehr traurige Gestalten dargestellt: geprägt von Aberglauben, Dummheit, Alkoholismus. Sie wussten, dass dies nicht einem subjektiven Versagen, sondern den für die Mehrheit ungünstigen Verhältnissen des frühen und hohen Kapitalismus geschuldet war. Schließlich geht es ja Marx und Engels gerade darum, aufzuzeigen, dass der Kapitalismus der menschlichen Entwicklung der Arbeiter nicht förderlich ist, sondern eher derjenigen der Unternehmer. Eine Idealisierung der Arbeiter, um diese etwa nicht zu „kränken", wäre daher widersinnig.

Der Marxismus ist damit durchaus offen für bestimmte Aspekte des aufgeklärt liberalen Denkens, vor allem für die Gedanken der Gleichheit an Würde, der Freiheit, der Solidarität und der Mündigkeit – was ja schon eine ganze Menge ist. Die an Marx orientierten Denker setzen den Anspruch der Aufklärung auf Mündigkeit fort und tun dies in der Regel auch bewusst. Allerdings sieht der Marxismus auch, dass es in der aktuell bestehenden Gesellschaft keineswegs für alle Menschen die Voraussetzungen gibt, um mündig zu sein. Mündigkeit im Sinne von Selbstverantwortung hat hier auch die ideologische Funktion, dass Menschen die eigene Verantwortung zugeschrieben wird für Verhältnisse, die sie in Wirklichkeit kaum beeinflussen können. Der Wirtschaftsliberalismus ist eine Variante des Liberalismus, die mit dem Marxismus schlechterdings nicht vereinbar ist.

Von einem moralisierenden Beklagen gesellschaftlicher Ungerechtigkeiten anstelle von Wissenschaft kann bei Marx und seinen Nachfolgern sicher keine Rede sein. Vielmehr haben die zweifelsohne vorhandenen Ungerechtigkeiten Marx dazu geführt, deren gesellschaftliche Grundlagen in ungekannter Tiefe zu analysieren. Marx hat diejenigen, für die er sich politisch einsetzte, dabei keineswegs geschont, was die heutige „Identitätspolitik" sehr wohl tut. Er stellte sie häufig in einer keineswegs schmeichelnden Art und Weise dar, sie waren keine Idealmenschen. Dies würden ihm manche heutige Linke vielleicht als bürgerliche Überheblichkeit anlasten, was natürlich absurd wäre.

Marx kritisiert eine von Herrschaft gekennzeichnete Gesellschaft. Er deckt auf, dass die rechtliche Gleichheit aller Menschen im Kapitalismus radikale Ungleichheit auf der ökonomischen Ebene nicht ausschließt, sondern im Gegenteil permanent reproduziert. Er zeigt, wieso die Produktion im Kapitalismus nicht allen gleichermaßen zugutekommt. Dabei betrachtet er Herrschaft aber keineswegs als eine Machenschaft böser Unterdrücker gegen passive Opfer. Auch die Lohnabhängigen – also die beherrschte Klasse nach Marx – haben ein Interesse an der Reproduktion der Gesellschaft. Immerhin leben sie davon, ausgebeutet zu werden. Waren zu Marx' Zeiten die Vorteile des Lohnabhängigen-Daseins noch eher gering, so ist es heute, zumindest in Mittel- und Nordeuropa, durchaus möglich, als Lohnabhängiger ein gutes Leben zu führen und am gesellschaftlichen Reichtum zu einem beachtlichen Maß teilzuhaben. Es hat also seinen Grund, dass die Beherrschten an der Herrschaft hängen. Auch aus diesem Grunde, dass die Beherrschten die Gesellschaft ihren Anteil dazu beitragen, die Herrschaftsverhältnisse zu reproduzieren, sind sie nicht als bloße Opfer zu betrachten. Die marxsche Theorie erlaubt es, die kapitalistische Gesellschaft zu kritisieren, ohne sie auf einfache Gegensätze von bösen Privilegierten und armen Opfern zu bringen. Sie erlaubt es zudem den Kapitalismus im historischen Kontext als Befreiung ebenso wie als neue Gestalt von Herrschaft zu denken. Sie erlaubt es schließlich, zu verstehen, wie Verhältnisse von Menschen hervorgebracht werden und gleichzeitig ein gegenüber diesen verselbständigtes System bilden. Die auf Marx zurückgehende Tradition ist damit bis heute die avancierteste Theorie der Gesellschaft und der Geschichte.

Dehqan Zehma

Marx als Verteidiger des Individuums

„*Die Arbeitszeit als Maß des Reichtums* setzt den Reichtum selbst als auf der Armut begründet und die disposable time nur existierend *im und durch den Gegensatz zur Surplusarbeitszeit* oder Setzen der ganzen Zeit des Individuums als Arbeitszeit und Degradation desselben daher zum bloßen Arbeiter, Subsumtion unter die Arbeit. *Die entwickelteste Maschinerie zwingt den Arbeiter daher, jetzt länger zu arbeiten, als der Wilde tut oder als er selbst mit den einfachsten, rohsten Werkzeugen tat.*“[1]

Bevor ich mit 16 Jahren Afghanistan verließ, hatte ich nur ein paar Zitate von Lenin, Stalin und Mao gelesen, auf die ich in der Bibliothek meines Vaters beim Durchstöbern seiner Bücher gestoßen war. Von meinem Vater, der Hochschullehrer an der Universität Kabul war und die linke Szene in den 60er Jahren an der Kabuler Universität geprägt hatte, erfuhr ich auch zum ersten Mal, was Kapitalismus und Sozialismus bedeuten: Kapitalismus heißt Privateigentum, eine Gesellschaftsform, die egoistische Individuen hervorbringt, während Sozialismus auf die Vergemeinschaftung der Produktionsmittel abzielt und die materielle Befriedigung des Volkes in den Vordergrund stellt.

Auch assoziierte ich damals mit dem Begriff Sozialismus die Aufhebung der Unterschiedlichkeit der Menschen, die mich an meine Kindheit in China erinnerte, wo mein Vater Anfang der 70er Jahre an der Pekinger Universität gelehrt hatte. Als Kind nahm ich in China alle Menschen als äußerlich identisch wahr, die ähnlich gekleidet waren. Staatlich verordnet, mussten die Frauen wegen Mangel an Shampoo und Seife kurze Haare tragen und selbst die Schulkleidung der Schüler und Schülerinnen erschien mir uniformiert. Uniformierte

1 Karl Marx: Grundrisse der Kritik der politischen Ökonomie, MEW 42, S. 604.

Gesellschaft, Kollektivismus und Abschaffung der individuellen Unterschiede identifizierte ich damals mit der sozialen Gleichheit. Als dann im Dezember 1979 die Volksdemokratische Partei Afghanistans durch einen Militärputsch die staatliche Macht an sich riss und nach kurzer Zeit meinen Vater verhaftete, ergriff ich im Sinne meines Vaters Partei für den Maoismus. Ich wusste, dass er ein Anhänger der Ideen Maos gewesen ist, was sehr riskant war, da die prosowjetische Regierung die Maoisten als Staatsfeinde betrachtete, aber ich fühlte mich politisch und moralisch auf der richtigen Seite. Auf diese Weise bestimmte mein Vater meine politische Sozialisation, die mich nach einer kurzen Verhaftung seitens der prosowjetischen Regierung in Kabul veranlasste, 1981 vor der prosowjetischen Regierung zu fliehen.[2] Kaum war ich in der Bundesrepublik Deutschland richtig angekommen, stürzte ich mich Hals über Kopf in die Politik und schloss mich der „Generalunion afghanischer Studenten im Ausland“ an, die

2 Unmittelbar nachdem die Demokratische Volkspartei Afghanistans (DVPA) im Jahr 1978 die staatliche Macht durch einen militärischen Putsch an sich gerissen hatte, fing sie an, die Regierungsgegner zu verfolgen. Der Politologe Matin Baraki bezeichnet in seinem kürzlich erschienen Buch „Afghanistan. Revolution, Intervention, 40 Jahre Krieg“ den militärischen Putsch im April 1978 als „Revolution“ und verfälscht auf diese Weise ein wichtiges historisches Ereignis in der neusten Geschichte Afghanistans, das schwerwiegende Folgen für die weitere politische Entwicklungen des Landes hatte (vgl. Matin Baraki: Afghanistan. Revolution, Intervention, 40 Jahre Krieg, Köln 2023, S. 13.) Sein Buch ist ideologisch aufgeladen, da er sich als Sympathisant der Demokratischen Volkspartei Afghanistan verweigert, die Ideologien der prosowjetischen Marxisten kritisch zu reflektieren; Ideologien, die in Afghanistan soziale Missstände und Repression verursachten. Zu der Ideologie der prosowjetischen Marxisten in Afghanistan gehörte unter anderem die Theorie des nichtkapitalistischen Entwicklungsweges (NKEW) für die unterentwickelten Länder (vgl. ebd., S. 17 ff.) Unabhängig davon, ob die Theorie des nichtkapitalistischen Entwicklungsweges ansatzweise von Karl Marx thematisiert und von den sog. Klassikern des Marxismus entwickelt wurde oder nicht, hat die wirtschaftliche Entwicklung in den Staaten des real existierenden Sozialismus im 20. Jahrhundert gezeigt, dass es unmöglich ist, an den kapitalistischen Wirtschaftskategorien wie Geld, Ware und Lohn festzuhalten und gleichzeitig das Ziel zu verflogen, den Sozialismus aufzubauen. Unter der Herrschaft von Stalin und in der Volksrepublik China unter der Herrschaft von Mao wurden die Arbeiter im Namen des Sozialismus gezwungen, mehr Arbeit zu leisten als in den hochentwickelten kapitalistischen Ländern. Der Staat als Planer der Wirtschaft übernahm in diesen Ländern eine Rolle, die historisch in Europa der Bourgeoisie zukam. Dessen ungeachtet hält Matin Baraki daran fest, dass sich Afghanistan unter der Herrschaft der Demokratischen Volkspartei auf dem Weg zum Sozialismus befand.

europaweit und in den USA Mitglieder hatte. Die „Generalunion" war eine maoistische Organisation und wurde damals vom Verfassungsschutz als „linksextremistisch" eingestuft und beobachtet. Die meisten Mitglieder dieser Organisation waren entweder Sympathisanten oder Mitglieder der verschiedenen maoistischen Organisationen in Afghanistan, die am bewaffneten Kampf gegen die prosowjetische Regierung beteiligt waren. Die maoistischen Organisationen in Afghanistan, die unter sich auch nicht einig waren, warfen der damaligen Sowjetunion und der prosowjetischen Regierung in Kabul Revisionismus vor und bekämpften die Rote Armee im Namen der Freiheit und der „Selbstbestimmung der Völker". Ihre Mitglieder fielen in den 80er Jahren auf eine brutale Weise der prosowjetischen Regierung in Kabul und den Islamisten zum Opfer. Die „Generalunion afghanischer Studenten im Ausland" spiegelte die Risse und die ideologischen Kämpfe innerhalb des maoistischen Lagers in Afghanistan wider, die oft in Ausgrenzung und Diffamierung des Gegners gipfelten. In den Sitzungen und Veranstaltungen, an denen ich bis Mitte der 80er Jahre regelmäßig teilnahm, war nicht nur eine starke Tendenz zur Homogenisierung der ideologischen Unterschiede zu beobachten, sondern auch der individuellen Unterschiede.

Retrospektiv betrachtet, kann ich heute sagen, dass auch die „Generalunion" als ein Teil der internationalen Linken die Ideologie vertrat, das Individuum und die Individualität per se mit der „bürgerlichen Persönlichkeit" zu identifizieren. Sie weigerte sich aus traditionellen und ideologischen Gründen, über diese Themen zu reflektieren.

Während in den 80er und 90er Jahren die linke Bewegung diese Themen vernachlässigte und die „freie Welt" dem Realsozialismus vorwarf, Freiheit und Individualität zu unterdrücken, wendeten sich die Postmodernisten zunehmend auf eine verkehrte Art und Weise gegen die Totalität der Moderne, um das Besondere und die Differenz in der bürgerlichen Gesellschaft zu retten, was nun am Anfang des 21. Jahrhunderts in den Diskursen wie Bewahrung der „Vielfalt" und „Inklusion" Früchte trägt. Daher ist es nach wie vor aktuell, dass die Marxisten und die Linken diese Themen in der Theorie und in der Praxis ernstnehmen.

Im Folgenden wird ein Versuch unternommen, aus der marxschen Perspektive die Stellung des Individuums in der bürgerlichen Gesellschaft zu beleuchten, um zu zeigen, dass, obgleich Marx die Arbeiterklasse als Subjekt der Geschichte und als Subjekt der Befreiung konstruiert, für ihn letztendlich die Befreiung der Einzelnen aus den gesellschaftlichen Zwängen der springende Punkt ist.

Die Apologeten der bürgerlichen Gesellschaft setzen das Individuum und dessen Freiheit mit der Freiheit der Konkurrenz und des Privateigentums gleich. Historisch gesehen hat diese Ideologie ihre Wurzeln in der Entstehung der Geld-Ware Beziehung in Europa, die die Einzelnen im 16. Jahrhundert aus den feudalen Ständen löste und die Gesellschaft in neue Klassen gliederte. Mit der Ablösung und Entwurzelung der Bauern vom Land und deren Abwanderung in die Städte, um ihre Arbeitskraft zu verkaufen, entstand im Europa des 16. Jahrhunderts das abstrakt freie Individuum als Arbeiter, das, wie Marx es beschreibt, im Doppelsinn frei ist: „dass weder sie selbst unmittelbar zu dem Produktionsmittel gehören, wie Sklaven, Leibeigene usw., noch auch die Produktionsmittel ihnen gehören, wie beim selbstwirtschaftenden Bauer usw., sie davon vielmehr frei, los und ledig sind."[3]

Die Auflösung der feudalen Gesellschaftsordnung machte zwar die alten Abhängigkeiten zunichte, brachte aber neue Abhängigkeiten mit sich, die dem Wesen nach abstrakt sind, da statt persönlicher Abhängigkeiten die Freiheit der ökonomischen Charaktermasken herrscht und daher neu legitimiert werden musste: Gleichheit aller als Agent der kapitalistischen Produktionsweise vor dem Gesetz und Willensfreiheit.

Erst durch die formale Gleichheit aller vor dem Gesetz, die eine Abstraktion von den Eigentumsverhältnissen beinhaltet, konnte auch die rechtliche Voraussetzung für den Schutz des Eigentums geschaffen werden.

Die Willensfreiheit, die dem modernen Individuum rechtlich zugesprochen wird, kommt im ökonomischen Bereich im Vertrag zum Ausdruck. Die Vertragspartner, sowohl als Besitzer der Produktions-

3 Karl Marx: Das Kapital. Kritik der politischen Ökonomie, Erster Band, MEW 23, S. 742.

mittel als auch als Lohnabhängige, treten sich als Personifikationen der ökonomischen Kategorien gegenüber und verfolgen ihre Sonderinteressen. Wenn die Vertragspartner auch gegensätzliche Interessen verfolgen, sind sie doch dem „Wertgesetz" unterworfen, da die Lohnabhängigen für die Reproduktion ihres materiellen Daseins Dienst am fremden Eigentum leisten müssen und die Besitzer der Produktionsmittel an der Verwertung des Wertes interessiert sind, die nur durch die Mehrarbeit, d.h. Ausbeutung der Lohnabhängigen, zu realisieren ist.

Das Kapital aber benutzt nicht nur die Lohnabhängigen als lebendiges Material für die Akkumulation, sondern ordnet alle Organe der Gesellschaft dem „Wertgesetz" unter. Das Kapital, so Marx, neigt dazu „alle Elemente der Gesellschaft sich unterzuordnen, oder die ihm noch fehlenden Organe aus ihr heraus zu schaffen."[4] Zu den Elementen der Gesellschaft, die das Kapital sich unterordnet, gehört zum Beispiel nicht nur der Wirtschaftsbereich, sondern auch die Familie als Institution oder der Bildungs- und Gesundheitsbereich.

An dieser Erkenntnis muss festgehalten werden, da nur hierdurch der expandierende und kommandierende Charakter des Kapitals offenbart wird; eine Erkenntnis, die uns besagt, dass unter Bedingungen des Kapitalverhältnisses die Lohnabhängigen nur ein Mittel für die Verwertung des Wertes sind. Unter solchen Bedingungen werden die Einzelnen trotz herrschender abstrakter Freiheiten in vorgegebene Institutionen und Muster hineingepresst, sodass sie in ihren Wahlmöglichkeiten eingeschränkt werden, geschweige denn die Möglichkeit haben, das „stahlharte Gehäuse"[5] zu verlassen. Vor diesem Hintergrund kann man behaupten, dass, solange das Individuum nicht die Möglichkeit hat, zwischen verschiedenen Existenzmöglichkeiten zu wählen, die Rede von Freiheit zur Farce wird. Anders gesagt, in der freien Marktwirtschaft, wo Subjektivität und Individualismus herrschen und vor allem die Rechtsliberalen auf die Freiheit und Autonomie des Subjekts pochen, werden die Individuen in der Praxis zunehmend gleichgeschaltet. Es kann aber kein autonomes

---

4 Karl Marx: Grundrisse der Kritik der politischen Ökonomie, MEW 42, S. 203.

5 Max Weber: Die protestantische Ethik und der „Geist" des Kapitalismus, in: Gesammelte Aufsätze zur Religionssoziologie I, Tübingen 1988, S. 203.

Subjekt geben, solange das Individuum für die Vermehrung des fremden Eigentums benutzt wird und die Institutionen dem Individuum die äußeren Bedingungen vorschreiben.

Gegen diese Erläuterungen kann argumentiert werden, dass am Anfang des 21. Jahrhunderts die „Vielfalt", Aufklärung in Bezug auf verschiedene sexuelle und soziale Diskriminierungen und „Inklusion" wesentliche Bestandteile der Pädagogik und Bildungsinstitutionen sind, die staatlich gefördert und unterstützt werden. Daher habe das Individuum noch nie so viel Möglichkeiten wie zuvor, seine Individualität zur Geltung zu bringen.

Wenn auch diese Lehrprogramme und Maßnahmen nicht gänzlich zu verwerfen sind, so müsste eigentlich auffallen, dass dahinter eine Ideologie steckt. Nehmen wir als Beispiel das Thema „Inklusion": Die Teilhabe am gesellschaftlichen Leben ist schon seit über einem Jahrzehnt fester Bestandteil sozialer Einrichtungen. Vor allem in den Bereichen „Arbeit mit psychisch kranken Menschen" oder „Eingliederungshilfe für suchtkranke Menschen" sind die Sozialarbeiterinnen bemüht, die Betroffenen darin zu unterstützen, mit ihren ohnehin sehr knappen Mitteln zu überleben. Aber die Teilhabe am gesellschaftlichen Leben setzt voraus, dass die Menschen genügend Mittel dafür haben. Die meisten Betroffenen haben aber damit zu kämpfen, bis Ende des Monats mit dem sehr knappen Geld, das sie bekommen, zurechtzukommen. Sie müssen sich immer wieder gegenüber den Behörden rechtfertigen. Auf diese Weise wird eine Elendsverwaltung unter dem Namen der „Inklusion" betrieben und es wird über die größte soziale Ausschlussform geschwiegen, die Marx in einer Zeit analysiert hat, als die Arbeiterklasse noch nicht in die bürgerliche Gesellschaft integriert war: Ausschluss der Menschen vom Reichtum der Gesellschaft.

In seinen Spätwerken zeigt Marx, dass geschichtlich betrachtet zum ersten Mal in der bürgerlichen Gesellschaft durch die Entwicklung der Produktivkräfte Fundamente für die allseitige Entwicklung der Individuen geschaffen wurden. Er führt den Beweis, dass durch die Entfesselung und Umwälzung der Produktivkräfte, die das Kapital notwendiger Weise für die Verwertung des Wertes braucht, gleichzeitig immer mehr „disposable time“[6] geschaffen wird, die aber den Lohnabhängigen und der Gesellschaft nicht zur Verfügung gestellt wird. Der Grund hierfür ist, dass das Kapital alle Bereiche des Lebens ergreift und auf diese Weise permanent die „disposable time“ in notwendige Arbeitszeit verwandelt. Erst durch die Aufhebung des Kapitalismus und die Verteilung der Arbeitszeit, die für die Reproduktion jeglicher Gesellschaftsformen notwendig ist, auf alle Mitglieder der Gesellschaft, können die Bedingungen für freie Entwicklung der Einzelnen geschaffen werden. Denn nur unter Bedingungen, die die Lohnarbeit abschaffen, kann das Individuum wirklich in die Lage versetzt werden, die freie Zeit zu nutzen, um sich allseitig zu entwickeln.

Daher sind Marx' revolutionäre Gedanken, die auf eine grundlegende Umwälzung der Gesellschaft abzielen, nicht gegen die einzelnen Kapitalisten gerichtet, sondern gegen die sozialen Verhältnisse, in denen „der Mensch ein erniedrigtes, ein geknechtetes, ein verlassenes, ein verächtliches Wesen ist.“[7] Aus diesem Grund setzt er sich für eine Gesellschaftsform ein, in der die Menschen nicht dem „Wertgesetz“ unterworfen sind; eine Gesellschaftsform, in der die Menschen über die Verhältnisse herrschen und nicht die Verhältnisse über die Menschen.

Um die Frage noch einmal zu stellen: „Wozu Marx?“ Obgleich Marx im *Kapital* den Endzweck seiner hervorragenden wissenschaftlichen Analysen des Kapitalismus, die mit einer scharfen Kritik gegenüber diesem einhergehen, als Enthüllung des „ökonomischen Bewegungsgesetze[s] der modernen Gesellschaft“[8] bezeichnet, ist jedoch dies kein Selbstzweck, denn es ging ihm letztendlich um die Befreiung der Einzelnen und aller aus den gesellschaftlichen Zwängen. Mit anderen Worten, es ging ihm darum, einen gesellschaftlichen Zustand zu errei-

6 Karl Marx: Grundrisse der Kritik der politischen Ökonomie, MEW 42, S. 603 ff.
7 Karl Marx: Zur Kritik der Hegelschen Rechtsphilosophie. Einleitung, MEW 1, S. 385.
8 Karl Marx: Das Kapital, Erster Band, MEW 23, S. 15 f.

chen, in dem „die freie Entwicklung eines Jeden die Bedingung für die freie Entwicklung aller ist.“[9]

In einer Zeit, in der die Rechtspopulisten in Europa zunehmend an Bedeutung gewinnen und faschistoide Begriffe wie „Massen“ und „Volk“ aus deren Mündern die Ohren betäuben, erscheint es heutzutage notwendiger als je zuvor, das Individuum nicht nur gegen die totalitären Tendenzen des „Wertgesetzes“, sondern gegen alle autoritären und totalitären Ideologien zu verteidigen, die das Individuum im wahrsten Sinne des Wortes negieren.

9 Karl Marx/ Friedrich Engels: Manifest der Kommunistischen Partei, MEW 4, S. 438.

Michael Löbig

Wozu noch Marx?

Meinen Eltern und Geschwistern

„Schränkte aber das Lernen sich auf ein blosses Empfangen ein, so wäre die Wirkung nicht viel besser, als wenn wir Sätze auf das Wasser schrieben; denn nicht das Empfangen, sondern die Selbsttätigkeit des Ergreifens, und die Kraft, sie wieder zu gebrauchen, macht erst eine Kenntnis zu unserm Eigentum."

(Hegel, Gymnasialrede am 14. September 1810)

Der Name von Karl Marx begegnet mir[1] fast nur noch anlässlich von Jubiläen, Festtagen, in Reminiszenzen an die 68er-Bewegung oder im Zusammenhang mit der Erklärung von fehlgeleiteten Versuchen der Etablierung sozialistischer oder kommunistischer Gesellschaften sowie mehr oder weniger peripher im Wissenschaftsbetrieb. Weder in der schulischen Ausbildung noch in den eigentlich einschlägigen Fächern an den Universitäten, wie Philosophie, Soziologie und Ökonomie, gehört seine Theorie zu den obligatorisch zu studierenden Theorien. Obgleich Marx nach Umfragen[2] hinsichtlich der Bedeutsamkeit „deutscher Denker" noch an erster Stelle rangiert(e), wissen nur vergleichsweise wenige Menschen in der Bevölkerung, was seine Theorie der Sache nach beinhaltet, und vielleicht sind deshalb diejenigen, die sich mit seiner Theorie auseinandersetzen und dies auch noch öffentlich in angebotenen Veranstaltungen tun, Objekte für den Ver-

1 Der Autor war während seiner Ausbildung zum Elektromechaniker Mitglied der betrieblichen Jugendvertretung und hat in diesem Zusammenhang gewerkschaftliche Lehrgänge besucht, auf denen die Theorie von Marx noch eine zentrale Rolle spielte. Dies war der Ausgangspunkt für seine weitere und später im Studium vertiefte Aneignung seiner Theorie.

2 In einer BBC-Umfrage nach dem größten Philosophen aller Zeiten landete Karl Marx 2005 mit 28 Prozent auf Platz eins der Liste.

fassungsschutz.[3] Denn dieser unterstellt zu Unrecht bei seiner Tätigkeit, dass die gegenwärtige kapitalistische Produktionsweise eine im Grundgesetz[4] festgeschriebene Form der Reproduktion der Gesellschaft sei und diejenigen Menschen, die sich mit einer Theorie, die die inneren Gesetzmäßigkeiten und damit Mechanismen der kapitalistischen Gesellschaft offenlegt und sie in Frage stellt bzw. kritisiert, eine Bedrohung darstellen.

Zwar wird in den Feuilletons überregionaler Tageszeitungen immer wieder einmal der „Kapitalismus" gegeißelt und als Ursache der verschiedensten „Krisen" angeführt und kritisiert, doch dies verhallt meist spur- und konsequenzlos im Geraune der Kulturindustrie. Es bleibt dann bei der Beschreibung von Phänomenen, wie etwa der „Gier" einzelner Manager oder den Folgen bestimmter Produktionsweisen für die Natur und das menschliche Leben (z.B. Fracking), doch zugleich wird suggeriert, dies sei alles unabwendbar. Vermieden wird eine öffentliche Debatte über die zentralen Bestimmungen der

---

3 Vgl. Sven Kummereincke: Warum der Verfassungsschutz die „Masch" im Visier hat. Hamburger Abendblatt vom 20.09.2022, online verfügbar unter https://www.abendblatt.de/hamburg/article236472987/warum-der-verfassungsschutz-die-masch-im-visier-hat-marxistische-abendschule-othmarschen.html vom 20.09.2022, abgerufen am 13.10.2022.

4 Im Grundgesetz ist der Schutz der „menschlichen Würde", Rede- und Pressefreiheit, Demokratie, Entfaltung der „Persönlichkeit" usw. garantiert, kurz, es gilt als Garant des demokratischen Sozialstaates. Ob damit zugleich auch die kapitalistische Produktionsweise, das Lohnarbeitsverhältnis etc. festgeschrieben ist, wäre eine juristisch erst zu klärende Frage. Vgl. hierzu z.B. auch von Albert Krölls: Das Grundgesetz als Verfassung des staatlich organisierten Kapitalismus. Politische Ökonomie des Verfassungsrechts, Wiesbaden 1988. Vgl. auch das Urteil des BVerfg von 1979 in dem es heißt: „1. Das Grundgesetz, das sich in seinem ersten Abschnitt im wesentlichen auf die klassischen Grundrechte beschränkt hat, enthält keine unmittelbare Festlegung und Gewährleistung einer bestimmten Wirtschaftsordnung. Anders als die Weimarer Reichsverfassung (Art. 151ff.) normiert es auch nicht konkrete verfassungsrechtliche Grundsätze der Gestaltung des Wirtschaftslebens. Es überläßt dessen Ordnung vielmehr dem Gesetzgeber, der hierüber innerhalb der ihm durch das Grundgesetz gezogenen Grenzen frei zu entscheiden hat, ohne dazu einer weiteren als seiner allgemeinen demokratischen Legitimation zu bedürfen. Da diese gesetzgeberische Gestaltungsaufgabe ebenso wie die Gewährleistung von Grundrechten zu den konstituierenden Elementen der demokratischen Verfassung gehört, kann sie nicht im Wege einer Grundrechtsinterpretation weiter eingeschränkt werden, als die Einzelgrundrechte es gebieten." Online verfügbar unter https://openjur.de/u/177323.html, abgerufen am 19.09.2022.

Theorie von Marx, die das, was den Kapitalismus kennzeichnet, zum Ausdruck bringt und Konsequenzen für die Politik formulierte. Da dies nicht geschieht, bleibt die Kritik in den Feuilletons am „Kapitalismus“ für die Politik folgenlos.

Wozu also die Auseinandersetzung mit der Theorie eines Autors, der zwar gelegentlich in aller Munde ist[5], jedoch kaum gelesen wird und dessen Erkenntnisse für die Politik keine Rolle spielen?

In einer sozialdemokratisch geprägten Familie sozialisiert, wurde ich bereits während der Ausbildung zum Elektromechaniker mit der Frage konfrontiert, wer über die Regeln des Zusammenlebens in allen gesellschaftlichen Bereichen (z.B. in Schule, Betrieb, Freizeit etc.) der Gesellschaft bestimmt. Zunächst führte dies zu einem gewerkschaftlichen Engagement sowie einer kurzen Mitgliedschaft in der SPD, die in der Zeit unter Willy Brandt sich der Ausweitung des sogenannten Zweiten Bildungsweges und einer „neuen Ostpolitik“ verschrieb. Der Besuch von Gewerkschaftslehrgängen und die Organisation von Wochenendseminaren zur Geschichte der Arbeiterbewegung führten zur ersten Beschäftigung mit Schriften von Karl Marx und Friedrich Engels. Unweigerlich wurde ich mit den unterschiedlichsten „linken“ Positionen konfrontiert, die „die Linke“ seit der 68er-„Revolte“ in der BRD hervorgebracht hatte. Dies evozierte die Notwendigkeit sich eine eigene, gut begründete Position zu erarbeiten. Im Zuge der damit beginnenden Auseinandersetzungen mit den unterschiedlichen Positionen entstand die Frage danach, was die Gesellschaft im Innersten zusammenhält. Diese Frage, die sich jedes Mitglied einer Gesellschaft stellen sollte, führte zum Entschluss den „Zweiten Bildungsweg“ zu beschreiten, um im Rahmen eines Studiums die Theorien kennenzulernen, die sie zu beantworten suchen.

Bereits im Zusammenhang mit der Organisation von Seminaren zur Geschichte der Arbeiterbewegung wurde (mir) deutlich, dass die darin vertretenen Theorien und politischen Positionen nicht unabhängig zu bestimmen waren von Theorien der vorangegangenen

---

5 Einem zweiten Autor ergeht es ähnlich: Auch Sigmund Freud, Begründer der Psychoanalyse, wird zwar anlässlich von Jubiläen gefeiert, doch es gibt heute keine Lehrstühle für Psychoanalyse mehr an deutschen Universitäten!

Jahrzehnte, ja sogar Jahrhunderte, insbesondere aber der französischen Aufklärung und des Deutschen Idealismus. Denn so wie die jeweils bestehende Gesellschaft und ihr Verhältnis zu anderen Gesellschaften das Resultat eines historischen[6] Prozesses ist, so sind auch die jeweils vertretenen Theorien und Erkenntnisse Resultate eben dieses historischen Prozesses, der maßgeblich gestaltet wird durch die Art und Weise, wie die Menschen gemeinsam, d.h. in Gesellschaft arbeitsteilig, das für ihr Leben Wesentliche in der Auseinandersetzung mit der Natur produzieren und reproduzieren. Die jeweilige Art und Weise, wie die Menschen in der Auseinandersetzung mit der Natur und ihresgleichen ihr Leben gemeinsam – und dies heißt in historischer Perspektive in *zunehmendem* Maße arbeitsteilig – produzieren und reproduzieren, ist abhängig von dem, wie sie Natur und sich selbst in der Natur begreifen und bestimmen. Dies war (und ist) aber keine sich ewig gleichbleibende Bestimmung, sondern Ergebnis eines sich im Verlauf der Zeit durch ihre Tätigkeit und ihre Beziehungen zueinander permanent verändernden Prozesses, an dessen vorläufigem Ende sie sich selbst als diejenigen erkannt haben, die die Geschichte, wenn sie denn ein Bewusstsein haben von dem, wodurch ihr Leben in zentraler Art und Weise bestimmt wird, selbst gestalten könnten, ja müssen, um in und „versöhnt" mit der Natur leben zu können.

Durch die im Verlauf der Jahrhunderte, insbesondere seit dem Mittelalter, sich herausbildende Vorstellung vom Menschen als eines durch das Vermögen der Vernunft gekennzeichneten Wesens wurde die bis dahin durch die Theologie legitimierte Herrschaft des Klerus zunehmend in Frage gestellt. Die weltliche Hierarchie sollte Ausdruck eines göttlichen Willens sein. Da die Versuche das höchste We-

6 „Wir haben gesehn, daß der kapitalistische Produktionsprozeß eine geschichtlich bestimmte Form des gesellschaftlichen Produktionsprozesses überhaupt ist. Dieser letztere ist sowohl Produktionsprozeß der materiellen Existenzbedingungen des menschlichen Lebens, wie ein in spezifischen, historisch-ökonomischen Produktionsverhältnissen vor sich gehender, diese Produktionsverhältnisse selbst, und damit die Träger dieses Prozesses, ihre materiellen Existenzbedingungen u n d ihre gegenseitigen Verhältnisse, d. h. ihre bestimmte ökonomische Gesellschaftsform produzierender u n d reproduzierender Prozeß." Karl Marx: Das Kapital. Dritter Band, MEW 25, S. 826.

sen, Gott, mittels der Vernunft zu demonstrieren[7] in der Konsequenz scheiterten, geriet die Legitimation der Herrschaft des Klerus ins Wanken. Bereits Thomas Müntzer (1489–1525) beschränkte seine Kritik nicht auf die Kirche und deren Vertreter, den Papst und die geistliche Obrigkeit, sondern forderte und kämpfte auch für die Befreiung der Bauern von jeglicher Herrschaft. Er strebte, inspiriert von der Mystik Meister Eckharts, Taulers und Seuses, eine radikale Änderung der bestehenden Gesellschaftsordnung an, in der die Privilegien abgeschafft und die mittellosen Menschen ausreichend versorgt werden sollten. In vielen Punkten formulierte Thomas Müntzer bereits das, was später als Vision einer gerechten Gesellschaft, in Gestalt eines „Vereins freier Menschen“[8] zum Tragen kommen sollte. Viele seiner Forderungen sind bis heute aktuell, weil die Ursachen für die weiter bestehende Herrschaft von Menschen über Menschen noch immer nicht beseitigt sind. Zwar gibt es heute keine Herrschaft des Adels mehr, doch seine damaligen „Privilegien“ (etwa Steuerbefreiung etc.) gibt es in veränderter Gestalt noch heute für die herrschende Klasse (Steuerparadiese etc.). Ganz in der Tradition Th. Müntzers stehend formuliert Etienne de la Boetie (1530–1563) in seiner Schrift *Über die freiwillige Knechtschaft des Menschen*[9] fast zur gleichen Zeit seine radikale Kritik an jeglicher Gestalt von Herrschaft. Danach sind die Menschen an ihrer Knechtschaft selbst schuld, insofern sie den jeweils weltlichen Herrschern Vertrauen schenken und keinen Gebrauch machen von ihrem Verstand und der eigenen Vernunft. „Wie kommt er [der weltliche Herrscher, ML] zur Macht über euch, wenn nicht durch euch selbst? Wie würde er wagen, euch zu verfolgen, wenn ihr nicht einverstanden wäret?“[10] Boetie reflektierte, dass Herrschaft nicht naturgegeben, sondern Resultat ist der Stellung des Subjekts zu der außer ihm befindlichen Objektivität. Er beschreibt treffend die vielfältigen Mittel – auch psychologischen – und Methoden,

7 Z.B. Anselm von Canterbury: Proslogion, Stuttgart-Bad Cannstatt 1962, vgl. auch Immanuel Kant, Kritik der reinen Vernunft., 2. Aufl. 1787, Akademie-Ausgabe, Bd. 3, S. 392ff.

8 Karl Marx: Das Kapital, Bd. 1, MEW 23, S. 92f.

9 Etienne de la Boetie: Von der freiwilligen Knechtschaft, Dt. u. unter Mitwirkung v. N. Buls, hrsg. v. Horst Günther, Frankfurt 1980.

10 Ebd., S. 45

die die Tyrannen und auch heute Herrschende nutzen, um das „Volk“ in die „Knechtschaft“, die sie als solche nicht wahrnehmen, zu führen und darin zu halten. Mittel und Methoden, die in veränderter Gestalt auch in der Gegenwart noch immer erfolgreich angewandt werden.[11] Nach Boetie gibt es ein Naturrecht des Menschen zur Freiheit, die jedoch von den Herrschenden zu ihren Zwecken instrumentalisiert wird. Sie, die Herrschenden, wissen, wie sie die Menschen dazu bewegen können sich ihnen („freiwillig“) unterzuordnen.[12] Das den Menschen von Natur aus zukommende Streben nach Freiheit meint Freiheit nicht im Sinne derer, die meinen tun und lassen zu können, was sie wollen bzw. was ihnen gerade passt. Vielmehr werden sie durch ihre Insistenz auf einer *verkehrten Gestalt von Freiheit*[13], nämlich tun und lassen zu können, was sie wollen, als Mittel benutzt, um den Herrschenden ihre Herrschaft zu ermöglichen. Damit wird für Boetie, unter dem Aspekt der Herrschaft, das Subjekt zum Mittelpunkt, sowohl unter dem Gesichtspunkt der Konstitution der Objektivität des Gewaltverhältnisses, als auch unter dem Gesichtspunkt des Leidens der Menschen an den Verhältnissen.

Die Kritik an den unterschiedlichen Gestalten von Herrschaft in der Geschichte wurde, um nur noch zwei Autoren zu nennen, z.B. fortgeführt von Gerrad Winstanley (1609–1676), in seiner Schrift *Gleichheit im Reiche der Freiheit. Sozialphilosophische Pamphlete und Traktate.*[14] Während Winstanley für Gemeineigentum warb und dieses aus der Bibel ableitete, kam der Abbé Jean Meslier, der als katholischer Pfarrer umherreiste und im Auftrag der Kirche von den Bauern

---

11 Vgl. hierzu das Kapitel über die Kulturindustrie in Adornos und Horkheimers *Dialektik der Aufklärung*.

12 La Boetie, Knechtschaft, S. 71: „Kein Vogel geht so schnell auf die Leimrute und kein Fisch läßt sich durch einen Wurm so rasch an die Angel ködern, wie sich ein Volk in die Knechtschaft locken läßt, sobald man ihm nur Honig ums Maul schmiert, wie das Sprichwort sagt, und seltsam ist es , wie schnell es geht, wenn man ihm nur schmeichelt. Theater, Spiele, Possen, Schauspiele, Wettkämpfe, Tiergefechte, Gedenkmünzen, Gemälde und andere dergleichen Gaukeleien waren für die Völker ... der Köder der Knechtschaft, der Preis der Freiheit und das Werkzeug der Tyrannen.“

13 Vgl. dazu auch: Zygmunt Baumann: Leben als Konsum, Hamburg 2009.

14 Gerrad Winstanley: Gleichheit im Reiche der Freiheit. Sozialphilosophische Pamphlete und Traktate. Dt. v. Klaus Udo Szudra und Hrsg. Hermann Klenner, Frankfurt 1988.

Steuern eintrieb, im Hinblick auf das Eigentum zu einem ganz ähnlichen Ergebnis. In seinem „Testament“[15], das erst nach seinem Tod veröffentlicht werden durfte, weil er fürchtete, bei einer Veröffentlichung zu Lebzeiten der Inquisition zum Opfer zu fallen, geißelte er die Vertreter der Kirche als Lügner, die die christliche Lehre absichtlich missbrauchten, um den Reichtum der Kirche zu mehren, und damit daran mitwirkten, die Bevölkerung in Armut zu halten sowie die bestehende religiöse und weltliche Herrschaft zu legitimieren. Er vertrat einen radikalen Atheismus und zugleich einen, wie es der Herausgeber des „Testaments“ nennt, cartesianischen Materialismus. Das handschriftliche Manuskript seines „Testaments“ zirkulierte im 18. Jahrhundert im Verborgenen, in nur wenigen Abschriften im Kreis der Autoren der französischen Aufklärung und beeinflusste sie maßgeblich.[16]

Dies war der Endpunkt einer zuvor wirkungsmächtig gewordenen Kritik der Religion, in der sich zugleich eine veränderte Stellung des Denkens zum Gedachten auszudrücken begann. Diese veränderte Stellung des Denkens zum Gedachten, beginnend mit dem Universalienstreit, führte bereits früh dazu, dass sich die Menschen in systematischer Art und Weise sowohl mit der äußeren wie auch der inneren Natur befassten und begannen, die gewonnen Erkenntnisse von der Natur in Technologie zu transformieren. Es war zugleich der Beginn der Entstehung der modernen Naturwissenschaften. Mit deren Entstehung veränderte sich das Zusammenleben der Menschen in der Gesellschaft sukzessive dahingehend, dass die bereits zuvor durch die Theologie und weltliche Herrschaft gerechtfertigte soziale Ungleichheit der Menschen zunehmend zum Gegenstand der Kritik wurde.

Damit aber rückt bereits unter dem Aspekt der Herrschaft das Subjekt in die Stellung desjenigen, durch das diese Objektivität konstituiert wird, so wie später Kant in seiner *Kritik der reinen Vernunft* die Objektivität als durch das Bewusstsein des Subjekts konstituiert erweist. Damit wurde nicht nur die ehemals durch die Religion legi-

15 Günther Mensching (Hrsg.): Das Testament des Abbé Meslier, Dt. v. Angelika Oppenheimer, Frankfurt 1976.

16 Voltaire, Holbach, Helvetius u.v.a.

timierte weltliche Hierarchie fragwürdig, sondern auch die weltliche Herrschaft.

Mit dieser radikalen Kritik an religiöser und weltlicher Herrschaft waren jedoch zugleich Forderungen im Hinblick auf die vernünftige Einrichtung der Gesellschaft verbunden. Sie stehen am Beginn der als „Neuzeit" charakterisierten Epoche. In deren Verlauf verstärkte sich die Kritik an der in der Gesellschaft existierenden sozialen Ungleichheit und mündete schließlich in der französischen Revolution, deren Resultat die Postulierung der „formellen Gleichheit" der Menschen als „Personen" zum Ausgangspunkt für die Entwicklung der bürgerlichen Gesellschaft werden sollte. In der Bestimmung der „formellen Gleichheit" wurde der Mensch als Mensch, als ein mit „Vernunft"[17] ausgestattetes Wesen anerkannt, d. h. als ideelles Wesen anerkannt. Doch schon in ihrer Geburtsstunde wurde der ihr innewohnende Widerspruch zum Gegenstand der Kritik durch einen Teil der Revolutionäre. Babeuf und die „Verschwörung der Gleichen" genügte die postulierte „formelle Gleichheit" der Menschen nicht, weil sie erkannten, dass unter deren Bedingungen sich die alte Ungleichheit nur (erweitert) reproduzieren würde.[18] Sie forderten die Herstellung einer materialen Gleichheit. Indem jedoch, als Resultat des historischen Prozesses der Emanzipation des Menschen von der ersten Natur, mit der französischen Revolution erstmals die „formelle Gleichheit" der Menschen vor dem im Staat geltenden Gesetz formuliert wurde,[19] ergab sich nach der Religionskritik für Marx nun ein neuer kategorischer Imperativ: „Die Kritik der Religion endet mit der

---

17 Karl Marx (1844), in einem Brief an Ruge (Briefe aus den Deutsch-Französischen Jahrbüchern, MEW 1, S. 345): „Die Vernunft hat immer existiert, nur nicht immer in der vernünftigen Form. Der Kritiker kann also an jede Form des theoretischen und praktischen Bewußtseins anknüpfen und aus den eigenen Formen der existierenden Wirklichkeit die wahre Wirklichkeit als ihr Sollen und ihren Endzweck entwickeln. Was nun das wirkliche Leben betrifft, so enthält grade der politische Staat, auch wo er von den sozialistischen Forderungen noch nicht bewußterweise erfüllt ist, in allen seinen modernen Formen die Forderungen der Vernunft. Und er bleibt dabei nicht stehn. Er unterstellt überall die Vernunft als realisiert. Er gerät aber ebenso überall in den Widerspruch seiner ideellen Bestimmung mit seinen realen Voraussetzungen."

18 Babeuf wurde dafür dann der Guillotine zugeführt und geköpft.

19 Als die säkularisierte Gestalt der im Christentum postulierten Gleichheit der Menschen vor Gott im Mittelalter

Lehre, daß der *Mensch das höchste Wesen für den Menschen* sei, also mit dem *kategorischen Imperativ, alle Verhältnisse umzuwerfen*, in denen der Mensch ein erniedrigtes, ein geknechtetes, ein verlassenes, ein verächtliches Wesen ist. Verhältnisse, die man nicht besser schildern kann als durch den Ausruf eines Franzosen bei einer projektierten Hundesteuer: Arme Hunde! Man will euch wie Menschen behandeln!"[20]

An dieser Intention, die die Abschaffung der Herrschaft von Menschen über Menschen impliziert, ist festzuhalten, weil sie bis heute uneingelöst ist. Einer der Gründe, dass sie bis heute uneingelöst geblieben ist, besteht in dem, was Marx mit dem Begriff der „Ideologie" ausdrückte, einem als notwendig falsches Bewusstsein[21] charakterisierten Denken, dessen Herausbildung er schon in der sich entwickelnden Religionskritik (Priesterbetrugstheorie) seit dem 15. Jahrhundert erkannte. Dass der Begriff der Ideologie heute – im Unterschied zu den Jahren nach der Studentenrevolte – kaum noch eine Rolle spielt,

---

20 Karl Marx: Zur Kritik der Hegelschen Rechtsphilosophie. Einleitung, MEW 1, S. 385, und weiter heißt es (Karl Marx: Zur Kritik der Hegelschen Rechtsphilosophie. Einleitung, MEW 1, S. 378): „Das Fundament der irreligiösen Kritik ist: *Der Mensch macht die Religion*, die Religion macht nicht den Menschen. Und zwar ist die Religion das Selbstbewusstsein und das Selbstgefühl des Menschen, der sich selbst entweder noch nicht erworben, oder schon wieder verloren hat. Aber *der Mensch*, das ist kein abstraktes, außer der Welt hockendes Wesen. Der Mensch, das ist *die Welt des Menschen*, Staat, Societät. Dieser Staat, diese Societät produzieren die Religion, ein *verkehrtes Weltbewusstsein*, weil sie eine *verkehrte Welt* sind. Die Religion ist die allgemeine Theorie dieser Welt, ihr encyklopädisches Compendium, ihre Logik in populärer Form, ihr spiritualistischer Point-d'honneur, ihr Enthusiasmus, ihre moralische Sanktion, ihre feierliche Ergänzung, ihr allgemeiner Trost- und Rechtfertigungsgrund. Sie ist die *phantastische Verwirklichung* des menschlichen Wesens, weil das *menschliche Wesen* keine wahre Wirklichkeit besitzt. Der Kampf gegen die Religion ist also mittelbar der Kampf gegen *jene* Welt, deren geistiges *Aroma* die Religion ist. Das *religiöse* Elend ist in einem der *Ausdruck* des wirklichen Elendes und in einem die *Protestation* gegen das wirkliche Elend. Die Religion ist der Seufzer der bedrängten Kreatur, das Gemüth einer herzlosen Welt, wie sie der Geist geistloser Zustände ist. Sie ist das *Opium* des Volks. Die Aufhebung der Religion als des *illusorischen* Glücks des Volkes ist die Forderung seines *wirklichen* Glücks. Die Forderung, die Illusionen über seinen Zustand aufzugeben, ist die *Forderung, einen Zustand aufzugeben, der der Illusionen bedarf.* Die Kritik der Religion ist also im *Keim* die Kritik des Jammerthales, dessen *Heiligenschein* die Religion ist."

21 Karl Marx: Das Kapital, Erster Band, MEW 23, S. 85ff.

Ideologiekritik aus der Mode gekommen ist, ist Indiz dafür, dass Herrschaft abstrakter geworden ist und die Fähigkeit der Menschen sie als solche zu erkennen immer mehr verloren zu gehen scheint.

Dies rührt auch daher, dass das Denken in der Moderne aus der Mode gekommen ist. Dies meint, dass das Bildungssystem, das einst den „kritischen mündigen Bürger" sich zum Ziel gesetzt hatte, längst darauf beschnitten ist sich nicht mehr zu „bilden" durch eine historisch-systematische Aneignung des akkumulierten Wissens etc., sondern auf die partielle Aneignung von Kenntnissen. Die Vermittlung instrumentell handhabbaren Wissens dient dann der Qualifizierung der menschlichen Arbeitskraft, die sich den durch die technologische Entwicklung beschleunigt verändernden Anforderungen anpassen muss. Das lebenslange Lernen, in Gestalt der Aneignung instrumentell anwendbarer Kenntnisse, universelle Halbbildung,[22] wird exemplarisch jedes Wochenende in Gestalt der bundesweit, in kopierter Gestalt weltweit, ausgestrahlten TV-Sendung *Wer wird Millionär?* zelebriert und ist zum Modell für den vermeintlich „mündigen" Bürger geworden, der auch in Talkshows, Reality-TVs oder auf den beliebten Social-Media-Kanälen beherzt seine (un)qualifizierte „Meinung" kundtun kann und doch nur das Medium ist, um die Menschen ideologisch bei der Stange zu halten. Die Medien sind zur Bühne geworden, auf der das Volk sich austoben darf, denn solange es sich auf der Bühne austobt und die Akteure sich wechselseitig der Fake-News-Verbreitung bezichtigen, bleibt die bestehende herrschaftliche Ordnung unangetastet.

22 „Daß Halbbildung, aller Aufklärung und verbreiteten Information zum Trotz und mit ihrer Hilfe, zur herrschenden Form des gegenwärtigen Bewußtseins wird – eben das erheischt weiter ausgreifende Theorie. Ihr darf die Idee der Kultur nicht, nach den Gepflogenheiten der Halbbildung selber, sakrosankt sein. Denn Bildung ist nichts anderes als Kultur nach der Seite ihrer subjektiven Zueignung." Theodor W. Adorno: Theorie der Halbbildung. (1959) In: ders.: Gesammelte Schriften Band 8. Soziologische Schriften I, S. 93.

> „Wer über gewisse Dinge seinen Verstand nicht verlieret, der hat keinen zu verlieren!“[23]

War Herrschaft in historisch früheren Zeiten gekennzeichnet durch die persönliche Herrschaft eines Menschen über einen anderen Menschen, so ist sie im Verlauf der Geschichte immer unpersönlicher geworden. Heute ist sie abstrakt in dem Sinne geworden, nicht nur dass sie in die Struktur der gesellschaftlichen Produktion und Reproduktion der Menschen eingegangen ist, sondern gar ihr Inneres umfasst und sich ihr niemand mehr zu entziehen vermag, alle ihr unterworfen sind. Herrschaft ist gleichsam „unsichtbar“ geworden und hat die Gestalt des „stummen Zwangs der Verhältnisse“ angenommen. Nur durch die Reflexion auf die Bedingungen, durch die das Zusammenleben der Menschen in der universalen Verflochtenheit der Beziehungen dem vereinzelten Einzelnen das Leben ermöglichen, ist die Form der Herrschaft dechiffrierbar. Wäre das gesellschaftliche Ziel noch die Herstellung des „mündigen Bürgers“, so wäre es die Aufgabe von Bildung und zuvörderst Aufgabe der Wissenschaft als Medium der Aufklärung, die Bedingungen zu schaffen, die den Einzelnen in Stand setzen diese abstrakte Form von Herrschaft zu erkennen. Hierfür aber wäre entgegen dem positivistischen Zeitgeist an den Bestimmungen von „Wesen“ und „Erscheinung“ festzuhalten, denn „alle Wissenschaft wäre überflüssig, wenn die Erscheinungsform und das Wesen der Dinge unmittelbar zusammenfielen“.[24] Für Marx, in der Tradition des Deutschen Idealismus stehend, ist die Unterscheidung von „Wesen“ und „Erscheinung“ essentiell. Doch für die gegenwärtige Wissenschaft und das herrschende Bewusstsein ist das Festhalten an einen daran gebundenen Wahrheitsbegriff traditionelle Metaphysik. Stattdessen werden ständig sich abwechselnde, vermeintlich „neue Theorien“ – Strukturalismus, Postmoderne, Poststrukturalismus, Konstruktivismus, radikaler Konstruktivismus, Postkolonialismus, Gender, Queer etc. – für den akademischen Betrieb und die Intellektuellen kreiert, ausformuliert und verbreitet, bis für sie schließlich an den Universitäten Lehrstühle eingerichtet werden. Je nach gesellschaftlicher Situation und Lage haben diese „Theorien“ dann eine

---

23 Gotthold Ephraim Lessing: Emilia Galotti, Werke Bd. 2, S. 199, Darmstadt 1996.
24 Karl Marx: Das Kapital, Dritter Band, MEW 25, S. 825.

kürzere oder längere „Halbwertszeit“.[25] Sie sind zugleich Ausdruck des stets neuen ohnmächtigen Versuches, auf immer neue, unterschiedliche Art und Weise, das für sie nicht Fassbare des erscheinenden gesellschaftlichen Chaos, die (nicht ganz neue) „Unübersichtlichkeit“ des gesellschaftlichen Ganzen, zu erfassen. Erst die Insistenz auf einem emphatischen Wahrheitsbegriff ermöglichte auch die Einsicht in die Konstitutionsbedingungen der „Unübersichtlichkeit“, in dasjenige, was Marx als das immer noch gültige Subjekt der Geschichte ausmachte, das zwar von den Menschen hervorgebracht wurde, sich ihnen gegenüber jedoch in Gestalt des sich auf sich beziehenden Werts - oder auch, wie Marx es nannte, des „automatischen Subjekts“[26] –, verselbständigt hat und die Bedingungen des Lebens aller Menschen setzt. Den gesellschaftlichen Akteuren erscheint dieses „Subjekt“, das sich nur durch jeden einzelnen Menschen hindurch vermittelt erhält, schließlich in Gestalt eines „stummen Zwangs“, „sachlicher Notwendigkeit“ und ist die Ursache, um in altbewährter Manier weiter unveränderte Politik zu betreiben. Der „stumme Zwang der Verhältnisse“[27] erscheint ihnen als ein quasi naturgegebener Zwang. Hieran kann das ideologische Bewusstsein erkannt werden: ihm erscheint das, was in historischer Perspektive Resultat menschlichen Handelns ist, als ein quasi durch die Natur gegebenes, unveränderbares Verhältnis.

Auf diese Weise sind wir nun in einer Phase der gesellschaftlichen Entwicklung gelandet, die apokalyptische Züge trägt und insbesondere einen Teil der jüngeren Generation an den Rand der Verzweiflung führt, weil sie für sich die Zukunft in mehrfacher Hinsicht bedroht sieht. Diese mehrfachen Hinsichten sind: Rassismus, Antisemitismus, Krieg in Europa, Klimakrise, militärische Aufrüstung,[28] ökonomische Krise (wer soll das alles bezahlen?), „Konsumtionskrise“ (sie dürfen nicht mehr, wie sie aufgrund ihrer Sozialisation wollen), „Flücht-

25 An dieser Stelle sei nur darauf hingewiesen, dass es seit den 80er Jahren eine kontinuierlich steigenden Zahl an akademischen Studiengängen gibt (ca. 20.000).

26 Karl Marx: Das Kapital. Erster Band, MEW 23, S. 169.

27 Vgl. hierzu auch: Jan Weyand, Adornos Kritische Theorie des Subjekts, S. 111ff., Springe 2001 und Karl Marx: Das Kapital. Erster Band, MEW 23, S. 765.

28 Hierzu hat bereits 1984 Anton-Andreas Guha die Irrationalität aufgezeigt in seinem Beitrag: Zur Rationalität der Abschreckungspolitik. Eine Anfrage. In: Neue Rundschau, 95. Jahrg., 1984, S. 60ff.

lingskrise“ etc. Aufgrund dessen drohen ihnen die Vorstellungen von dem, woran sie sich in ihrem Leben noch orientieren sollen, verloren zu gehen.[29] Darüber hinaus ergreift viele Menschen angesichts der vielen „Unsicherheiten“ hinsichtlich ihrer Lebensperspektive eine undefinierbare existenzielle Angst, die sich in einer kontinuierlich steigenden Zahl an psychischen Erkrankungen leidenden Menschen niederschlägt.

Am Begriff der „Klimakatastrophe“ kann jedoch der ideologische Charakter der Reden von Politikern deutlich gemacht werden. Das, was mit diesem Begriff zum Ausdruck gebracht werden soll, ist, dass die Lebensbedingungen für die Spezies Mensch gefährdet sind. Es ist damit keine Katastrophe der Natur bezeichnet, vielmehr verdeckt der Begriff, dass es die Art und Weise ist, wie unter den Bedingungen einer kapitalistischen Produktions- und Reproduktionsweise die Menschen in ihrem Verhältnis zur Natur ihr Leben gemeinsam, also arbeitsteilig, reproduzieren und dadurch die Lebensgrundlage aller Menschen gefährden. Ausgeblendet wird, dass es einer grundlegend veränderten Organisation der Produktion- und Reproduktionsweise aller Gesellschaften und damit der Menschheit als ganzer, bedürfte! Auch der Begriff der „Flüchtlingskrise“ verdeckt mehr, als er erhellt. Die „Flüchtlingskrise“ ist keine „Krise“, sondern die Flucht von Menschen aus ihren vorgefundenen Lebensumständen und ein Problem für die Industriestaaten. Diese sind jedoch Resultat dessen, dass die Industrieländer jahrzehntelang ferne Staaten in Afrika und anderen Regionen ausgebeutet haben, indem sie deren Ressourcen plünderten und/ oder sie für den Weltmarkt produzieren ließen und es deshalb für sie heute dort keine Lebensperspektive mehr gibt.

> „Die fast unlösbare Aufgabe besteht darin, weder von der Macht der anderen, noch von der eigenen Ohnmacht sich dumm machen zu lassen.“[30]

29 Vgl. hierzu die letzten Schriften von Zygmunt Baumann, hier: Flüchtige Zeiten. Leben in der Ungewissheit. Dt. v. Richard Barth. Hamburg 2008 oder: Leben als Konsum. Dt. von Richard Barth. Hamburg 2009.

30 Theodor W. Adorno: Minima Moralia. Reflexionen aus dem beschädigten Leben. Frankfurt a.M. 1951, S. 67.

Wozu also noch Marx lesen? Weil das Studium seiner Schriften das Erkennen der Bedingungen, unter denen alle Menschen, jede Person ihr Leben in dieser globalisierten Welt erhält, ermöglicht, und damit erst das an uns selbst wirklich wird, was die bürgerliche Gesellschaft von ihren „Bürgern“ fordert, nämlich „mündig“ zu sein. Mündig sein impliziert, dass ich um die Bedingungen meiner eigenen Existenz und die aller anderen Menschen weiß, und aufgrund dieser Erkenntnis dann, als autonomes mündiges Subjekt meine Entscheidungen auch hinsichtlich der Einrichtung einer vernünftigen Welt, eines „Vereins freier Menschen“ treffen kann.

Paul Stegemann

Unrecht, Empörung und Kritik

Am Anfang der Auseinandersetzung mit Marx steht oftmals die Empörung über unmenschliche Zustände, der nachhaltige Eindruck, dass es in dieser Welt und in der Gesellschaft nicht so zugeht, wie es sollte. Diese Empörung über die Ungerechtigkeiten in der Welt sind dabei alles andere als irrational, denn es ist in der Tat schwerlich einzusehen, warum eine Weltordnung fortexistiert, die so viele Menschen umfasst, die leiden, hungern und im Elend vegetieren. Warum jährlich Millionen Menschen durch mangelhafte Ernährung, fehlende medizinische Versorgung oder durch Kriege und Bürgerkrieg umkommen, während in anderen Teilen der Welt ein unermessliches Angebot an Waren bereitsteht. Und die Menschen die Dinge nur zu kaufen brauchen, die sie bedürfen – wenn sie denn über das entsprechende Geld verfügen. Warum ein Teil der Menschheit unter den Bedingungen absoluter Armut und ein anderer unter relativer Armut leben muss, während ein kleiner Teil der Menschheit in einer privilegierten Welt aus Wohlstand und Freiheit lebt. An dieser privilegierten Welt können allerdings nur diejenigen teilhaben, die über genügend Geld verfügen. Deren Welt erscheint als ein Konsumparadies, in dem die nahezu einhellige Meinung herrscht, dass, wer viel hat, auch glücklich sein müsse.

Man kann diesen Eindruck von den Ungerechtigkeiten in der Welt nun verdrängen und dem Glauben schenken, was medial immer wieder vermittelt wird: Die Politik wird sich dieser Probleme annehmen, der Fortschritt – gemeint ist damit fast immer nur der technische Fortschritt – wird diese Ungleichheiten beseitigen helfen. Man müsse nur abwarten, dann werde es quasi von selbst besser. Man kann hingegen auch der neoliberalen Gleichgültigkeit gegenüber der sozialen Ungleichheit anhängen und leugnen, dass der Markt soziale Ungleichheit produziert. Oder die soziale Ungleichheit wird als funktional gerechtfertigt, weil die große ökonomische Effizienz der Marktordnung auf diesem Prinzip basiert. Soziale Gerechtigkeit wird dann neoliberal als Trugbild diffamiert. Alle diese Strategien können aber das reale soziale Elend und die Ungleichheit nicht aus der Welt schaffen. Sie können versuchen es abzumildern, es zu leugnen, zu verdrängen oder als individuelles Defizit der davon Betroffenen hinzustellen. Die Frage bleibt jedoch bestehen, warum die Ungerechtigkeiten und die Ungleichheit in der Welt sind, obwohl diese objektiv nicht notwendig wären. Immer mal wieder findet die Realität der Ungerechtigkeit und Ungleichheit auch in Berichterstattungen der Medien oder in sozialkritischen Studien Erwähnung. Diese gelangen jedoch nicht über eine partielle Kritik hinaus, weil sie nur Teile der gesellschaftlichen Realität erfassen und weil die Zusammenhänge zwischen Ökonomie und Politik nicht systematisch reflektiert werden. Der gesellschaftliche Sinn solcher Untersuchungen besteht darin, die Widersprüche des Kapitalismus auf eine systemkonforme Art und Weise zu analysieren und damit verhandelbar zu machen. Das grundsätzliche Problem, warum es zu sozialer Ungleichheit kommt, wird dabei nicht auf die Funktionsweise der Gesellschaftsform bezogen: im besten Fall auf Dysfunktionen von gesellschaftlichen Teilsystemen bezogen oder dem neoliberalen Zeitgeist folgend durch individuelle Eigenschaften der handelnden Subjekte erklärt – sei es bspw. die Faulheit der Arbeitslosen oder die Gier der Manager und Banker. Damit aber wird ein soziales Problem nicht auf die Struktur der Gesellschaft bezogen, sondern moralisierend individualisiert.

Die Empörung über unmenschliche Zustände kann aber auch die Triebkraft sein, die zu einer fundamentalen Auseinandersetzung mit der Funktionsweise dieser Gesellschaftsform führen *kann*. Weil man eben nicht den Glauben an die Selbstheilungskräfte des Marktes oder an systemkonforme Reformen frönt, weil man zunächst mehr intuitiv als analytisch erkannt hat, dass die Welt so eben nicht besser wird. Weil man zu der Einsicht gekommen ist, dass das aktivistische Anrennen gegen die Verhältnisse einen Ausdruck gesellschaftlicher Ohnmacht darstellt, bei dem nicht nur das kritische Denken instrumentalisiert wird, weil es als ein bloßes Instrument von Aktionen aufgefasst wird, sondern in dem auch die Gefahr besteht, dass gesellschaftliche Verhältnisse personalisiert werden. Indem gesellschaftliche Funktionsträger einzeln verantwortlich gemacht werden, „für Verhältnisse, deren Geschöpf“ sie sozial bleiben[1]. Der Weg zu einer vertieften Auseinandersetzung mit der Funktionsweise der gegenwärtigen Gesellschaft wird sich mit diesen oder ähnlichen Punkten und Konflikten konfrontiert sehen. Der Weg, der zur Reflexion des Unbehagens, des erfahrenden Unmuts und der erfahrenen Frustration führt, ist damit nicht einfach gegeben. Es besteht eben keine Kontinuität, die von der Erfahrung oder Wahrnehmung von Unrecht über Empörung zur Kritik führt. Die Frage nach den Ursachen muss zum Bedürfnis nach Aufklärung der bewusstlos herrschenden gesellschaftlichen Verhältnisse entwickelt werden. Der Weg, der zu einer fundamentalen Kritik führen kann, ist somit an nicht theoretische Voraussetzungen gebunden: an ein sich entwickelndes Krisen-Bewusstsein und das Bedürfnis, die gesellschaftlichen Zusammenhänge zu verstehen, um sie zu verändern. Der Weg zur Kritik basiert damit auf der noch intuitiven Einsicht, dass die Widersprüche des Kapitalismus die unmenschlichen Zustände produzieren.

Diese Triebkraft die Ungerechtigkeiten der Welt zu verstehen, zu analysieren, um sie letztlich abzuschaffen, kann man dabei auch anhand der Entwicklung der Kritik bei Karl Marx nachvollziehen. Bekannt ist ein Zitat von Marx, in dem dieser 1844 einen „*kategorischen Imperativ*“ aufstellt, „*alle Verhältnisse umzuwerfen*, in denen der Mensch ein erniedrigtes, ein geknechtetes, ein verlassenes, ein verächtliches Wesen ist“.[2] Anhand der Entwicklung des jungen Marx kann man exemplarisch nachvollziehen, wie sich die Kritik an Missständen immer mehr vertieft und schließlich als den Kern des Ganzen das ökonomische Verhältnis identifiziert. Marx reflektiert diesen Prozess: „Die Kritik des Himmels verwandelt sich damit in die Kritik der Erde, die *Kritik der Religion* in die *Kritik des Rechts*, die *Kritik der Theologie* in die *Kritik der Politik*“.[3] Nachdem also die bürgerliche Aufklärung zunächst eine entschiedene Religionskritik geleistet hat,

---

1 Karl Marx: Das Kapital. Kritik der politischen Ökonomie, Erster Band, MEW 23, S. 16.

2 Karl Marx: Zur Kritik der Hegelschen Rechtsphilosophie. Einleitung, MEW 1, S. 385.

3 Ebd., S. 379.

setzt sich die kritische bürgerliche Aufklärung fort in der Kritik weltlicher Realitäten: der Kritik des Rechts und der Politik. Damit ist indessen keineswegs der Schlusspunkt der kritischen Auseinandersetzung erreicht. Hierbei bewegt man sich immer noch auf der Oberfläche der Gesellschaft, in der „entfremdeten Erscheinungsform der ökonomischen Verhältnisse“, in den Widersprüchen, die es durch Kritik aufzuklären gälte: Denn „alle Wissenschaft wäre überflüssig, wenn die Erscheinungsform und das Wesen der Dinge unmittelbar zusammenfielen“.[4]

Ebenfalls 1844 beginnt Marx mit seinem formulierten Programm einer Kritik der Politik in einem ersten Schritt ernstzumachen – und beginnt sich mit der Politischen Ökonomie auseinanderzusetzen. In der Sphäre der Ökonomie beginnt Marx zu erkennen, dass im „*Geld* (...) die vollständige Herrschaft der entfremdeten Sache *über* den Menschen in die Erscheinung getreten [ist]. Was als Herrschaft der Person über die Person, ist nun die allgemeine Herrschaft der *Sache* über die *Person*, des Produkts über den Produzenten“.[5] Dass also die Herrschaft von Menschen über Menschen, wie sie in vorbürgerlichen Gesellschaften der Regelfall war, durch die bürgerlichen Revolutionen eigentlich abgeschafft werden sollte, dass diese Herrschaft nun transformiert wurde in eine ökonomische Form. Diese ökonomische Form ermöglicht es, dass die Menschen formal als rechtliche freie und gleiche politische Subjekte auftreten können, real aber die Gesellschaft weiterhin durch materielle Ungleichheiten und soziale Hierarchien gekennzeichnet bleibt. Die Herrschaft, der die Menschen nun ausgesetzt sind, besteht nicht mehr in den vielfältigen Formen der persönlichen Abhängigkeiten. Vielmehr betont Marx – was sich rückblickend wie ein Vorgriff auf den Fetischcharakter der Ware lesen lässt – „d.h. unser eigenes Produkt hat sich auf die Hinterfüße gegen uns gestellt, es schien unser Eigentum, in Wahrheit aber sind wir sein Eigentum“.[6] Die Menschen unterliegen damit offenbar Gesetzen, die sie selbst geschaffen haben, die aber die Regie über sie übernommen haben. Diese neue Form der Heteronomie in der Ökonomie als zent-

4 Karl Marx: Das Kapital, Dritter Band, MEW 25, S. 825.
5 Karl Marx: Ökonomisch-philosophische Manuskripte, MEW 40, S. 455.
6 Ebd., S. 461.

raler gesellschaftlicher Bereich eingehend zu analysieren, rückt nun bei Marx immer mehr in das Zentrum der kritischen Auseinandersetzung.

In den 1844 geschriebenen *Ökonomisch-philosophischen Manuskripten* bringt Marx den krassen Widerspruch der kapitalistischen Gesellschaft zum Ausdruck: „Der Arbeiter wird um so ärmer, je mehr Reichtum er produziert, je mehr seine Produktion an Macht und Umfang zunimmt. Der Arbeiter wird eine um so wohlfeilere Ware, je mehr Waren er schafft".[7] Was hier seinen Ausdruck findet, ist die Thematisierung eines gesellschaftlichen Skandals allerdings noch auf der theoretischen Grundlage der bürgerlichen Nationalökonomie. Entscheidend ist der Hinweis auf die Auseinandersetzung mit dem sozialen Inhalt. Von diesem bekommt man einen nachhaltigen Eindruck durch Friedrich Engels' 1845 veröffentlichte Schrift *Zur Lage der arbeitenden Klasse in England.* Diese klassische Sozialstudie vermittelt einen Eindruck von den krassen sozialen Verhältnissen, die durch die liberale Ökonomie in England in der Mitte des 19. Jahrhunderts verursacht wurden. Die Arbeits- und Lebensbedingungen der arbeitenden Klasse in den Industriestädten Englands waren skandalös: „[...] nur die Industrie hat es möglich gemacht, daß der kaum aus der Leibeigenschaft befreite Arbeiter wieder als bloßes Material, als *Sache* gebraucht werden konnte, daß er sich in eine Wohnung sperren lassen muß, die jedem anderen zu schlecht und die er nun für sein teures Geld das Recht hat vollends verfallen zu lassen. Das hat nur die Industrie getan, die ohne diese Arbeiter, ohne die Armut und Knechtschaft dieser Arbeiter nicht hätte leben können."[8]

Das Emanzipationsversprechen der bürgerlichen Aufklärung, die praktische Überwindung von vorbürgerlichen Sozialformen, hat nicht in die erhoffte menschliche Gesellschaft geführt. Vielmehr zeigt die Realität, was Marx in seinen *Ökonomisch-philosophischen Manuskripten* folgendermaßen ausdrückt: „Die Arbeit produziert Wunderwerke für die Reichen, aber sie produziert Entblößung für den Arbeiter. Sie produziert Paläste, aber Höhlen für den Arbeiter. Sie

---

7 Ebd., S. 511.

8 Friedrich Engels: Die Lage der arbeitenden Klasse in England. Nach eigner Anschauung und authentischen Quellen, MEW 2, S. 286.

produziert Schönheit, aber Verkrüppelung für den Arbeiter."[9] Die harsche Kritik von Engels und Marx richtet sich auf die nicht erfüllten Versprechen der bürgerlichen Aufklärung, die es nicht vermochte die „Sache der *Menschheit*"[10] zu verwirklichen. Gleichzeitig zeigen diese frühen Texte von Marx und Engels, dass die kapitalistische Produktionsweise in ihrer Funktion noch nicht kritisch durchdrungen ist. An den Texten lässt sich damit auch eine Entwicklung ablesen: Die Kritik beginnt immer bei den Phänomenen. Diese Phänomene – bspw. „die Industrie" oder „das Geld" – sind rückblickend nicht die zentralen Ursachen, sondern nur Momente des gesellschaftlichen Ganzen. Die Auseinandersetzung beginnt auf der Oberfläche der Gesellschaft oder mit der Konstatierung von gesellschaftlichen Skandalen. Gleichzeitig muss die Triebkraft da sein, über die bloße Nennung der Missstände hinauszugehen. Der wahrgenommene gesellschaftliche Widerspruch oder Skandal muss die Frage provozieren, warum diese notwendigerweise zustande kommen.

Marx und Engels stellen nun eine Transformation von Herrschaft fest: Die „Leibeigenschaft" wurde zwar abgeschafft, gleichzeitig ist der „befreite Arbeiter" aber immer noch „bloßes Material" und wird „als *Sache*" behandelt. Marx formuliert 1844: „[...], weil die ganz menschliche Knechtschaft in dem Verhältnis des Arbeiters zur Produktion involviert ist und alle Knechtschaftsverhältnisse nur Modifikationen und Konsequenzen dieses Verhältnisses sind".[11] Der Widerspruch zwischen Kapital und Arbeit wird hier als in Kontinuität stehend aufgefasst zu den sozialen Verhältnissen der vorbürgerlichen Gesellschaften. Oder wie Marx und Engels dies 1848 gemeinsam formulieren: „Die Geschichte aller bisherigen Gesellschaft ist die Geschichte von Klassenkämpfen".[12] Im *Kommunistischen Manifest* heißt es dann weiter: „Die aus dem Untergang der feudalen Gesellschaft hervorgegangene moderne bürgerliche Gesellschaft hat die Klassengegensätze nicht aufgehoben. Sie hat nur neue Klassen, neue

9 Karl Marx: Ökonomisch-philosophische Manuskripte, MEW 40, S. 513.

10 Friedrich Engels: Die Lage der arbeitenden Klasse in England. Nach eigner Anschauung und authentischen Quellen, MEW 2, S. 231.

11 Karl Marx: Ökonomisch-philosophische Manuskripte, MEW 40, S. 521.

12 Karl Marx/ Friedrich Engels: Manifest der Kommunistischen Partei, MEW 4, S. 462.

Bedingungen der Unterdrückung, neue Gestaltungen des Kampfes an die Stelle der alten gesetzt."[13]

Die Hoffnung, dass diese Transformation der Herrschaft gebrochen wird und in einer wahrhaft menschlichen Gesellschaft – im Kommunismus[14] – ihre Erfüllung findet, treibt die Kritik von Marx und Engels an. Das Scheitern der kontinentalen Revolution von 1848 lässt die Hoffnung auf eine baldige Veränderung schwinden. Es treibt Marx und Engels aber keineswegs in die Resignation oder Regression, vielmehr ist dies der Antrieb, die Funktionsweise der bürgerlichen Gesellschaft umfassender zu analysieren. Das „ökonomische Bewegungsgesetz der modernen Gesellschaft"[15] muss, so kann man vielleicht die sich nun aufdrängende Erkenntnis zusammenfassen, eingehend studiert, analysiert und kritisiert werden. Die begriffslose Aktion, der blinde Aktionismus verkürzen indessen das soziale Verhältnis, weil sie der Komplexität der Herrschaftsverhältnisse in der modernen bürgerlichen Gesellschaft nicht gerecht werden. Denn die Form der Heteronomie in der kapitalistischen Gesellschaft, derzufolge das eigene Produkt sich gegen den Produzenten wendet und diesen beherrscht,[16] hat sich als geschichtlich spezifisch herausgestellt. Die Menschen werden nicht mehr direkt durch andere Menschen beherrscht; die außerökonomische Gewalt wurde durch die strukturelle Gewalt abgelöst. Es ist die „Herrschaft der Verhältnisse",[17] also die Vorherrschaft der ökonomischen Strukturen, die das neue gesellschaftliche Verhältnis kennzeichnet. Sie wird von Marx durch die kritische Auseinandersetzung mit den Theorien der politischen Ökonomie als ein zentrales Kennzeichen der kapitalistischen Produktionsweise erkannt. Diese durch eine Theorie-Kritik der politischen Ökonomie zu analysieren wird Marx' Lebensaufgabe.

Anhand dieser hier nur sehr skizzenhaft angedeuteten Entwicklung der Kritik der politischen Ökonomie von Marx kann nun Folgendes verdeutlicht werden: Zur Ausbildung der Kritik bedarf es

---

13 Ebd., S. 463.

14 Vgl. Karl Marx: Ökonomisch-philosophische Manuskripte, MEW 40, S. 536.

15 Karl Marx: Das Kapital. Band I, MEW 23, S. 15.

16 Vgl. Karl Marx: Ökonomisch-philosophische Manuskripte, S. 461; Das Kapital, Erster Band, MEW 23, S. 95.

17 Karl Marx: Grundrisse der Kritik der politischen Ökonomie, MEW 42, S. 98.

Triebkräfte, die zunächst nicht selbst in der wissenschaftlichen Kritik fundiert sind. Diese resultieren aus der mitunter zunächst diffusen Wahrnehmung von Krisen, die ein Unbehagen erzeugen. Der Unmut oder die Empörung über reale Missstände innerhalb der Gesellschaftsordnung können damit die entscheidende Triebkraft sein, um die Ursachen der Krisenphänomene aufzuklären. Das Unbehagen und die simpel erscheinende Frage, warum etwas so ist, wie es ist, sind damit vielleicht die außertheoretischen Gründe, die zur Aufklärung treiben können. Die *„rücksichtslose Kritik alles Bestehenden“*[18] muss sich dabei sowohl mit den eigenen als auch mit den gesellschaftlichen Selbst-Täuschungen auseinandersetzen. Dieses Entzaubern der Wirklichkeit wird dabei auch die Stellung des kritischen Subjekts zum kritisierten Gegenstand verändern. Das Abarbeiten an den verinnerlichten gesellschaftlichen Prinzipien, die einem im Sozialisationsprozess auf- und eingeprägt wurden, ist damit ein immanentes Moment des Prozesses der Entwicklung der Kritik. Hieraus resultieren auch die – inneren und äußeren – Widerstände. Aufklärung ist mehr als nur die Vermittlung von Informationen über Gegenstände oder Verhältnisse. Die Form der Aufklärung ist bei Marx als reflexiver Prozess gefasst: Die „Reform des Bewußtseins nicht durch Dogmen, sondern durch Analysierung des mystischen, sich selbst unklaren Bewußtseins“.[19] Die Kritik besteht in der Analyse und Aufklärung des sich selbst unklaren Bewusstseins. Dies schließt in den prägnanten Formulierung des jungen Marx[20] auch die eigene Person ein: Die Aufklärung über die gesellschaftlichen Missstände darf nicht dogmatisch erfolgen. Es geht keineswegs darum, ein neues Dogma aufzustellen, das dann nur gepredigt werden müsste. Vielmehr wird die Aufklärung als emanzipatorischer Prozess aufgefasst, in dem es nur Beteiligte gibt. In einem so gefassten gesellschaftskritischen Aufklärungsprozess geht es nicht um Resultate, die zu Dogmen verdinglicht werden können, sondern um den Prozess der Erkenntnis und Kritik. Die Kritik ist damit auch unabgeschlossen, solange der Gegenstand der Kritik nicht aufgehoben ist.

---

18 Karl Marx: Briefe aus den „Deutsch-Französischen Jahrbüchern“, MEW 1, S. 344.

19 Ebd., S. 346.

20 Vgl. ebd., S. 343ff.

Die Aufgabe der wissenschaftlichen Kritik ist es dabei nicht eine möglichst perfekte wissenschaftliche Theorie aufzustellen. Die Interpretation und die Theorieproduktion sind kein Selbstzweck – oder in ihrer Zwecksetzung willkürlich und dem Belieben der Subjekte unterstellt. Das treibende Motiv der Kritik bei Marx ist vielmehr die „Veränderung der Umstände" – und die Etablierung einer vernünftigen gesellschaftlichen Praxis.[21] Die Theorie will die Praxis verändern, deshalb wird Kritik geleistet.

Dass die theoretische Kritik von der praktischen Kritik nicht abzulösen ist, zeigt sich auch anhand der politischen Aktivität von Marx: Um 1846 gehört Marx dem *Brüssler kommunistischen Korrespondenz-Komitee* an, seit 1847 dem *Bund der Gerechten*, der sich Mitte 1847 als *Bund der Kommunisten* konstituiert. 1864 gehört Marx zu den Gründungsmitgliedern der *Internationalen Arbeiter-Association* (IAA). Er formuliert die programmatischen Dokumente der IAA[22] somit parallel zu seiner Arbeit am zuerst 1867 publizierten ersten Band des *Kapital*.

Die Herrschaft von Menschen über Menschen versteckt sich in der modernen Gesellschaft in der Reduktion der Menschen auf Agenten und Träger des Warentauschs. Die Einzelnen werden nur in ihrer sozialen Rolle als Funktionsträger eines übergeordneten Prozesses gesehen: der Verwertung des Werts. Solch eine repressive Kulturform, die die Menschen nicht als Menschen, sondern als bloße „Sachen" betrachtet, bringt notwendigerweise soziales Leiden hervor. Das 20. Jahrhundert ist dabei durch extreme Gewalteruptionen gekennzeichnet: durch den Umschlag von Aufklärung in Barbarei. Die historischen Erfahrungen haben ferner gezeigt, dass die Aufklärung und Revolutionierung unbewusst herrschender gesellschaftlicher Verhältnisse kein leichtes Unterfangen ist. Sie haben vielmehr deutlich gemacht, dass die Menschen aufgrund ihrer erworbenen psychischen Struktur aktiv an der Stabilisierung der Verhältnisse beteiligt sind. Es bedarf daher der Frage, die Herbert Marcuse 1977 in einem Gespräch stellte: „Wie ist es dazu gekommen, daß die psychische Struktur der

21 Vgl. Karl Marx: Thesen über Feuerbach, MEW 3, S. 5f.

22 Vgl. Karl Marx: Inauguraladresse der Internationalen Arbeiter-Assoziation, MEW 16, S. 5ff.; Provisorische Statuten der Internationalen Arbeiter-Assoziation, MEW 16, S. 14ff.

Menschen die mögliche Revolution immer wieder verhindert oder versaut hat. Und das ist eine geschichtliche Frage, nämlich wie die Gesellschaft, die Klassengesellschaft, die Triebstruktur manipuliert [...]"[23]. Um darzulegen, warum ein Hungernder stiehlt, braucht man keine Psychologie. Man benötigt jedoch Psychologie, um zu erklären, warum ein Hungernder nicht stiehlt. Eine psychologische Erklärung wird in dem Maße erforderlich, in dem die Menschen objektiv gegen ihre eigenen Interessen handeln.[24] Die Dechiffrierung von individuellem Leiden als sozial verursacht ist ein zentrales Thema der Psychoanalyse. Sigmund Freud erkennt grundsätzlich die soziale Verursachung des individuellen Leidens durch den Prozess der Sozialisation: „Neurosen sind Wundmale mißlungener Sozialisation".[25] Zwar basiert Kultur „ganz allgemein auf der Unterdrückung von Trieben"[26], aber es wäre denkbar und möglich die konkrete Form der Kultur zu verändern, um unnötiges Leiden zu vermeiden. Das unbewusste Leiden an unerträglichen sozialen Zuständen führt zu allerlei psychischen Schädigungen und vielfältigen Formen der Aggression. Die erfahrene Deformierung durch gesellschaftliche Autorität produziert damit ein unbewusstes Leiden an der gesellschaftlichen Misere. Das soziale Leiden führt so zu Angst, Ohnmacht, Frustration und Wut – und produziert damit potenziertes soziales Elend und Aggression. Es verstellt durch seine Mystifikationen aber auch die Einsicht in die gesellschaftlichen Ursachen der (eigenen) Misere. Darin liegen die Schwierigkeiten bei Aufklärungsprozessen begründet.

Das unbewusste Leiden an den sozialen Zuständen führt zu Frustration, Wut und Ohnmachtserfahrungen. Diese treten besonders in Krisenzeiten gesellschaftlich gehäuft zu Tage. Diffuser sozialer Unmut über die Zumutungen des neoliberalen Kapitalismus wird sich dann quasi naturwüchsig in regressiven, autoritären Bewegungen entladen. Die lethargische, fatalistische oder zynische Hinnahme des

---

23 Jürgen Habermas, Silvia Bovenschen u.a.: Gespräche mit Herbert Marcuse. Frankfurt am Main 1981, S. 27.

24 Vgl. Wilhelm Reich: Massenpsychologie des Faschismus [1933], Frankfurt am Main 1972, S. 34f.

25 Helmut Dahmer: Libido und Gesellschaft. Studien über Freud und die Freudsche Linke, dritte, erweiterte Auflage, Münster 2013, S. 64.

26 Sigmund Freud: Die ‚kulturelle' Sexualmoral und die moderne Nervosität [1908]. In: Freud: Studienausgabe, Bd. IX, Frankfurt a.M. 2000, S. 18.

Unrechts erzeugt Hoffnungslosigkeit – und Verzweiflung, wie Brecht es in seinem Gedicht *An die Nachgeborenen* (1939) formulierte, wenn „da nur Unrecht ist und keine Empörung".[27] Die Frage wäre, warum die Menschen sich angesichts des Unrechts nicht empören und anfangen sich kritisch mit den sozialen Zuständen auseinanderzusetzen, sondern selbst repressiv und autoritär reagieren – und so zu Protagonisten der eigenen und fremden Unterdrückung werden. Das Ausbleiben von emanzipatorischen Bewegungen in Krisenzeiten ist bedingt durch die Integration der Einzelnen in die bestehende Gesellschaftsordnung. Diese stabilisiert damit die Funktionsweise der gesellschaftlichen Herrschaft und die Vorherrschaft der Strukturen.

Die Defizite der Sozialwissenschaften, der Soziologie oder der Ökonomie, bestehen darin, dass sie zu gesellschaftspolitischen Fragen eigentümlich sprachlos bleiben. Was nicht heißen soll, dass diese Disziplinen sich nicht mit Aspekten oder Teilbereichen der gesellschaftlichen Misere befassen. Sie tun dies mitunter sehr beredt. So werden auch immer wieder Reformvorschläge o.ä. formuliert, aber diese sind insofern unzureichend, weil sie den Kern des gesellschaftlichen Verhältnisses – die kapitalistische Vergesellschaftungsform – nicht zum zentralen Thema machen. Die kapitalistische Form der Vergesellschaftung stellt den blinden Fleck dieser Theorien dar. Die Intention der marxschen Theorie und der daran anschließenden kritischen Theorie der Gesellschaft ist hingegen diese *gesellschaftliche Sprachlosigkeit* durch Kritik aufzuklären. Kritik als Aufklärung über die gesellschaftlichen Ursachen lässt einen den negativen Zustand zumindest theoretisch bewältigen: als Reflexion auf die gesellschaftlich-unbewussten Voraussetzungen und als Kritik des ideologischen Bewusstseins. Die gesellschaftliche Bewusstlosigkeit aufzuklären ist dabei die sowohl theoretische als auch praktische Intention der kritischen Theorie. Kritik ist somit das Moment, das einen angesichts der eigenen Ohnmacht und der Übermacht der gesellschaftlichen Strukturen nicht resignieren lässt: „Wer denkt, ist in aller Kritik nicht wütend: Denken hat die Wut sublimiert".[28]

---

27 Bertold Brecht: An die Nachgeborenen. In: Hundert Gedichte 1918–1950, S. 275.
28 Theodor W. Adorno: Resignation. In: Kritik. Kleine Schriften zur Gesellschaft, Frankfurt am Main 1969, S. 150.

Die Auseinandersetzung mit der sozio-ökonomischen Gesellschaftsgeschichte und der sozialen Frage bleibt angesichts der unmenschlichen Zustände und des globalen Elends zentral. Nun haben sich aber offenbar weite Teile der sich marxistisch und gesellschaftskritisch verstehenden Linken von der Beschäftigung mit diesen Fragen verabschiedet. Damit haben sie jedoch auch die Intention der Kritik der Politischen Ökonomie von Marx aufgegeben. Weil die theoretische Kritik auf die Veränderung der gesellschaftlichen Praxis zielt, kann eine rein philologische oder ideengeschichtliche Auseinandersetzung mit Marx dem emanzipatorischen Anspruch nicht gerecht werden. Marxens Kritik der politischen Ökonomie ist bei allem Anspruch auf Wissenschaftlichkeit auf die praktische Veränderung der Gesellschaft gerichtet. Die Wahrheit der kritischen Theorie von Marx liegt daher in der praktischen Herstellung einer vernünftigen Gesellschaft: eines Vereins freier Menschen.

Moshe Zuckermann

Sozialismus im Zeitalter des Spätkapitalismus

Wesentliches der marxschen Historiosophie lässt sich schon an den Eröffnungssätzen des ersten Kapitels im *Kommunistischen Manifest* erschließen: „Die Geschichte aller bisherigen Gesellschaft ist die Geschichte von Klassenkämpfen. Freier und Sklave, Patrizier und Plebejer, Baron und Leibeigener, Zunftbürger und Gesell, kurz, Unterdrücker und Unterdrückte standen in stetem Gegensatz zueinander, führten einen ununterbrochenen, bald versteckten, bald offenen Kampf, einen Kampf, der jedesmal mit einer revolutionären Umgestaltung der ganzen Gesellschaft endete oder mit dem gemeinsamen Untergang der kämpfenden Klassen“.[1]

Diese Sätze enthalten eine zweidimensionale Sichtweise des soziohistorischen Prozesses. Zum einen wird alles („bisherige“) gesellschaftliche Sein transhistorisch begriffen als das sich – als solches – nicht wandelnde Muster eines fortwährenden Konflikts zwischen antagonistischen gesellschaftlichen Gruppen, welche allesamt als unterdrückte bzw. unterdrückende Sozialkollektive kategorisiert sind. Dieses die gesamte Geschichte durchziehende Muster erweist sich als der marxschen Geschichtsauffassung so zentral, dass es in den Stand eines den Verlauf der Geschichte bestimmenden Faktors erhoben wird: die Geschichte einer jeden Gesellschaft wird im Wesentlichen als Geschichte besagten, als „Klassenkampf“ apostrophierten, Konflikts begriffen. Zum anderen wird aber das gesellschaftliche Sein als spezifisch historisch gesehen: Die partikularen Protagonisten, die das transhistorische Muster immerfort reproduzieren – die Subjekte jenes „steten Gegensatzes“ also – wandeln sich in jeder historischen Phase, und zwar nicht nur im trivialen Sinne, dass das Lebensalter einer je-

1 Karl Marx/ Friedrich Engels: Manifest der Kommunistischen Partei, MEW 4, S. 462.

den Generation begrenzt ist, sondern darüber hinaus auch darin, dass sich die gesellschaftliche Wirklichkeit einer jeden historischen Phase wesentlich von der vorhergehenden unterscheidet, mithin die Protagonisten einer jeden Phase sich in der Art der Funktion, die sie im gesellschaftlichen Ganzen – d.h., in der Art der zwischen ihnen herrschenden (Produktions-)Verhältnisse – erfüllen, und in der Weise, in welcher der Konflikt zwischen ihnen ausgetragen wird, wandeln. Entsprechend lässt sich behaupten, dass die marxsche Geschichtsauffassung auf der Herausarbeitung einer Reihe spezifischer, sich voneinander unterscheidender Erscheinungen basiert, die sich aber letztlich zu einem Ganzen, welches die Kette der Erscheinungen als beständige Struktur in sich birgt, akkumulativ addieren.

Gleichwohl hat man diese zweidimensionierte Feststellung mitnichten als Marxens endgültiges Postulat zu begreifen. Nicht von ungefähr bezieht er sich im oben zitierten Absatz des *Kommunistischen Manifests* auf die Geschichte „aller bisherigen Gesellschaft". Der tentative Charakter dieser Aussage beruht primär darauf, dass die Menschheitsgeschichte, Marx zufolge, nicht nur noch nicht an ihr Ende gelangt sei, sondern dass sie im Hinblick auf die Entwicklung des Menschen zu einem wirklich voll entfalteten „Gattungswesen" – noch gar nicht begonnen habe, der Mensch sich mithin noch in seiner „Vorgeschichte" befinde. Das ist wesentlich: Die marxsche Diagnose einer transhistorischen Struktur soll ja nicht die affirmative Behauptung bedienen, solcherart seien die Dinge von jeher gewesen, und so werden sie auch in alle Ewigkeit fortbestehen, sondern dass sie ganz im Gegenteil veränderbar seien und verändert werden sollten. Zurecht bemerkt Max Horkheimer, dass es darauf ankomme, „Marx nicht mit den Augen des ökonomischen Fachmannes zu sehen, sondern mit denen eines Menschen, der weiß, daß er in einer verkehrten Gesellschaft lebt und die richtige Gesellschaft will"[2]. Die Kategorie der „richtigen Gesellschaft" beruht hierbei auf einem Zweifachen: zum einen auf der Postulierung des menschlichen Wesens als das eines sich historisch entfaltenden „Gattungswesens", zum anderen aber auf der komplementären Erkenntnis, dass sich die Zivilisation (bis-

2 Max Horkheimer: Späne. Notizen über Gespräche mit Max Horkheimer, Gesammelte Schriften, Bd. 14, S. 325.

her) in eine solcher Wesensentfaltung des Menschen entgegengesetzte Richtung, in die einer „verkehrten Gesellschaft“ entwickelt habe. So besehen, birgt die marxsche Gesellschaftstheorie (und die sich von ihr ableitende Geschichtsauffassung) einige Elemente, die es hier kurz zu streifen gilt.

Erstens begreift sich die Gesellschaftsentwicklung bei Marx als ein dialektischer historischer Prozess. Historisch – in dem doppelten Sinne, dass Geschichte zum einen als die Gesamtheit der sich in zeitlichen Abläufen akkumulierenden, menschlichen gesellschaftlichen Praxen verstanden wird und dass jede historische Phase zum anderen notwendig durch die gesellschaftlichen Bedingungen einer ihr vorhergehenden bestimmt werde. Dialektisch – in dem Sinne, dass die Wirklichkeit einer jeden historischen Phase den Kern eines sich in ihr entfaltenden Gegensatzes birgt, welcher sich letztendlich als Faktor ihrer radikalen Umwälzung (sei's durch „eine revolutionäre Umgestaltung der ganzen Gesellschaft“, sei's durch den „gemeinsamen Untergang der kämpfenden Klassen“) erweist.

Zweitens, Marx' Geschichtsauffassung postuliert eine emanzipatorische Teleologie. D.h., er diagnostiziert zwar die menschliche Zivilisation als wesentlich repressiv, wobei „wesentlich“ keine metaphysische Annahme suggeriert, sondern die durch den Menschen unter gegebenen historischen Bedingungen geschaffene Sozialordnung meint. Zugleich identifiziert er aber auch im Zivilisationsfortschritt die Tendenz möglicher Befreiung, wobei wiederum Befreiung von gesellschaftlichen „Ketten“, die der Mensch selbst geschaffen hat, mithin von durch gesellschaftliche Praxis entstandener menschlicher Repression gemeint ist. Er geht gar davon aus, dass Unterdrückung als gesellschaftlicher Faktor ganz überwindbar sei, das gesellschaftliche Sein des Menschen sich weitgehend repressionsfrei organisieren lasse.

Drittens, da sich alle bisherige Gesellschaftsordnung durch transhistorische Repression kennzeichnet, begreift sich gesellschaftliches Sein für Marx als notwendig konfliktgeladen. Dieser historisch diagnostizierte Grundzug kann nicht hoch genug gehalten werden, denn er ist es, der der Revolution ihren prominenten Stellenwert im marxschen Denken verleiht. Es handelt sich gleichwohl um ein komplexes, letztlich prekäres Konzept. Denn zum einen wird die Revolution als das notwendige Resultat eines strukturellen gesellschaftlichen Widerspruchs begriffen: Es gibt keine „friedliche“ Lösung für den an entscheidenden historischen Kreuzungen entstehenden Widerspruch zwischen den Produktionskräften und den Produktionsverhältnissen; die Subjekte des sich im Rahmen der neuen Produktionsweise entfaltenden Klassenkampfes sind nicht mehr die des alten, anachronistisch fortbestehenden Produktionsverhältnisses; sehr selten, wenn überhaupt je, ist es vorgekommen, dass eine untergehende herrschende Klasse ihr Herrschaftsmonopol einer neuen willentlich übergeben hätte. Eine gewisse materielle Determination wohnt dieser Sichtweise inne, denn die Notwendigkeit der Revolution wird auf die Annahme eines objektiven Wandels an der Basis (d.h. in der Sphäre technologischer Entwicklung und ökonomischer Praxis) zurückgeführt. Zum anderen ist aber Marx' Diktum wohlbekannt: „Die Philosophen haben die Welt nur verschieden *interpretiert*; es kömmt drauf an, sie zu *verändern*“.[3] Gegenüber einer gewissermaßen „automatischen“, aus objektivem strukturellen Wandel erfolgenden Transformation der Gesellschaftsordnung wird also die aktive Initiative zur Herbeiführung eines bewussten Wandels durch den Menschen postuliert.

Viertens, das letzterwähnte Postulat basiert in Marx' Denken auf dem Konzept eines im Zeitalter des Kapitalismus durch das Industrieproletariat verkörperten revolutionären Kollektivsubjekts. Marx geht in diesem Zusammenhang von einer doppelten Annahme aus: Zum einen lässt sich anhand genauer ökonomischer Analyse der kapitalistischen Produktionsweise das objektive Interesse der innerhalb ebendieser Produktionsweise unterdrückten und ausgebeuteten Klasse bestimmen, einer Klasse, die, Marx zufolge, immer größere Teile der Bevölkerung umfasst, je weiter sich die bürgerliche Gesellschaft gemäß der dieser Produktionsweise immanenten Logik entwickelt und erweitert. Das *Kommunistische Manifest* zeichnet in diesem Zusammenhang ein nahezu dichotomes Gesellschaftsbild: „Unsere Epoche, die Epoche der Bourgeoisie, zeichnet sich [...] dadurch aus, daß sie die Klassengegensätze vereinfacht hat. Die ganze Gesellschaft spaltet sich mehr und mehr in zwei große feindliche Lager, in zwei

3 Karl Marx: Thesen über Feuerbach, MEW 3, S. 7.

große, einander direkt gegenüberstehende Klassen: Bourgeoisie und Proletariat".[4] Zum anderen weiß aber Marx, dass der objektive Zustand einer Klasse noch nicht ausreicht, um ihre Verwandlung in ein revolutionäres Kollektivsubjekt zu garantieren. Damit es sich von einer „Klasse an sich" in eine „Klasse für sich" verwandle, muss das Proletariat ein Bewusstsein entfalten, das über sein beschränktes Bewusstsein im kapitalistischen Klassendaseins hinausweist, ein dahingehend revolutionäres Bewusstsein, dass es um die Notwendigkeit einer neuen Gesellschaftsordnung, in welcher der Widerspruch zwischen privatem und allgemeinem Interesse aufgehoben wäre, weiß, dabei aber auch die nötige Bereitschaft nährt, um die Errichtung einer solchen neuen Gesellschaftsordnung zu kämpfen.

Damit ist aber – fünftens – eines der komplexesten Probleme im marxschen Denken angezeigt. Denn wenn man der determinanten Dimension der Auffassung das Wort redet, wonach das gesellschaftliche Sein das Bewusstsein bestimme – und zwar selbst dann, wenn man sich die vulgärmarxistische Reduktion alles Geistigen auf die grobe materielle Grundlage menschlichen Seins verbietet –, verschreibt man sich mutatis mutandis doch der Annahme, dass das gesellschaftliche Sein früher oder später ein ihm „adäquates" Bewusstsein hervorbringe. Diese axiomatische Grundannahme hat große Debatten über die Entstehungsweise des adäquaten Bewusstseins ausgelöst: Handelt es sich um direkte Erfahrungen (des Kollektivs), oder bedürfen auch diese Erfahrungen einer durch zusätzliche Instanzen vermittelten Deutung, etwa die der „Avantgarde" (bzw. der „Partei" und der „Intelligentsia"). Marx selbst war sich der Beschränktheit linear-positivistischer Bewusstseinstheorien sehr wohl bewusst: Ein objektiver, das Interesse des unterdrückten Kollektivsubjekts kodierender Zustand verbürge noch nicht als solcher die erforderliche Bewusstseinsentfaltung über nämlichen Zustand. Marx, der die im Menschen angelegten Potentiale für zivilisationsgeschichtlich noch unausgeschöpft hielt, konnte nicht meinen, dass das reale Bewusstsein des Subjekts sich authentisch entfalte (das Bestehende also adäquat, von heteronomen Interessen unberührt, erfasse), son-

4 Karl Marx/ Friedrich Engels: Manifest der Kommunistischen Partei, MEW 4, S. 463.

dern hob, im Gegenteil, stets die manipulative Wirkmächtigkeit der hegemonialen, Interessen der herrschenden Klasse bedienenden und die real bestehende Gesellschaftsordnung absegnenden Ideologie hervor sowie (damit einhergehend) die komplexen, nicht leicht erkennbaren Funktionen des „Überbaus" im Kontext einer zunehmenden Fetischisierung von Realitätsbezügen (die Fetischisierung der Ware samt ihrer „unsichtbaren" Herstellungsprozesse). Nicht von ungefähr spricht Marx in diesem Zusammenhang vom „falschen Bewusstsein", d.h. von einer verzerrten Wahrnehmung gesellschaftlichen Seins, welche freilich dahingehend notwendig ist, als das an sich klassenbestimmte Sein, bevor es für sich geworden ist, ganz und gar unterm Bann der herrschenden Ideologie steht. Entsprechend fungieren für Marx „Ideologie", „Überbau" und „falsches Bewusstsein" als Synonyme.

Die wenigen, hier lapidar skizzierten Grundzüge der marxschen Lehre verweisen auf eine ihr innewohnende zentrale Schwierigkeit: Wie lässt sich Realität wahrhaft beurteilen? Und nicht minder bedeutsam: Wie lassen sich kraft ihrer Beurteilung historische Prozesse einschätzen? Denn wenn man davon ausgeht, dass menschliche Potentiale, mithin das Wesen des Menschen, noch bei weitem nicht verwirklicht worden sind (wobei die Gründe für die Nichtverwirklichung in der historischen Praxis des Menschen selbst wurzeln), ergibt sich daraus, dass zwischen wahr und richtig strikt unterschieden werden müsse. Richtig ist in diesem Zusammenhang jede Aussage, die Evidenz beanspruchen kann, selbst wenn sie sich nur aufs Partikulare bezieht. Wahr hingegen ist stets nur das Ganze. Auf dieser Grundlage behauptet Max Horkheimer: „Der Anspruch darauf, dass eine Aussage wahr ist, ist absolut. Jede Relativierung macht sie unwahr. Ihre Widersprüche müssen aus ihrem Begriff dialektisch entwickelt werden. Gegenbeispiele sind in diesem Zusammenhang bedeutungslos: ‚umso schlimmer für die Tatsachen'".[5] Und an anderer Stelle: „Was richtig ist, braucht deshalb noch nicht wahr zu sein. Wahrheit ist der höchste Grad der Erkenntnis, der in einer gegebenen gesellschaftli-

5 Max Horkheimer: Späne. Notizen über Gespräche mit Max Horkheimer, Gesammelte Schriften, Bd. 14, S. 316.

chen Situation erreicht werden kann"[6]. Es lässt sich also behaupten, dass die Unwahrheit des „falschen Bewusstseins" in seiner „Blindheit" der Wahrheit des Ganzen gegenüber wurzle, einer Wahrheit, die als unentbehrlicher Maßstab zur Bewertung des Partikularen (im Ganzen) heranzuziehen ist. In diesem Sinne unterscheidet Marx zwischen dem besonderen Stellenwert einer bestimmten historischen Phase (z.B. der des bürgerlichen Kapitalismus) im Verhältnis zu einer früheren (Feudalismus) – ein Vergleich, bei dem der Kapitalismus als fortschrittlich gewertet wird – und dem Stellenwert ebendieser historischen Phase im Verhältnis zu einer künftigen, in welcher die Emanzipation des Menschen voll verwirklicht sein wird (Kommunismus) – ein Vergleich, der den Kapitalismus als rückschrittlich (ab)wertet. Der Kommunismus (das „Reich der Freiheit", wie er paraphrasierend genannt wird, bzw. die Gesellschaftsordnung, welche die wahrhaft emanzipierte Verwirklichung des Menschen als Gattungswesen ermöglicht) wird demnach als eine geschichtliche Wirklichkeit begriffen, in der der Widerspruch zwischen dem Einzelmenschen und dem gesellschaftlichen Ganzen real aufgehoben wäre bzw. individuelles Leben als wahres zur realen Möglichkeit werden ließe. Die Realität wird also im Hinblick aufs Seinsollende bewertet, wobei Seinsollendes keine ahistorisch metaphysische Vision meint, sondern ganz im Gegenteil auf die Veränderung der bestehenden Gesellschaftsordnung und die sie konstituierende, vom Menschen getragene historische Praxis abzielt. Zugleich ist aber klar, dass neben der Heranreifung historischer Bedingungen in der materiellen Basis der Gesellschaft, die Bewusstseinsbildung des revolutionären Kollektivsubjekts, also seine kollektive Emanzipation von dem durchs partikulare Interesse bestimmten bzw. vom ideologischen Gestrüpp der Klassenideologie in der bestehenden Gesellschaftsordnung kontaminierte Bewusstsein unabdingbar ist.

Will man diese Grundzüge des marxschen Denkens einschätzen, sieht man sich vor ein grundsätzliches Problem gestellt: Das Denken entzieht sich nicht der diskursiven Erörterung, deren methodische Regeln vom Denken selbst gesetzt worden sind. D.h., wenn man sich der marxschen Einsicht verschreibt, dass sich unter veränderten histo-

---

6 Ebd., S. 321.

rischen Bedingungen der menschlichen Praxis alles wandeln kann, gibt es keinen Grund anzunehmen, dass die marxsche Theorie selbst davon ausgenommen wäre, und dass im Extremfall die historisch veränderten Bedingungen im wesentlichen Widerspruch zu zentralen inhaltlichen Postulaten der Theorie stehen mögen. Dies tangiert nicht nur die marxsche Vorstellung einer (vor)geschichtlichen „Endzeit", namentlich dass Marx – trotz aller gebotenen Vorsicht bei der Be- bzw. Umschreibung des „Reichs der Freiheit" – der Vision einer (künftigen und jedenfalls prinzipiell möglichen) menschlichen Wirklichkeit, in der die wesentlichen gesellschaftlichen Antagonismen und Widersprüche aufgehoben wären, das Wort redet. Horkheimer bezog sich hierauf, als er hervorhob, dass einer von drei Hauptpunkten im marxschen Denken, die sich berechtigter Kritik ausgesetzt sehen müssten, „seine abschlusshafte Dialektik" sei (die zwei anderen belangten „seinen Anspruch auf Wissenschaftlichkeit und seinen Positivismus" sowie „seinen Optimismus und den in Bezug auf den Menschen und dessen Möglichkeiten und Bestimmung aufs Äußerste vertretenen deutschen Idealismus"). Horkheimer behauptet dies gleichwohl, gerade weil er der Meinung ist, dass Marx „das Wesen der Gesellschaft besser erkannt [hat] als jeder andere", und dass wir an seiner Theorie festhalten müssen, solange wir „keine bessere" haben. Entsprechend suggeriert er, „sie dialektisch ‚aufzuheben'" – was freilich die Unterwanderung einer „abschlusshaften Dialektik" im Sinne einer endgültigen Verwirklichung des Befreiungszweckes der menschlichen (Vor)geschichte zur Folge haben muss.

Die theoretischen Probleme beginnen freilich wesentlich früher. Es reicht hin, die Entfaltung des Kapitalismus zum Spätkapitalismus zu überfliegen, um einzusehen, was Horkheimer meinte, als er bereits vor Jahrzehnten notierte: „Krise, Arbeitskraft, produktive Arbeit, Proletariat – alle derartigen Begriffe haben heute eine andere Bedeutung als vor hundert Jahren". Das Problem besteht darin, dass obwohl Marxens fundamentale Einsichten in das ökonomische Gesetz und dessen Wirkmächtigkeit aufs Ausbeuterische und Unfreie der kapitalistischen Gesellschaftsordnung und deren Lebensgestaltungen (einschließlich des Potentials eines „Rückfalls in die Barbarei") im Wesentlichen ihre Gültigkeit bewahrt haben, sich Status und (damit einhergehend) Erklärungspotential der diesen Einsichten zugrunde liegenden zentralen Kategorien verändert hat. Mit anderen Worten: Obgleich die Prinzipien der privaten Aneignung von gesellschaftlicher Arbeit und der Profitmaximierung weiterhin als Schlüsselfaktoren allen kapitalistischen Seins fungieren, haben sich gewichtige Veränderungen im System dieser Produktionsweise (Veränderungen, von denen Marx noch nichts ahnen konnte), aber auch im Verhältnis zu dem, was der Veränderung unterlag, als Faktoren von Relevanz für den Begriff der bestehenden Gesellschaftsstruktur vollzogen.

Es lässt sich also behaupten, dass sich weder die Grundanatomie des Kapitalismus noch das sich aus seinen immanenten Widersprüchen ergebende Grundmuster der permanenten Krisenanfälligkeit verändert haben. Und dennoch, trotz der in der Tat gewaltigen Krisen, die der Kapitalismus im 20. Jahrhundert durchlief, wird er in seinen Grundfesten nicht nur kaum erschüttert und „erholt" sich stets von neuem in erstaunlicher Geschwindigkeit, sondern angesichts des realen Zusammenbruchs der Welt, die sich – freilich mehr ideologisch denn wirklich – als seine weltgeschichtliche Alternative präsentierte, speist er sich nunmehr durch eine verstärkt angeschwollene altneue ideologische Legitimation. Dies nicht nur weil der eklatante Zusammenbruch des osteuropäischen Kommunismus die westliche Sozialdemokratie in ihrer Funktion als politischen „Schutzwall" (bzw. als „Feigenblatt") des Kapitalismus gegenüber den sozialen Bestrebungen und Forderungen des Kommunismus schwächte, sondern auch weil die westliche Linke selbst (so kritisch sie sich gegenüber dem autoritären Regime des östlichen Kommunismus gebärdet haben mochte) halt doch offenbar die Verkörperung jener historisch-konkreten Alternative, die im Kommunismus zumindest ideell gegeben war, mithin die politische Grundlage ihres Kampfes „verlor". Es scheint indes, als verdankte sich die erstaunliche „Gesundung" des Kapitalismus nach jeder bestandenen Krise primär etwas Entscheidenderem, das mit der Entwicklung der westlichen Linken selbst bzw. mit der drastischen Veränderung, die ihrem vorgeblichen Klassensubjekt im Kapitalismus widerfuhr, zu tun hatte. Denn nicht nur erwies sich die herrschende Klasse als äußerst flexibel und kompromissbereit in ihrer Bestrebung, das kapitalistische System zu erhalten und zu perpetuieren, sondern es zeigte sich auch, dass sie große Fähigkeiten im Ansinnen, „legitime“ sozialpolitische Methoden zur systematischen Korrumpierung eines beträchtlichen Teils der Arbeiterschaft und ihrer Führer zu erfinden, zu entfalten vermochte.

Gemeint ist hier die nahezu vollkommene Neutralisierung der negierenden Ausrichtung und Funktion, welche dem revolutionären Klassensubjekt gegenüber der kapitalistischen Ordnung beigemessen wurde. Die Neutralisierung vollzog sich bekanntlich nicht durch die Niederschlagung des Proletariats als solchen – sind doch die Arbeiter als Subjekte der Arbeit unabdingbar für die gesamtgesellschaftliche Reproduktion –, sondern kraft seiner effektiven Integration in die kapitalistische Gesellschaftsstruktur, und zwar, zum einen, durch die merkliche Hebung seines wirtschaftlichen Lebensstandards, ein Umstand, der die gesellschaftliche Kluft zwar mitnichten aufzuheben vermochte, zugleich aber einen Zustand herstellte, bei dem das (nach marxscher Vorstellung zunehmend pauperisierte) Proletariat durchaus noch anderes als nur seine gesellschaftlichen „Ketten“, zu verlieren hatte; zum anderen aber vermittels der von einer dicht durchstrukturierten, sich immerzu vergrößernden und verbreiternden Kulturindustrie bewerkstelligten systematischen Manipulation der Massen, des Werks einer gewaltigen Apparatur mit doppelter Funktion: die ständige bewusstseinsmäßige Zerstreuung der Menschen durch eine Flut von billiger Unterhaltung, organisiertem „Fun" und sonstigen Mechanismen einer sich „demokratisch" gerierenden Massenkultur einerseits; und die Zurichtung auf ein obsessiv angeheiztes Konsumverhalten durch Werbe-, Vermarktungs- und hochentwickelten PR-Strategien, allesamt Erzeugnisse eines zunehmend verdinglichten Bewusstseins (einschließlich der systematischen Narkotisierung seiner kritischen Impulse) und einer Warenfetischisierung von nie gekanntem Ausmaß andererseits.

Es entstand so der merkwürdige Zustand, dass mit dem Sieg des Kapitalismus (inklusive der institutionellen Affirmation seiner Ausbeutungsverfahren und deren Ideologisierung) – mit der Verwirklichung der Realität also, aus der, Marx zufolge, die emanzipatorischen gesellschaftlichen Negationskräfte hätten erstehen sollen –, nicht nur kein solcher neuer Negationsträger hervorkam, nachdem die Reste der organisierten Arbeiterbewegung degeneriert bzw. vollends verschwunden waren, sondern die alten Begriffskategorien selbst lösten sich dermaßen auf, dass es in der heutigen spätkapitalistischen Welt immer schwieriger wird, den sozialen Ort der Arbeiterklasse zu benennen, wie es denn nahezu unmöglich geworden ist, die Entstehungsquellen des Kapitals zu bestimmen, geschweige denn seine Bewegungen zu verfolgen: Im gleichen Zug der Anonymisierung des Kapitals amorphisierte sich gleichsam die Arbeiterklasse. Dies hat zwar in hohem Maße mit der heute viel diskutierten Globalisierung des Kapitalismus (einer von Marx und Engels bereits im *Kommunistischen Manifest* prognostizierten Tendenz), einschließlich der mit dieser einhergehenden Aufhebung der nationalen Grenzen des Arbeitsmarktes (eine Tendenz, die von den Verfassern des *Manifests* noch nicht in Anschlag gebracht werden konnte) zu tun, wurzelt indes, wie gesagt, nicht minder in der Verblassung bzw. vollkommenen Auflösung des Klassenbewusstseins derer, die sich selbst nicht mehr als „Proletariat" verstehen, wiewohl sie de facto wie das Proletariat ausgebeutet werden und (freilich anders als zu Marx' Zeiten) „gekettet" sind. Daraus erhellt, dass die herrschende Klasse (bzw. jene Gesellschaftsschichten, die das objektive Interesse am Fortbestand des Kapitalismus haben) nicht nur „siegt", weil der Kapitalismus weiterhin unangefochten existiert und expandiert, sondern auch weil die, die an seinem Untergang interessiert sein müssten, sich gar nicht dessen bewusst sind, dass sie Träger dieses objektiven Interesses seien.

Die tragische Dimension dieser Entwicklungsphase im Spätkapitalismus manifestiert sich real sowohl in der Barbarei einer sich global öffnenden Kluft zwischen den industriell entwickelten Weltteilen und deren unterentwickelten Regionen, der sogenannte Dritten bzw. Vierten Welt, deren rückständiger Entwicklungsstand von unmittelbarer physisch-materieller Konsequenz für deren Bewohner ist, als auch in der im hochentwickelten Kapitalismus selbst herrschenden Barbarei, nämlich die einer Produktionsweise, die ein technisches Fortschrittsniveau erreicht hat, welches die Minimierung notwendig entfremdeter Arbeit längst ermöglichen könnte, de facto aber als Grundlage eines stärker verwurzelt perpetuierten Kapitalismus samt neuförmig institutionalisierter Repressions- und Entfremdungsmechanismen fungiert.

Aus nämlichem Grund nimmt sich die Zukunft der kapitalistischen Wirklichkeit als besonders bedrohlich für diejenigen aus, die auch unter den strukturell gewandelten Verhältnissen weiterhin ihre Herrschafts- und Ausbeutungsobjekte par exellence abgeben werden müssen: Da der technische Fortschritt in eine zwangsläufig stetig abnehmende Abhängigkeit von Arbeitskräften münden wird, dies jedoch, wie gesagt, nicht zum allgemeinen Wohl(stand) gereichen dürfte, wird sich die traditionelle Arbeitssphäre notwendig erheblichen Erschütterungen ausgesetzt sehen; nicht nur wird die strukturelle Arbeitslosigkeit steigen, sondern der Arbeitsbegriff selbst (in seiner alt-hergebrachten Bedeutung als erworbener Beruf und feste Erwerbsquelle des Menschen) wird radikalem Wandel unterzogen werden müssen – in mittelfristigen Prognosen spricht man in diesem Zusammenhang von zunehmender Austauschbarkeit der professionellen Betätigungsfelder des Individuums, einer „Flexibilisierungs"-Tendenz, die einem (infolge eines immer rasanteren Wandels im Bereich der zuweilen in der Tat revolutionären Produktionsmittelentwicklung) stetig steigenden Wettbewerb im Arbeitsmarkt geschuldet ist. Dies, wohlgemerkt, ohne auf die radikalen Veränderungen der professionellen Arbeit selbst in den allermeisten Bereichen moderner kapitalistischer Wirtschaft einzugehen, Veränderungen, die auf die zu erwartende künftige Entwicklung verweisen und eine wesentliche Erosion im klassischen Begriff der proletarischen Arbeit indizieren.

Vor diesem Hintergrund erheben sich zwei zentrale Fragen im Hinblick auf das Problem von „Sozialismus im Zeitalter des Spätkapitalismus" (bzw. der Möglichkeit einer aus der eindimensionalen Wirklichkeit sich entfaltenden Negation des Kapitalismus): Wenn man zum einen die kapitalistische Gesellschaft in traditionellen marxistischen Kategorien betrachtet, hat sich Ideologie (z.B. in der Form der Kulturindustrie) nicht bereits deutlich in einen integralen Bestandteil der basalen Praxis, mithin zum bedeutendsten Hindernis der Herausbildung eines emanzipatorisch ausgerichteten Bewusstseins der ausbeuterisch beherrschten sozialen Klassen verwandelt? Und verfolgt man zum anderen die in den beiden letzten Generationen an der Basis erfolgten Veränderungen, kann man eine prägnante soziale (geschweige denn klassenmäßige) Kategorie herausheben, von der sich behaupten ließe, in ihr manifestiere sich das revolutionäre Kollektivsubjekt? Mehr noch: Vermöchte dieses seinem historischen Wesen nach nationale Kollektivsubjekt angesichts des längst schon übernational expandierenden Kapitalismus einen reellen Agenten sozialen Strukturwandels abzugeben? Bedenkt man, dass das *Kommunistische Manifest* bereits über 170 Jahre alt ist, und der Kapitalismus selbst in diesem historischen Zeitraum gewaltigsten Veränderungsprozessen unterworfen war, scheint es höchste Zeit zu sein, sich diesen Fragen zu stellen.

Denn die 170 Jahre, die seit der Veröffentlichung jener von tiefen gesellschaftlichen Einsichten, revolutionärem Kampfgeist und zweckgerichtetem politischem Optimismus geprägten Schrift vergangen sind, haben uns, die späten Nachkommen des geschichts- und umbruchsträchtigen Zeitalters der Moderne, eines zumindest gelehrt: Gerade weil das Wesenhafte des Kapitalismus – die private Aneignung kollektiver gesellschaftlicher Arbeit, d.h. die zwanghafte systematische Ausbeutung des Menschen durch den Menschen – fortbesteht; gerade weil die alltägliche Fähigkeit, jenes Wesenhafte zu erfassen, sich infolge der beschleunigten Entfaltung ideologischer Apparate und Mechanismen, welche die Verblendung der Opfer des kapitalistischen Systems befördern (und zwar nicht nur jener unmittelbar in ihrem materiellen Dasein und ihrer sozialen Sicherheit betroffenen, sondern all ihrer Opfer), zunehmend schwächt; und gerade weil wir Zeugen einer zunehmenden Fetischisierung der Unfähigkeit sind, das Barbarische am Kapitalismus direkt zu erfassen, mithin einer Hingabe an eine fatalistisch-stoische Stimmung, die sich mit einem verstärkten blinden Glauben verbindet, daß die Verhältnisse nun mal so seien und so sein müssten – gerade wegen der spezifischen Verschwisterung dieser wirkmächtigen Faktoren und weil wir uns darüber, was Menschen einander unter repressiven gesellschaftlichen Verhältnissen antun können, keine naïve Gutgläubigkeit mehr leisten dürfen, kann es schlechterdings keine Option einer längerfristigen Hinnahme der bestehenden Barbarei und ihrer noch so effektiv ideologisierten Legitimierung geben. Adorno war es, der – die weltgeschichtliche Bedeutung der Shoah anvisierend – sagte: „Man spricht vom drohenden Rückfall in die Barbarei. Aber er droht nicht, sondern Auschwitz *war* er; Barbarei besteht fort, solange die Bedingungen, die jenen Rückfall zeitigten, wesentlich fortdauern. Das ist das ganze Grauen. Der gesellschaftliche Druck lastet weiter, trotz aller Unsichtbarkeit der Not heute. Er treibt die Menschen zu dem Unsäglichen, das in Auschwitz nach weltgeschichtlichem Maß kulminierte."[7] Mit anderen Worten: Das Maß der Offensichtlichkeit der gesellschaftlichen Bedingungen, die tendenziell das Allerschlimmste hervorzubringen vermögen, ist irrelevant für den schieren Tatbestand ihres perennierenden Fortbestehens als Potential stetig zunehmenden menschlichen Grauens. Relevant ist es einzig für die Einsicht darin, dass die innere Logik des Kapitalismus stets wiederkehrende Katastrophen großer Teile der Menschheit – und letztendlich der gesamten Menschheit – zeitigen muss. Der ökonomische Wohlstand in gewissen Teilen der Erde mag die, die in seinen Genuss kommen, für die Quellen des Wohlstands blind machen; der religiöse Glaube mag die Opfer von Not und Leid über ihr so geartetes Dasein „hinwegtrösten"; verlogene Ideologien vermögen wohl, denen einen zeitweiligen Optimismus einzuhauchen, die zwar begriffen haben, dass die bestehende Wirklichkeit die Möglichkeit großer Katastrophen in sich birgt, sich gleichwohl weigern, die Anatomie ihrer sozioökonomischen Ursachen (und – davon abgeleitet – die Genese sozialpsychischer Muster, die die unbewusste Absegnung nämlicher Wirklichkeit mutatis mutandis bedienen) zu begreifen, mithin sich für deren Aufhebung zu aktivieren. Was dabei unverändert bleibt und aus der es reproduzierenden Eigenlogik weiterhin mit nicht versiegender Energie funktioniert, ist der Fortbestand des kapitalistischen Systems: eines Systems, das die Produktionsmittel zur höchsten Entfaltung gebracht hat, diese aber zur Vertiefung der barbarischen Kluft zwischen verschiedenen Regionen der Welt, aber auch zwischen den verschiedenen Schichten in den kapitalistischen Wohlstandsgesellschaften selbst zum Einsatz bringt; das wesenhaft unfähig ist, nicht ausbeuterisch, nicht repressiv zu funktionieren, mithin den Egoismus als Lebensmaxime, die soziale Kälte als Quelle vermeintlicher Macht ideologisiert; das alles Menschliche, einschließlich des Intimsten des

7 Theodor W. Adorno: Erziehung nach Auschwitz, in: Erziehung zur Mündigkeit, Frankfurt a.M. 1971, S. 88.

Einzelmenschen, dem Tauschprinzip der Ware, den Verdinglichungsprozessen seines Körpers und Bewusstseins und der fortwährenden Fetischisierung seiner (vermeintlich freiwilligen) Unterdrückung unterwirft; das aber vor allem in der gegenwärtigen Phase ideologisch davon zehrt, daß der aufgebotene geschichtliche Gegenentwurf (welchem freilich die notwendigen historischen Bedingungen für seine emanzipative Entfaltung nie gegeben waren) eklatant zusammengebrochen ist und das „verwaiste" kapitalistische System mit dem verblieb, was seiner Natur und Ausrichtung noch am ehesten entspricht: der Maximierung des Monopols über die Gestaltung des real Bestehenden, um seinen eigenen wesentlichen Zweck – die Profitmaximierung – mit umso größerer Effizienz perpetuieren und befördern zu können. Es macht also keinen wesentlichen Unterschied, welcher Ideologie man das Wort redet, welcher Rationalisierung man sich bedient, womit man sich zu trösten trachtet – das menschliche soziale Sein, jene der inneren Logik des Kapitalismus in globalem Maßstab unterworfene gesellschaftliche Wirklichkeit, wird sich letztlich den Luxus der Ignoranz dessen, was der Kapitalismus anrichtet und wohin er in letzter Rechnung führt, nicht leisten können. Noch immer kann behauptet werden, dass es den Menschen gegeben ist, zu bestimmen, ob die gegenwärtige historische Phase, die des Spätkapitalismus, „mit einer revolutionären Umgestaltung der ganzen Gesellschaft [...] oder mit dem gemeinsamen Untergang der kämpfenden Klassen" enden werde. Etwas mehr als 170 Jahre nach Erscheinen des *Kommunistischen Manifests* kann man im Hinblick auf die mögliche Prognose optimistisch oder pessimistisch sein. Niemand wird es sich künftig leisten können, ihr gegenüber indifferent zu bleiben.

Ein Gespräch über Marx-Lektüre

Anmerkung der Herausgeber: Um weitere Personen und Gesichtspunkte einzubeziehen, haben wir mit drei jungen Teilnehmern marxistischer Lektürekurse gemeinsam über ihre Beschäftigung mit Marx, über ihre Motiven und Erfahrungen gesprochen.

Beginn und Anlass der Beschäftigung mit Marx

Tobias Reichardt: Wann seid Ihr denn zum ersten Mal Marx begegnet? Warum war das für euch in der damaligen Situation interessant, euch mit Marx zu beschäftigen?

Tijen Öztekin: Meine Eltern sind Marxisten. Deswegen kann ich das nicht so genau sagen, aber ich glaube, ich dachte, es ist normal, dass man so linke Ideen teilt. Dann ist mir irgendwann in der Schule aufgefallen, dass das nicht so ist. Also ich glaube, in der Grundschule noch nicht, da redet man ja noch nicht über so etwas. Ich glaube, die Lehrerinnen, die ich da hatte, waren auch so bürgerlich links. Ich war auch im türkischen Muttersprachen-Unterricht zum Beispiel, und da hatte ich aber auch eine linke Lehrerin. Deswegen ist mir das wahrscheinlich erst auf dem Gymnasium so richtig aufgefallen, dass das nicht normal ist.

Thomas Menrad: Ich bin eher zufällig auf Marx gestoßen. Wenn ich mich richtig erinnere, habe ich in der Wochenzeitung *Die Zeit* etwas über Marx gelesen und mir dabei gedacht, dass das, was der alte Philosoph da im 19. Jahrhundert über soziale Ungleichheit aufgeschrieben hat, immer noch sehr viel Sinn ergibt. Aus einem Impuls heraus, habe ich mir daraufhin *Das Kapital* in der günstigsten Ausgabe besorgt. Wahrscheinlich war es eine Mischung aus Neugier und der Suche nach Erklärungen für Phänomene im Alltag, die ich als sehr ungerecht empfand, die mich dazu verleitet hatten. Man könnte also sagen, ich bin zu Marx wie die Jungfrau zum Kinde gekommen.

Also ganz anders als bei Tijen. Und wie hat dein persönliches Umfeld darauf reagiert, die Familie, das Arbeitsumfeld?

Thomas Menrad: Im privaten Umfeld habe ich das nie thematisiert. Marx zu lesen war für mich einfach eine Freizeitbeschäftigung zum Zeitvertreib.

Armin Kaltenbach: Ja und mein erster Kontakt war so 2004/ 2005, weil wir da Betriebsversammlung hatten und der politische Sekretär der IG Metall im Rahmen der Lohnforderungen mit Marx argumentiert hat, warum es wichtig ist, dass wir als Beschäftigte mehr Lohn kriegen. Und das fand ich cool, dass da jemand so argumentiert hat, dass wir mehr Geld verdient haben und dass wir die Werte produzieren. Und da war für mich der Punkt zu sagen: da kann man sich mal ein bisschen konkreter mit beschäftigen, als nur passiv auf einer Betriebsversammlung zuzuhören. Und so richtig intensiv habe ich mich dann in dem Marx-Lektürekurs auf der Akademie der Arbeit in Frankfurt mit Marx auseinandergesetzt.

Womit genau hast du dich da auseinandergesetzt?

Armin Kaltenbach: Mit dem Band 23, also dem ersten Teil des *Kapital*. Ein guter Freund von mir, der auch in der Jugendvertretung aktiv war, war ein Jahr vor mir auf der Akademie der Arbeit und er hat mir sehr nahegelegt, dass ich den Marx-Lektürekreis besuche, der freiwilliger Zusatz-Unterricht war. Das habe ich gemacht und ich habe es nicht bereut.

Womit hast du dich zuerst beschäftigt, Tijen?

Tijen Öztekin: Dadurch, dass ich in Frankfurt zur Schule gegangen bin, hatte ich viele Lehrer und Lehrerinnen, die in Frankfurt Politikwissenschaften studiert haben, und ich glaube, ich habe eigentlich erst bei der Kritischen Theorie angefangen und bin dann irgendwann bei Marx gelandet, wahrscheinlich erst in der Oberstufe. So richtig gelesen habe ich es dann eigentlich während meines Bachelor-Studiums, weil ich dann gemerkt habe, dass in meiner Disziplin sehr viel postmodern argumentiert wird und das hat für mich nicht so viel Sinn ergeben. Also ich fand nicht alles daran total mies, aber grundlegend hat es mir meine Fragen nicht beantwortet und dann bin ich auf die „radical geography" gestoßen, also auf die marxistische Geographie und habe dann angefangen Marx zu lesen.

Aber das war nicht Bestandteil deines Studiums, sondern deine eigene Initiative?

Tijen Öztekin: Nein, das war meine eigene Initiative. Also ich hatte vielleicht einen Professor, der das auch ein bisschen eingebaut hat. Nach dem Abitur hatte ich diesen Moment: „Ich will Geographie studieren, um die Welt zu verstehen." Und dann habe ich Geographie studiert und habe mir gedacht: „Ich verstehe die Welt immer noch nicht". Und dann bin ich irgendwie auf Marx gestoßen. Und dann habe ich die Welt ein bisschen mehr verstanden.

Und Thomas, hast du das im Rahmen deines Studiums gemacht oder war das ganz unabhängig davon?

Thomas Menrad: Nein, meine Beschäftigung mit den Schriften von Marx entstand rein aus meinem persönlichen Interesse heraus. Ich habe wie gesagt mit dem ersten Band des *Kapitals* angefangen und hatte irgendwie Spaß daran gefunden, mir so einen philosophischen Text anzueignen und die kryptischen Sätze zu entziffern, auch wenn ich nicht immer alles verstanden habe. Das war mehr so ein naives Interesse.

Aber wie hast du das dann fortgesetzt? Du beschäftigst dich ja bis heute damit.

Thomas Menrad: Ich habe die Beschäftigung mit Marx bis heute fortgesetzt, weil ich dadurch zu der Auffassung gekommen bin, dass die von Marx verfasste Kritik der politischen Ökonomie bis heute ihre Gültigkeit behalten hat. Es mag sein, dass der Kapitalismus sich seit Marxens Zeiten immens gewandelt hat. Dennoch bin ich überzeugt, dass Marx die grundsätzliche Funktionsweise des Kapitalismus und dessen innere Logik schon im 19. Jahrhundert absolut zutreffend analysiert hat. Aus dieser Überzeugung heraus bin ich dabeigeblieben, weil ich glaube, dass Marx uns auch heute noch einiges zu sagen hat.

Also Elemente der Kapitaltheorie von Marx haben dich überzeugt davon, dass da was dran sein muss. Die haben dir das Gefühl gegeben, mehr zu verstehen als vorher.

Thomas Menrad: Genauso ist es!

Tijen, Kannst du das noch mal etwas genauer sagen, was du eben damit gemeint hast, dass du durch Marx etwas mehr verstehst von der Welt?

Tijen Öztekin: Also wie gesagt in der Schule bin ich dann auf die Frankfurter Schule aufmerksam geworden und habe mich dazu eingelesen und eher was zu Medienanalyse, „Erziehung nach Auschwitz" und so gemacht, und da ist Marx immer irgendwie vorgekommen. Aber so richtig eingetaucht bin ich dann eigentlich durch mein Studium, also durch Geographie und Wirtschaftswissenschaften, was ich studiert habe, und halt auch so Globalisierungstheorie, Kapitaltheorie, Werttheorie teilweise, und auch so viele Geographen und Geographinnen, die ich gut fand, haben auch die Sachen von Marx weitergedacht, also z.B. Harvey, der ja auch sehr viel Marx rezipiert hat oder Doreen Massey, die das noch mal auf Geschlecht und Migration erweitert hat. Also ich bin quasi von Marxistinnen späterer Generationen auf Marx gekommen und dann von Marx wieder auf Marxistinnen neuerer Generationen.

Beschäftigung mit Marx heute

Jetzt habt Ihr gesagt, dass Ihr euch teilweise im Alleingang damit beschäftigt habt. Ist das so geblieben? Oder welche Beziehung hat Marx zu eurem persönlichen Umfeld? Verschweigt Ihr das, dass Ihr euch mit Marx beschäftigt? Spielt das eine Rolle im Alltag oder habt ihr da einen Kreis gefunden, in dem Ihr euch austauschen könnt?

Thomas Menrad: Im Alltag muss man natürlich damit rechnen, schnell für einen linken Spinner gehalten zu werden, wenn man mit Marx um die Ecke kommt. In meinem persönlichen Umfeld muss ich das aber keineswegs verschweigen, dort wird Marx lesen im schlimmsten Fall für ein schräges Hobby gehalten. Nach meinem Umzug nach Hamburg habe ich über Armin von einem Marx-Lesekreis erfahren, wo sich gerade mit dem zweiten Band des *Kapitals* beschäftigt wird. Da ich den ersten Band schon selbst gelesen hatte, habe ich mich entschieden dort teilzunehmen. Im Nachhinein war das eine gute Idee, weil die Diskussionen in der Gruppe sehr bereichernd sein können und man den Text so leichter versteht. Ansonsten hätte ich den zweiten Band entweder gar nicht angefasst und, wenn doch, im Alleingang sicher nicht zu Ende gelesen.

Tijen Öztekin: Ich glaube, ich habe es nie verschwiegen und die Leute fanden es auch eigentlich immer ganz lustig. Wenn sie auch sonst damit nichts anfangen konnten, fanden sie es ganz lustig. Aber ich merke schon, dass viele Freundinnen und Freunde offen dafür sind und, auch wenn sie sich am Anfang nicht dafür interessieren, es auch irgendwann verstehen und nachvollziehen können und sich dann auch irgendwann dafür interessieren, aber ich war dann auch immer irgendwie dankbar, wenn ich so über politische Veranstaltungen oder Vorträge Leute kennengelernt habe, die da eine ähnliche Sichtweise haben und dann gibt es teilweise Freundschaften, die daraus entstanden sind und teilweise einfach nur so Arbeitskreise, Lesekreise, aber ich glaube schon, dass ich schon vielen jungen Leuten begegnet bin, die entweder schon in dem Thema drin waren oder sich dafür interessiert haben.

Und bei dir, Armin? Du hattest ja diesen gewerkschaftlichen Zugang zu Marx. Ist die Beschäftigung mit Marx in deinem Umfeld mehr verankert?

Armin Kaltenbach: Teils, teils. Ich gehe da auch offen mit um und ich berichte immer gerne vom Lesekreis als regelmäßigem Wochentermin. Im Umfeld habe ich Menschen, die in der Gewerkschaft aktiv sind oder gewerkschaftlich politisiert sind, die haben ein Grundverständnis von Marx und können da teilweise auch was mit anfangen. Hut ab vor Thomas, der sich das am Anfang alleine angeeignet hat! Ich glaube, ich hätte nach zehn Seiten aufgegeben und gesagt: „Nee, das ist mir zu komplex“ oder „zu anspruchsvoll geschrieben“ an einigen Stellen. Ich lebe auch von dem Moment des gemeinsamen Diskutierens über den Text und da auch gemeinsam Fragen zu entschlüsseln, die beim Lesen entstehen, und auch dass man gemeinsam einen Bezug zur heutigen Zeit herstellt. Das ist ja schon ein paar Jahre her, dass Marx das geschrieben hat und trotzdem hat es an Aktualität nicht verloren. Ich habe den Standpunkt, dass ich Gesellschaft verändern will, und um Gesellschaft zu verändern, muss man verstehen, wie Gesellschaft funktioniert und da hat Marx einen sehr guten Beitrag mit seiner Analyse geleistet und ich finde, da kann man gut drauf aufbauen.

Heutige Relevanz

Kannst du das etwas konkretisieren? Was ist der aktuelle oder für dich heute relevante Aspekt?

Armin Kaltenbach: Marx hat ja festgestellt, dass in der frühen Industrialisierung enorm viel Leid produziert wurde, und hat dann gesagt, okay, er will da analysieren, warum ist das so, dass die Menschen in die Fabriken gedrängt werden, dass da eine Ausbeutung der Arbeitskraft stattfindet, und das lässt sich auch eins zu eins auf das einundzwanzigste Jahrhundert übertragen, dass die meisten Menschen einen Job brauchen, um ihr Leben irgendwie zu finanzieren oder ihr Leben irgendwie hinzukriegen, und dass da der Wert der Ware Arbeitskraft nach wie vor eine wichtige Rolle spielt. Konkreter formuliert: Wir arbeiten zwar heute keine 17 Stunden am Tag mehr in der Fabrik und trotzdem herrscht in Deutschland eine enorme soziale Ungleichheit zwischen Arm und Reich, welche sich global gesehen noch verstärkter zeigt. Diese Ungleichheit wird durch das Wirtschafts- und Gesellschaftssystem Kapitalismus erzeugt. Und dieses System Profitorientierung bedeutet im Endeffekt: Einige wenige profitieren davon und viele leiden unter den Verhältnissen. An der Stelle stehen wir heute noch genauso als Gesellschaft wie am Anfang der Industrialisierung.

Wie ist es bei dir, Tijen, was ist für dich heute an Marx wichtig?

Tijen Öztekin: Also ich finde, die meisten Krisen, mit denen wir konfrontiert werden und die sich ja auch zusammen zu einer einzigen Krise verdichten, lassen sich einfach total gut durch Marx erklären.

Wenn wir jetzt Krankenhäuser nehmen oder Städte, die inzwischen wie Unternehmen geführt werden, wo ein Sparzwang besteht und Ressourcen gekürzt werden, wo dann die Bevölkerung drunter leidet, das kann man dann mit Marx angehen: Die Care-Krise oder die neoliberale Krise, die wir in den Städten haben, hat damit zu tun, dass wir jetzt auch schon versuchen mit Infrastruktur Mehrwert zu generieren und deswegen finde ich das ganz hilfreich für so gesellschaftliche Ansätze, wenn man schaut, was ist eigentlich essenziell für ein gesundes Leben oder für ein gutes Leben und woran liegt das, dass das nicht gegeben ist. Also woran liegt das, dass im Krankenhaus während einer Pandemie Intensivbetten gekürzt werden, dann konnte ich immer, um mir diese Fragen zu beantworten und um auch weiter daran zu forschen, konnte ich dann immer auf Marx und Engels zurückgreifen.

Gibt es bei dir, Thomas, auch irgendwelche aktuellen Themen, wo du sagen würdest: „Da ist Marx besonders relevant für mich"?

Thomas Menrad: Für mich ist es ein so altes wie aktuelles Thema, nämlich die Analyse von Klassengegensätzen. Ich selbst bin wohl auch einer von denjenigen Menschen, die ihr ganzes Leben lang arbeiten und es dadurch niemals annähernd zu großem Reichtum bringen werden. Auf der anderen Seite gibt es wiederum Menschen, die ungeheure Reichtümer besitzen und das, ohne dass sie dafür fast täglich fremdbestimmt arbeiten müssen. Da sich die Vermögensungleichheit in den letzten Jahren immer weiter zugespitzt hat, halte ich dieses Thema für besonders aktuell und relevant.

Wichtige Schriften

Welche Werke von Marx sind für euch die wichtigsten?.

Armin Kaltenbach: Also ich habe bisher Band 1, 2, 3 vom *Kapital* und *Lohn, Preis, Profit* in Auszügen gelesen und für mich ist Band 23 das Wichtigste. Das *Kommunistische Manifest* habe ich auch noch gelesen. Finde ich auch ganz spannend, aber von diesen Werken, mit denen ich mich ein bisschen intensiver auseinandergesetzt habe, würde ich Band 23 hervorheben, weil da sehr klar die Zusammenhänge zwischen profitorientiertem Handeln auf der einen Seite und der Möglichkeit das System zu verändern, wenn man sich kollektiv organisiert, auf der anderen Seite ausgearbeitet werden. So schreibt Marx den Gewerkschaften nicht nur eine wichtige Rolle beim Thema Lohnerhöhung zu, sondern auch auf der gesellschaftspolitischen Ebene um ein Klassenbewusstsein zu schärfen, welches dann zu einer klassenlosen Gesellschaft führt.

Tijen Öztekin: Ich glaube, das *Kommunistische Manifest* ist das erste von Marx, das ich gelesen habe, deswegen bleibt mir das so in Erinnerung. *Zur Kritik der politischen Ökonomie* ist, glaube ich, das, was ich am häufigsten gelesen habe. Das ist auch so etwas, worauf ich auch als Forschende sehr oft zurückgreife, um größere Zusammenhänge zu verstehen. Und bei den Bänden kann ich das gar nicht sagen, weil ich das kreuz und quer und nicht regelmäßig gelesen habe. Und ich weiß auch nicht aus dem Kopf, welches Buch welches ist.

Thomas Menrad: Ehrlich gesagt habe mich nur mit dem *Kapital* beschäftigt und würde da vor allem den ersten Band herausstellen. Das ist für mich das lesenswerteste Werk von Marx, da darin die unter kapitalistischen Bedingungen herrschenden Gesetzmäßigkeiten von Grund auf erarbeitet werden und es, verglichen mit den folgenden zwei Bänden, verhältnismäßig gut lesbar ist, wohl auch weil Marx diesen Band des *Kapitals* als einzigen komplett fertiggestellt hatte.

Also das würdet Ihr auch anderen empfehlen, sich damit zu beschäftigen?

Tijen Öztekin: Ja. Also ich kann verstehen, wenn manche Leute sagen: „Das verstehe ich gar nicht", „Das finde ich gar nicht mehr so aktuell". Aber ich finde, es gibt auch unglaublich tolle Marxisten und Marxistinnen, die man den Leuten empfehlen kann. Also es gibt ja Wissenschaftlerinnen, die basierend auf Marx zu allem Möglichen in allen möglichen Bereichen geforscht haben. Und ich würde halt sagen: Wenn eine Person sagt: Marx' und Engels' Gesamtwerke sind jetzt irgendwie nicht so meine Welt, dann würden mir viele Marxistinnen einfallen, wo man gut anfangen kann.

Gut, aber bleiben wir mal bei den Originaltexten: Die sind ja schon ein bisschen älter, umfangreich oftmals und wahrscheinlich auch für viele Leute erst mal schwer zugänglich. Habt Ihr da irgendeine Idee, was man den Leuten sagen könnte, wie man sich das am besten aneignet?

Thomas Menrad: Also ich würde wirklich empfehlen sich das Original anzueignen und nicht auf Sekundärliteratur zurückzugreifen. Da es schon richtig ist, dass die Texte sehr schwer zugänglich sind, würde es sich immer anbieten, sich die Originaltexte in einer Gruppe mit mehreren Menschen mit demselben Interesse anzueignen.

Du hast das so gemacht, Armin?

Armin Kaltenbach: Ja, meine Empfehlung wäre auch, das in Form eines Lesekreises oder ähnlicher Form mit kollektivem Schwarmwissen zu tun, weil das Lesen das eine ist, aber das gemeinsame Resümieren und Reflektieren und Übertragen auf die Jetztzeit wichtig ist, um da auch Dinge mitzunehmen für seine politische Haltung oder seine politischen Aktivitäten.

Marx an der Universität

Ein formales Studium scheint nicht weiterzuhelfen nach dem, was ich bisher von euch gehört habe.

Tijen Öztekin: Ich kenne auch Leute, die vorher gar nicht damit in Berührung gekommen sind und aus Interesse in ein Marx-Seminar gegangen sind und es auch total hilfreich fanden.

Ein privates oder ein universitäres?

Tijen Öztekin: Universitär. Weil die dann in der Situation waren: „Ich muss eh irgendwas wählen und dann wähle ich das halt und dann kriege ich auch Punkte dafür.“ Ist ja auch ganz gut, wenn es noch Leute an Universitäten gibt, Dozenten oder Studierende, die das so ein bisschen aufrechterhalten. Aber ich würde sagen: Es ist eigentlich egal: Man muss jetzt nicht sich die Primärliteratur reinkloppen, wenn man ein Mensch ist, der nicht gerne liest. Dass man das auf viele verschiedene Arten und Weisen und Medien eben machen kann. Ich kenne auch viele Leute, die haben erst dieses Buch *Kritik der politischen Ökonomie* von Michael Heinrich aus dem „Schmetterling Verlag"[1] gelesen und dann das *Kapital*, und das finde ich auch vollkommen in Ordnung, weil ich es schon ein bisschen hart fand, mir mit sechzehn alleine in meinem Zimmer das *Kommunistische Manifest* reinzuprügeln.

Armin Kaltenbach: So als zusätzliche Visualisierung finde ich den *PolyluxMarx* ganz gelungen.[2] Da wird an Band 23 viel mit Bildern gearbeitet, um das ein bisschen zu verdeutlichen. Aber, um auf deine Frage zurückzukommen: Ich finde, Marx wird in wissenschaftlichem Kontext viel zu viel auf den Wirtschaftsbereich reduziert. Ich studiere an der ehemaligen HWP[3] einen „gesellschaftskritischen" Studiengang. Marx kommt da auch viel zu selten vor, und wenn, dann immer reduziert auf seine wirtschaftliche Analyse. Mit dem Akkumulationsprozess und „G-W-G`" und ich finde, da steckt noch deutlich mehr drin in der Literatur als: „Das Wirtschaftssystem ist halt auf Profit ausgerichtet" und das passiert häufig im Wissenschaftskontext, dass er da sehr einseitig und reduziert dargestellt wird, weniger politisch als wirtschaftlich.

Fachwissenschaftlich sozusagen.

Armin Kaltenbach: Ja. Dadurch geht viel verloren, was eben die Ökonomie als Fachwissenschaft nicht im Blick hat oder nicht interessiert.

---

1 Michael Heinrich: Kritik der politischen Ökonomie. Eine Einführung, Stuttgart 2004.

2 www.polyluxmarx.de

3 Die ehemalige „Hochschule für Wirtschaft und Politik" in Hamburg war gewerkschaftlich geprägt, hatte einen emanzipatorischen Anspruch und beschäftigte zahlreiche linke Lehrende. Sie ging 2005 als Fachbereich Sozialökonomie in der Universität Hamburg auf.

Nochmals die aktuelle Relevanz

Wir können ja noch mal ein bisschen auf die Relevanz der marxschen Theorie zurückkommen. Warum sollte man sich heute mit Marx beschäftigen? Wenn wir sagen, es gibt eine Bedeutung über das rein fachwissenschaftliche Interesse und über die Wissenschaftsgeschichte hinaus: Was bringt diese anstrengende Lektüre? Ihr habt ja schon ein bisschen was dazu gesagt, aber vielleicht habt Ihr noch was zu ergänzen.

Tijen Öztekin: Na, ich glaube, gerade in diesen ganzen Krisen, in der Verdichtung der Krisen, in denen wir uns gerade befinden, habe ich so das Gefühl, dass man irgendwie schnell den Überblick verliert und sich vielleicht auch ein bisschen hilflos fühlt auch als Person, die irgendwas dagegen tun will oder beitragen will, und da finde ich das sehr hilfreich mit Marx zu arbeiten, weil sehr viele Ungleichheiten, oder ich würde sogar sagen: fast alle Ungleichheiten, die wir haben, haben ja alle eine materielle oder eine materialistische Grundlage und das hat halt Marx als erstes so herausgefunden und das wird ja immer noch von Leuten, die selbst Marx-Gegner sind, teilweise rezipiert und anerkannt. Und deswegen finde ich das relevant, also nicht nur um die Zustände zu verstehen, sondern auch um sich Utopien darüber ausdenken zu können, was anders sein könnte.

Thomas Menrad: Ein weiteres aktuelles Thema ist die ökologische Krise und ich finde, da kann man von Marx auch sehr viel lernen: Wenn man nämlich davon ausgeht, dass es im kapitalistischen Wirtschaftssystem einen Wachstumszwang gibt, dann wird es sehr schwierig CO_2-Emissionen zu begrenzen. Das soll nicht heißen, dass Wirtschaftswachstum mit Verbrennung von fossilen Brennstoffen untrennbar verbunden sein muss, aber in den letzten Jahrzehnten war das der Fall und man hat gesehen, dass es zum Beispiel in der Finanzkrise um 2008 herum auf einmal einen Rückgang von Emissionen gab und da wird die Verknüpfung von Wirtschaftswachstum und Emission von klimaschädlichen Gasen deutlich. Ich finde, dass dieser Aspekt in der heutigen Debatte um Ökologie und Klimakrise unterbeleuchtet bleibt. Stattdessen ist die Rede von einem „grünen Kapitalismus“ oder einem „Green New Deal“, so als würde es den Widerspruch kapitalistische Akkumulation und Ökologie gar nicht geben. In diesem Punkt kann man mit Marx bei diesem hochaktuellen Thema auf jeden Fall dagegenhalten, um ausgehend davon Utopien im positiven Sinne zu entwickeln.

Armin Kaltenbach: Und ich würde sagen: Meckern allein hilft ja noch nicht oder festzustellen, was uns stört. Marx macht ja da den Schritt aus dem System heraus, indem er auf eine klassenlose Gesellschaft verweist, da steckt ja viel Utopie drin. Ich finde es enorm wichtig, mit Marx dann zu sagen: „Okay, wie können wir uns eine andere Gesellschaftsform oder ein anderes Zusammenleben vorstellen und wie entwickeln wir uns dahin?"

Kann denn die Beschäftigung mit Marx dazu beitragen die Welt zu verbessern?

Tijen Öztekin: Also, ich glaube, man darf sich den Kommunismus nicht so vorstellen wie einen paradiesartigen Zustand, der dann auf uns irgendwie hineinbricht, sondern dass man selbst auch im Kommunismus, wenn das mal passiert, sich weiter mit Marx beschäftigen muss und weiter mit ihm arbeiten muss, aber auch mit anderen Theorien. Ich glaube weniger an eine plötzlich ideale Gesellschaftsordnung, sondern eher an einen langen Prozess, bei dem die marxistische Analyse hilft. Ich glaube, das ist ein Prozess, den man nicht abschließen wird, und deswegen lohnt sich die Beschäftigung damit.

Thomas Menrad: Das ist eine schwierige Frage. Ich würde sagen, dass Marx selbst gar nicht so viel zu Zukunftsperspektiven oder den Weg zu einer besseren Gesellschaft niedergeschrieben hat. Seine große Leistung besteht in der genauen Analyse der Gesellschaft, in der wir leben. Daher sollte man die Schriften von Marx nicht als Glaubenssatz verstehen, wie sich die Dinge quasi von alleine entwickeln werden, oder gar als Anleitung für eine bessere Welt halten, die man nur noch umsetzen müsse. Die Rezeption von Marx alleine führt sowieso noch nicht zu einer besseren Welt, wenn seine Kritik am Kapitalismus aber von konkreten politischen Bewegungen aufgegriffen wird, kann das beim Versuch die Welt zu verbessern zumindest weiterhelfen.

Und kann man daraus konkrete Handlungsansätze ableiten? Also kann man von Marx direkt zu einer bestimmten Politik kommen?

Armin Kaltenbach: Ich würde sage, das ist aktuell die große Herausforderung, einen gemeinsamen Nenner über oder unter die Mosaik-Linke zu setzen, weil ja das gesellschaftspolitische Alternativbild zu einer neoliberalen profitorientierten Gesellschaftsform aktuell fehlt und wir uns deshalb auch so schwer tun, uns da rauszuentwickeln. Ich glaube, da kann Marx schon helfen, um da verschiedene linke Perspektiven oder alternative Gesellschaftsformen unter einem gemeinsamen Nenner zu vereinen und da gemeinsam eine Antwort auf die Frage „Wie kann Gesellschaft anders funktionieren?“ zu liefern.

Das hört sich aber doch eher vage an. Wie würdest du das sehen, Tijen? Also ich frage danach, ob es direkte politische Folgerungen gibt, die man aus Marx' Theorie ziehen könnte oder sollte.

Tijen Öztekin: Ich würde auf jeden Fall ja sagen. Weil ich finde: Um Handlungsschritte oder Zukunftsprognosen entwickeln zu können, muss man sich halt mit einer Kritik der Gegenwart auseinandersetzen, die materielle Bedingungen mit berücksichtigt und es gelingt einem halt durch Marx extrem gut und nur durch die Aufnahme eines Ist-Zustandes und die Analyse geschichtlicher Prozesse kann man halt dahin kommen, dass man sagt, das sind mögliche Handlungsschritte, die können uns irgendwie helfen, das sind mögliche Zukunftsprognosen, die können wir irgendwie aufstellen, und selbst wenn diese Zukunftsprognosen nicht eintreffen werden, was meiner Meinung nach meistens der Fall ist, dann kann man da wieder bei Marx einsetzen und die Entwicklungen neu anschauen.

Dann würde ich gerne zum Abschluss noch mal wissen, welche Autorinnen und Autoren, welche Wissenschaftler für euch heute im Gefolge von Marx noch wichtig sind, um die Gegenwart kritisch zu analysieren. Du, Tijen, hast schon einige Geografen und Geografinnen genannt.

Tijen Öztekin: Ja, Doreen Massey, das ist eine vor kurzem verstorbene marxistische Geografin, David Harvey und Bernd Belina fallen mir gerade dazu ein. Massey hat einfach Gender und Migration und Macht als weitere Gesichtspunkte neben Kapital und Boden in die Radical Geography eingebracht

Gibt's für dich noch heute wichtige marxistische Autoren, Thomas?

Thomas Menrad: Mir fallen auf Anhieb nur Autoren ein, die leider auch nicht mehr am Leben sind. Herbert Marcuse und Johannes Agnoli finde ich zum Beispiel sehr spannend, weil beide als Vordenker der 68er-Bewegung gelten und die Revolte um 1968 mit ihren Schriften geprägt hatten.

Tijen Öztekin: Kurze Ergänzung: Der ist auch schon länger tot, aber Henri Lefebvre möchte ich auch erwähnen, weil der auch Marx rezipiert hat nach einer großen Pause, wo das viele in der Philosophie nicht mehr gemacht haben. Lefebvre war auch jemand, der sich getraut hat, Zukunftsprognosen zu über städtische Kämpfe und Proteste zu formulieren, die sich auch bewahrheitet haben.

Armin Kaltenbach: Mir fallen da noch Silvia Federici oder Elmar Altvater ein. Federici ist globalisierungskritisch und selbst Aktivistin. Altvater ist Kapitalismuskritiker.

Vielen Dank euch für dieses interessante Gespräch und für diesen Einblick in das, was ihr mit Marx verbindet und warum ihr euch mit seinen Schriften beschäftigt.

Die marxsche Theorie – Grundbegriffe und aktuelle Bezüge

Werkübersicht

Die Schriften von Marx und Engels sind biographisch und thematisch eng miteinander verbunden und werden in den einschlägigen Ausgaben, den Marx-Engels-Werken (MEW) und der Marx-Engels-Gesamtausgabe (MEGA), gemeinsam herausgegeben. Ihr Werk ist umfang- und facettenreich. Wir haben es neben Briefen mit Zeitungs- und Lexikonartikeln, mit populär gehaltenen politischen Schriften, aber auch mit den schwerer zugänglichen ökonomischen Studien von Marx zu tun, die zudem teilweise auch noch aus unvollendeten und zu Lebzeiten unveröffentlichten Manuskripten bestehen. Dass das marxsche Hauptwerk, das *Kapital*, aus dem Gesamtwerk heraussticht, sei an dieser Stelle bereits gesagt und wird noch öfter hervorgehoben werden. Vom *Kapital* ist insbesondere der erste Band relevant – der einzige, den Marx zu seinen Lebzeiten veröffentlicht hat. Dennoch sollen hier einige Schlaglichter auf andere zumindest für die Entwicklung des marx-engelsschen Denkens wichtige Werke geworfen werden.

Die *Deutsche Ideologie* aus den Jahren 1845/46 stellt eine gemeinsame Auseinandersetzung von Marx und Engels mit zeitgenössischen, heute selbst dem Namen nach kaum noch bekannten deutschen Philosophen dar, die für die geistige Entwicklung der beiden Pioniere der Arbeiterbewegung zweifellos wichtig war, allerdings von ihnen nie veröffentlicht wurde. Der erste Teil, über den Philosophen Ludwig Feuerbach (1804–1872), enthält einige bekanntere Passagen, etwa eine Formulierung des Gedankens, das „Sein“ bestimme das Bewusstsein.[1] Die ebenfalls häufig zitierten *Thesen über Feuerbach*

1 Karl Marx/Friedrich Engels: Die deutsche Ideologie. Kritik der neusten deutschen Philosophie in ihren Repräsentanten Feuerbach, B. Bauer und Stirner, und des deutschen Sozialismus in seinen verschiedenen Propheten, MEW 3, S. 27.

stehen in engem zeitlichen und sachlichen Zusammenhang mit diesem Werk. Ihnen entstammt der berühmte Satz „Die Philosophen haben die Welt nur verschieden *interpretiert*, es kömmt drauf an, sie zu verändern.“[2]

Die *Deutsche Ideologie* gilt als Dokument, an dem sich die Herausbildung des „Historischen Materialismus“ ablesen lässt. Der traditionelle, aufgeklärte Materialismus von Ludwig Feuerbach wird kritisiert, da er die Gesellschaft ausblende. Bei Feuerbach wird die Religion zwar als Produkt des Menschen begriffen, aber eben *des* Menschen als Abstraktion ohne Berücksichtigung der gesellschaftlichen Verhältnisse, in denen *die* Menschen sich jeweils befinden. Bei der „Materie“, auf die sich ihr Materialismus bezieht, spielt für Marx und Engels also die Gesellschaft eine große Rolle. Die Befriedigung der materiellen Bedürfnisse des einzelnen Menschen erfolgt durch gesellschaftliche Produktion, die ihm selbst vorgegeben, objektiv und materiell gegenübersteht. Wenn man sich für die Entwicklung des Historischen Materialismus interessiert, ist es also zweifellos interessant und fruchtbar, sich mit der *Deutschen Ideologie*, insbesondere dem Feuerbach-Teil, zu beschäftigen. Diese Schrift stellt jedoch nicht die reife marxsche Theorie dar, sondern markiert eine frühe Etappe in ihrer Entwicklung, die Ablösung von der philosophischen Tradition und die Hinwendung zu Geschichte und Gesellschaft. Dass sie von den Autoren nicht veröffentlicht wurde, ist nicht nur historischen Zufälligkeiten geschuldet, sondern liegt sicherlich auch daran, dass die Schrift ein Durchgangsstadium in ihrer Entwicklung repräsentiert. Die Autoren betrachteten sie schon bald als nicht mehr aktuell. Die *Deutsche Ideologie* zählt – wie auch die relativ bekannten *Ökonomisch-philosophischen Manuskripte* von 1844 zu den sogenannten „Frühschriften“ von Marx (und Engels). Die Frühschriften werden von manchen Interpretationen für „philosophischer“ und interessanter gehalten als das ökonomische Hauptwerk. Angemessener ist es jedoch, sie als eine frühe, d.h. noch minder reife Gestalt des marxschen Werks zu betrachten.

Das 1848 verfasste *Manifest der Kommunistischen Partei* ist eines der meistgedruckten politischen Bücher der Welt. Es handelt sich um

---

2 Karl Marx: Thesen über Feuerbach, MEW 3, S. 7.

ein populär geschriebenes Werk, das in einer bestimmten historischen Situation das Selbstverständnis der im Entstehen begriffenen kommunistischen Bewegung beschreiben und festlegen sollte. Es ist sehr packend geschrieben und enthält Textstellen, die als Zitate eine große Bekanntheit erreicht haben. Faszinierend ist, wie scharf die Autoren erkennen, dass sich zu ihrer Zeit eine radikale Umwälzung der Welt hin zum Kapitalismus, einer neuen ökonomischen Ordnung, vollzogen hat, während viele Europäer, auch und gerade im deutschen Sprachraum, damals noch in sehr wenig entwickelten Verhältnissen lebten und wohl nur geringe Ahnung davon hatten, was sich weltgeschichtlich abspielte (wenngleich es gerade 1848 in Deutschland politische Modernisierungsbestrebungen gab). Auffällig ist, dass in dem Werk dem Kapitalismus – der bürgerlichen Epoche – eine durchaus fortschrittliche geschichtliche Rolle zugesprochen wird. Die Leistungen des Bürgertums werden fast enthusiastisch hervorgehoben. Darin wird deutlich, wie Marx und Engels bereits zu diesem Zeitpunkt den geschichtlichen Gegenstand in seinen verschiedenen Seiten, in seiner Spannung und Konflikthaftigkeit, seiner „Dialektik“, zu erfassen vermögen. Dennoch wäre es nicht angemessen, die marxsche Theorie primär anhand des *Kommunistischen Manifests* erschließen zu wollen. Letztlich handelt es sich um eine kurze, populäre politische Schrift aus der Anfangszeit der marxschen Theorieentwicklung. Sie enthält viel Interessantes, aber ist in ihrer theoretischen Tiefe weit vom *Kapital* entfernt.

Marx verfasste zudem politische Analysen wie den *Achtzehnten Brumaire des Louis Bonaparte* (1852) über den Staatstreich Napoleons III. und den *Bürgerkrieg in Frankreich* (1871) über die Pariser Kommune. Interessant mag dies deshalb sein, weil politische Kämpfe in Marx’ ökonomischem Hauptwerk eher wenig beachtet werden. Ihre Lektüre gestaltet sich heute schwierig, weil sie starke Zeitbezüge haben und viele heute nicht mehr allgemein bekannte Personen erwähnen. Der Text über die Herrschaft von Louis Bonaparte ist jedoch immer wieder zur Analyse autoritärer Herrschaftsformen herangezogen worden.[3] Marx beschreibt hier bereits den Aufstieg

3 Ingar Solty: USA: Der 18. Brumaire des Donald Trump? In: Martin Beck, Ingo Stützle (Hrsg.): Die neuen Bonapartisten, Berlin 2018, S. 74–92.

populistischer Bewegungen mit mehr oder weniger charismatischen Führern und dem Aushebeln demokratisch erkämpfter Strukturen, wie wir ihn auch in unserer Gegenwart erleben können. Auch Ole Nymoen und Wolfgang M. Schmitt weisen in ihrem Beitrag in diesem Band auf diesen Zusammenhang hin. Im *Achtzehnten Brumaire* wendet Marx seine – weitgehend Fragment gebliebene – Klassentheorie auf konkrete politische Auseinandersetzungen an. Er zeigt dabei, dass sein Materialismus keineswegs in der Weise eines einfachen und vereinfachenden Schemas zu verstehen ist, sondern sich den jeweiligen komplexen gesellschaftlichen und politischen Verhältnissen anpasst.

Die *Kritik des Gothaer Programms* kann hier ebenfalls als eine Schrift angeführt werden, die in das damals aktuelle politische Geschehen eingreift, wenn auch mit Blick auf theoretische Diskussionen. Es geht um das Programm der SPD, die 1875 (vorerst noch als „Sozialistische Arbeiterpartei Deutschlands") aus der Vereinigung zweier sozialdemokratischer Bewegungen hervorging. Diese Schrift enthält einige wichtige theoretische Aussagen, vor allem in Bezug auf eine zukünftige sozialistische und kommunistische Gesellschaft.

Während auf die Darstellung anderer ökonomischer Schriften wie *Lohn, Preis, Profit* und *Zur Kritik der politischen Ökonomie* hier verzichtet werden soll, lohnt es sich kurz bei den sogenannten *Grundrissen* zu verweilen, die in den spezialisierteren Diskussionen über Marx immer wieder genannt und hinzugezogen werden. Dabei handelt es sich um umfangreiche ökonomische Manuskripte von Marx aus den Jahren 1857/58 namens *Grundrisse der Kritik der politischen Ökonomie*, die erstmals 1939 und 1941 in zwei Teilen in Moskau erschienen.

Sie stellen ein wichtiges Dokument der Entwicklung der marxschen ökonomischen Theorie dar und sind sozusagen eine Vorstudie zum *Kapital*. In manchen Aspekten ergänzen sie das *Kapital*, weil Marx hier auch Themen anspricht, die im *Kapital* weggelassen oder nur sehr kurz aufgenommen werden. Auch ist der Duktus des Werks anders, wodurch heute der Eindruck entstehen kann, dass es sich um eine wesentliche Ergänzung zum *Kapital* handele. Dennoch darf nicht vergessen werden, dass auch die *Grundrisse* noch eine Stufe zum *Kapital* hin sind. Es wäre eine Überschätzung anzunehmen, man habe hier ein „besseres“ *Kapital*, etwa weil Marx bei der Publikation zugunsten der Verständlichkeit oder aus anderen Motiven Kompromisse bei den Formulierungen eingegangen wäre und dabei Wesentliches verlorengegangen wäre. Für die *Grundrisse* gilt also dasselbe wie für viele andere Werke von Marx und Engels. Sie mögen interessant sein und im Einzelnen wichtige Einsichten bieten. Die reife marxsche Theorie und damit das entwickeltste Stadium der marxschen Gesellschaftstheorie findet man jedoch erst im *Kapital*.

Die anderen Schriften sind eher etwas Zusätzliches, was für Marx-Spezialisten oder Leser mit Spezialinteressen, etwa für die Geschichte des neunzehnten Jahrhunderts, relevant sein mag. Wer jedoch die marxschen Schriften rezipiert, um die Grundlagen der kapitalistischen Gesellschaft zu begreifen, ist primär auf das *Kapital* verwiesen.

In den Grundrissen sind auch Abschnitte enthalten, die keine direkte Entsprechung im *Kapital* haben, dort also sozusagen verlorengegangen sind. Ein solcher Abschnitt ist das *Maschinenfragment*, in dem Marx sich mit der Rolle der Maschinisierung im Kapitalismus auseinandersetzt.[4]

Dabei ist Marx einerseits ein Anhänger des technischen Fortschritts. Andererseits sieht er, dass die technischen Fortschritte im Kapitalismus den Arbeitenden nur sehr bedingt zugutekommen. So führt die ständig zunehmende Produktivität kaum zu einer Arbeitszeitverkürzung, die technisch möglich wäre. Ganz im Gegenteil bedroht der technische Fortschritt die Arbeiter, da ihre Arbeit durch Technik überflüssig gemacht zu werden droht. Die Maschinisierung kommt den arbeitenden Menschen nicht zugute, denn der Fortschritt saugt im Gegenteil einerseits immer mehr Arbeiter oder mehr Arbeit in den Prozess und wirft andere dagegen in die Arbeitslosigkeit.

Hieran zeigt sich ein zentraler Widerspruch des Kapitalismus, der Fortschritt nur im Interesse der Profitmaximierung und nicht zum Wohle der Allgemeinheit fördert.

---

4 Karl Marx: Grundrisse der Kritik der politischen Ökonomie, MEW 42, S. 590–609. Die Bezeichnung „Maschinenfragment“ ist nicht identisch mit einer Kapitelüberscrift.

Auf die Schriften von Engels wird in der Marxforschung oftmals etwas herabgeschaut. Engels gilt als Popularisierer oder gar Verfälscher der marxschen Theorie. Sicherlich erreichen seine Schriften nicht die Tiefe der ökonomischen Schriften von Marx. Die Breite seiner Interessen war jedoch enorm: Er schrieb unter anderem über Militärgeschichte, Naturwissenschaft, Sprachgeschichte, Wirtschaftsgeschichte, Philosophie und aktuelle politische Ereignisse. Nicht alle dieser Schriften haben einen direkten politischen Bezug oder einen direkten Bezug zur kritischen Gesellschaftswissenschaft. Hervorzuheben ist jedoch, dass der junge Friedrich Engels einen wesentlichen Beitrag dazu geleistet hat, Marx auf die modernen sozialen Probleme aufmerksam zu machen mit seinen frühen Schriften *Die Lage der arbeitenden Klasse in England* und *Umrisse zu einer Kritik der Nationalökonomie*. Engels hatte als Sohn eines Unternehmers früher als der Philosoph Marx ein Verständnis von der Ökonomie und davon, dass die neue Wissenschaft der „Nationalökonomie" den Schlüssel zum Begreifen der modernen Gesellschaft bot. Auch in der Hochphase der theoretischen Arbeit von Marx war Engels derjenige, der die besseren und direkteren praktischen Kenntnisse über Arbeitsprozesse und das Management eines kapitalistischen Unternehmens hatte, weshalb er Marx mit Informationen aushalf und im von ihm herausgegebenen zweiten und dritten Band des Kapitals umfangreiche Ergänzungen und Korrekturen beisteuerte.

Das *Kapital*

Marx' Theorie findet ihren Ausdruck also vor allem im 1867 erschienenen *Kapital*, bzw. in dessen erstem Band. Dessen Studium sollte man sich vor allem widmen, wenn man die Bewegungsgesetze der kapitalistischen Gesellschaft begreifen will. Gemäß dem Untertitel seines Werks beabsichtigt Marx eine „Kritik der politischen Ökonomie". „Politische Ökonomie" war zu seiner Zeit der Ausdruck für das, was wir heute als „Volkswirtschaft" oder „Volkswirtschafts*lehre*" bezeichnen. „Ökonomie" ist etymologisch die Verwaltung des „Oikos", des landwirtschaftlichen Haushalts. Der Ausdruck hat seine Wurzeln offensichtlich in einer Zeit, als der Großteil der Menschen in der Landwirtschaft arbeitete, die Landwirtschaft also die vorwiegende Form des Wirtschaftens war. Den Ausdruck „politische Ökonomie" entwickelte man, um die Angelegenheiten der gemeinschaftsbezogenen Ökonomie von der Führung des landwirtschaftlichen Haushalts abzugrenzen. Er hat also nicht direkt damit etwas zu tun, dass diese Wissenschaft der „politischen Ökonomie" besonders politisch engagiert wäre oder Verbindungen zur Politik besonders hervorheben würde.

Marx stellt sich mit diesem Untertitel von vornherein als einen *Kritiker* der Wirtschaftswissenschaft dar, nicht einfach als einen weiteren, vielleicht besonders guten, Wirtschaftswissenschaftler. Marx sieht sich also nicht ohne Weiteres als einen „Ökonomen". Er kritisiert nicht nur einzelne Lehren der Ökonomie, sondern vielmehr diese ganze Disziplin als eine „bürgerliche" Wissenschaft. Zwar leugnet er die wissenschaftlichen Fortschritte der Ökonomie nicht, die vor allem Adam Smith und David Ricardo im Begreifen der modernen Gesellschaft erzielt haben. Dennoch handelt es sich nach Marx um eine Wissenschaft, die bestimmten, durch die kapitalistische Gesellschaft gegebenen Schranken unterliegt. Die bürgerlichen Ökonomen nehmen die Gesellschaft nur aus dem Blickwinkel ihrer eigenen Lebensverhältnisse, womöglich aus dem Blickwinkel ihrer Klasse wahr. Die kapitalistische Ökonomie betrachten sie als etwas letztlich Natürliches und zeitlos Gültiges, das man zwar verstehen, aber nicht grundsätzlich umgestalten oder abschaffen kann. Sie sehen ihre Wissenschaft nicht, wie Marx und Engels es tun, als die Wissenschaft von den Gesetzmäßigkeiten einer bestimmten Epoche und Gesellschaftsordnung, die historisch entstanden ist und wieder vergehen wird. Die Ökonomie hat damit bereits als solche etwas „Ideologisches", sie hat durch den sozialen Standpunkt der Wissenschaft und ihrer Vertreter gezogene und nicht angetastete Grenzen. Während Smith und Ricardo von Marx hochgeschätzt werden, überwiegt bei anderen, die von ihm häufig „Vulgärökonomen" genannt werden, das ideologische Element: Die „Vulgärökonomen" (zahlreiche heute außerhalb von Fachkreisen und *Kapital*-Lektürekursen nicht mehr bekannte Denker) entwickeln die Wissenschaft nicht weiter, sondern sind vor allem damit beschäftigt den Kapitalismus auf durchsichtige Weise zu rechtfertigen. In Marx' Augen überwiegt bei Ihnen das Motiv, den Kapitalismus gegen die erstarkende Arbeiterbewegung zu verteidigen, über das Erkenntnisinteresse. Marx ist insofern kein Ökonom, als er die Produktionsweise nicht als ein eigenständiges Gegenstandsgebiet betrachtet, sondern als einen Bereich der Gesellschaft. Die „Gesetze" der Ökonomie sind folglich allenfalls historische Gesetze einer bestimmten, zu überwindenden Gesellschaftsform. Marx ist daher besser als Gesellschaftswissenschaftler denn als Ökonom zu bezeichnen.

Marx kritisiert somit in einem die Wissenschaft der Ökonomie wie auch die reale Ökonomie des Kapitalismus. Im *Kapital* geht es um die kapitalistische Gesellschaft: „es ist der letzte Endzweck dieses Werks, das ökonomische Bewegungsgesetz der modernen Gesellschaft zu enthüllen"[5], heißt es im Vorwort. Es geht also nicht um die Geschichte als ganze oder epochenübergreifende Themen wie die menschliche Produktion als solche, sondern um den Gesellschaftstypus, der sich zur Zeit, als das Werk verfasst wurde, in Europa durchgesetzt hatte und in dessen Zentrum, London, Marx lebte. Das *Kapital* entwickelt systematisch die Funktionsweise des Kapitalismus. Auch wenn seine Beispiele oftmals dem entwickeltsten kapitalistischen Land, England, entstammen, ist es kein Buch über die sozialen Verhältnisse im England einer bestimmten Zeit und auch kein Buch über den Kapitalismus des neunzehnten Jahrhunderts. Historische Beispiele werden zur Illustration genannt, sie sind aber nicht das eigentliche Interesse des Werks. Es geht Marx vielmehr um den grund-

5 Das Kapital. Kritik der politischen Ökonomie, Band I, MEW 23, S. 15f.

legenden Aufbau der kapitalistischen Produktionsweise, deren *Logik* hier dargelegt wird. Seine Erkenntnisse müssten also auf alle kapitalistischen Länder zutreffen, wenngleich sie jeweils an die gegebenen Verhältnisse angepasst und somit konkretisiert werden müssen. Daher begründet sich auch die noch heute gegebene Relevanz dieses Werks. Es geht um Strukturen der Gesellschaft, die diese als kapitalistisch kennzeichnen und die bis heute gegeben sind. Sicher sind sie in jedem kapitalistischen Land und zu jeder Zeit unterschiedlich ausgeprägt. In seinen Zentren ist der Kapitalismus heute viel weiter entwickelt, als Marx sich es ausmalen konnte. Umgekehrt war zu Marx' Zeiten der Kapitalismus in vielen europäischen Ländern noch unterentwickelt und es gab ausgeprägte mittelalterliche, feudale Residuen. In Russland wurde die Leibeigenschaft erst 1861 abgeschafft, in den USA die Sklaverei (die hier nichts mit der antiken Produktionsweise zu tun hat, aber auch nicht dem entwickelten Kapitalismus entspricht) erst 1865.

Dabei sind Grenzen des marxschen Hauptwerks offenkundig. Es ist Marx nur zu einem kleinen Teil gelungen, das Werk zu schreiben, das er vorhatte zu schreiben. So gibt es einen älteren Plan von Marx, demzufolge er in fünf Schritten von den „allgemeinen abstrakten Bestimmungen, die daher mehr oder minder allen Gesellschaftsformen zukommen" über mehrere Zwischenschritte bis zum Staat als Zusammenfassung der bürgerlichen Gesellschaft und zur Darstellung der internationalen Arbeitsteilung gelangen wollte, wie er sie in den Grundrissen niedergelegt hat.[6] Nicht nur ist Marx im *Kapital* schließlich anders vorgegangen, indem er nicht von den Bestimmungen, die allen Gesellschaften gemein sind, ausgegangen ist, er ist auch nicht mehr dazu gekommen, den Staat und die internationale Arbeitsteilung zu analysieren und darzustellen. Sein veröffentlichtes Hauptwerk entwickelt, grob gesagt, nur die Logik des Einzelkapitals unter Ausschluss vieler gesellschaftlicher Bereiche, die es auch zu Marx' Zeiten bereits gab, wie des Handels, des Finanzwesens und des Staats. Diese weiteren Bereiche werden nur fragmentarisch in den von Engels aus dem Nachlass veröffentlichten weiteren Bänden des *Kapital*

6 Karl Marx: Einleitung zu den „Grundrissen der Kritik der politischen Ökonomie", MEW 42, S. 42.

behandelt. Dass Marx Phänomene des Kapitalismus, die sich erst nach seiner Zeit entwickelt haben, nicht berücksichtigen konnte, versteht sich von selbst. Marx hat den industriellen Kapitalismus seiner Zeit vor Augen gehabt, wenngleich die Logik des Kapitals, die er beschreibt, über diese bestimmte historische Gestalt hinaus andauert. Insofern ist das *Kapital* auch aus diesem Grund, dass es unvermeidbar an der Gesellschaft der Zeit haftet, in der es verfasst wurde, nicht als „Bibel" zu behandeln, so sehr man es auch schätzen mag. Es bleibt der Weiterentwicklung bedürftig, um auf viele Bereiche der gegenwärtigen Gesellschaft angewendet werden zu können.

Marx beschreibt seine Methode in Anlehnung an Hegels System als einen Aufstieg vom Abstrakten zum Konkreten.[7] Das bedeutet, dass er von der Vielfalt und Komplexität der Welt zunächst abstrahiert und mit einem einfachen Allgemeinen beginnt. Dieses wird im Laufe der Untersuchungen differenziert, entwickelt, mit Bestimmungen angereichert und dadurch „konkretisiert". Das „Konkrete" ist für Hegel, anders als oft in der Alltagssprache, nicht das sinnlich Gegebene, sondern dasjenige, was in all seinen Facetten begriffen ist. Die Vielfalt der Welt wird Schritt für Schritt in der Wissenschaft wiedergewonnen, indem sie aus dem Allgemeinen, Abstrakten, heraus entwickelt wird. Der Anfang ist notwendig „abstrakt". Marx beginnt im ersten Kapitel des *Kapital* mit einer allgemeinen, aber noch recht leeren Form des Wirtschaftens, der Analyse der Ware. Hierbei handelt es sich um eine allgemeine Form, die nach Marx für die gesamte kapitalistische Gesellschaft grundlegend ist. Der Kapitalismus ist eine Gesellschaft, in der der wesentliche Teil der Produktion eine Produktion von Waren ist. Warenproduktion ist zwar in vielen Gesellschaften vorhanden. Auch in vorkapitalistischen Gesellschaften gab es Märkte, als Orte des Austauschs im buchstäblichen Sinne, aber auch im Sinne internationalen Handels, man denke an die berühmten Familien, die ihren Reichtum auf Handel gründeten, wie die Fugger und die Medici. Für die ganze Gesellschaft prägend ist die Produktion für den Markt aber erst in der kapitalistischen Gesellschaft.

Die Ware ist für Marx die Einheit von Gebrauchswert und Tauschwert, die er im ersten Kapitel sehr abstrakt analysiert. Der

---

7 Ebd., S. 34ff.

Fortgang des *Kapital* besteht darin, diese abstrakte Warenform mit Bestimmungen anzureichern und die konkreteren gesellschaftlichen Formen, wie Geld, Arbeitskraft, Mehrwert, Profit etc., daraus zu entwickeln. Das Konkrete, die bestimmten Erscheinungsformen werden auf diese Weise erklärt und als besondere Formen eines Allgemeinen erwiesen. Auf diese Weise findet eine systematische Entwicklung der Kapitalismustheorie statt.

Gerade die ersten vier Kapitel des *Kapital* sind daher sehr abstrakt und fern von der bunten Vielfalt, die wir als Wirklichkeit kennen. Wenn man mit politischem Impetus an das Werk herangeht und hören möchte, wie ungerecht die Welt ist und was man dagegen tun kann, oder gar wie verabscheuungswürdig die Herrschenden als Menschen sind, so wird man hier enttäuscht. Auf der Ebene der Analyse der Ware ist eine Ungerechtigkeit noch nicht erkennbar. Alle Menschen sind hier als Warenbesitzer gleich. Erst am Ende des vierten Kapitels des ersten Bandes stellt sich heraus, dass ökonomische Ungleichheit wesentlich zum Kapitalismus gehört: Am Verwertungsprozess des Kapitals sind Menschen beteiligt, die nichts zu verkaufen haben als ihre Arbeitskraft, und auf der anderen Seite Menschen, die die Produktionsmittel besitzen. Hier erst wird Klassenherrschaft sichtbar, wobei hier Klassen durch das jeweilige Verhältnis zu den Produktionsmitteln gekennzeichnet sind, womit sich Marx deutlich vom Schichtenbegriff der heutigen Soziologie absetzt. Es ist zwar zu bezweifeln, dass Aktivisten es überhaupt bis zum vierten Kapitel schaffen. Marx würde jedoch mit Hegel sagen, dass es notwendig ist, mit einer Abstraktion zu beginnen. Würde man mit konkreten Verhältnissen beginnen, etwa sozialen Kämpfen, so wäre das eine Pseudo-Konkretheit. Denn sie wäre noch gar nicht begriffen. Man fühlte sich zwar emotional angesprochen, wüsste aber nicht viel über die scheinbar konkreten Verhältnisse, die einem präsentiert werden. Damit wären sie aber nach Hegels Terminologie auch nur Abstraktionen.

Der ganze erste Band ist noch relativ „abstrakt". Von vielen gesellschaftlichen und wirtschaftlichen Formen, die uns heute zum Teil sehr beschäftigen, wird hier noch abgesehen. So spielt die Konkurrenz unter den Kapitalen noch kaum eine Rolle. Im ersten Band konzentriert sich Marx ausschließlich auf die Logik des Einzelkapitals –

obwohl klar ist, dass dies eine Abstraktion ist, dass das Einzelkapital natürlich in Wirklichkeit nicht alleine ist, sondern die anderen Kapitale, den Staat sowie andere Staaten voraussetzt. Der Konkretisierungsprozess, der Aufstieg zu den konkreten Bestimmungen, ist also gleichzeitig ein schrittweises Entwickeln von dem, was immer schon vorausgesetzt ist. Im zweiten und dritten Band kommen dann wesentliche weitere Phänomene hinzu wie die Zirkulation der Kapitale, der Transport, der Zins. Es gibt aber weitere konkrete gesellschaftliche Formen, die im *Kapital* gar nicht entwickelt werden, selbst wenn man alle drei Bände durcharbeitet, wie den Staat oder den Weltmarkt.

Dies sind konkrete Gestalten des Kapitalismus, die Marx nicht mehr behandeln konnte, obwohl sein ursprünglicher Plan sie mit umfasste, wie bereits oben angesprochen.

Marx' Darstellung ist insofern eine Entfaltung der Logik des Kapitalismus. Andere Phänomene, die aus dieser Logik nicht hervorgehen, bleiben unberücksichtigt. Es geht auch nicht um eine vollständige Darstellung der gesellschaftlichen Verhältnisse der Zeit, in der Marx lebte. Es waren zu seiner Zeit noch nicht alle Menschen freie und gleiche Warenbesitzer, was er in seinem Buch voraussetzt. Frauen z.B. waren gewiss noch keine gleichberechtigten Staatsbürgerinnen. Auch im fortgeschrittenen England waren sie dies nicht. Die Mehrzahl der Menschen arbeitete in der Landwirtschaft, dies teilweise auch noch in eher feudalen als bürgerlichen Verhältnissen. Fast alle Deutschen gehörten noch einer christlichen Kirche an, waren also durch eine antikmittelalterliche Ideologie geprägt – obgleich diese in der Reformation zumindest schon einmal modernisiert worden war. Wenn Marx die Gesellschaft seiner Zeit beschreiben wollte, wie sie faktisch war, wären also viele Elemente zu erörtern, die nicht der Logik des Kapitals entstammen, sondern Residuen aus dem Feudalismus darstellten. Zur Zeit, als das *Kapital* verfasst wurde, gab es noch nicht einmal einen vereinigten deutschen Staat. Marx dagegen behandelt im Kapital eine Art reinen Kapitalismus, einen „idealen Durchschnitt"[8].

Diesen entwickelt er aus der zunächst ganz abstrakten Analyse der Ware. Die Ware hat immer eine Gebrauchswert- und eine Tauschwertseite. Der Gebrauchswert beruht auf den stofflichen Ei-

---

8 Karl Marx: Das Kapital, Dritter Band, MEW 25, S. 839.

genschaften des Dings, das als Ware fungiert. Der Austausch der Waren erfolgt gemäß dem Tauschwert, dem Verhältnis worin sich zwei Waren gegeneinander tauschen. Dieses Austauschverhältnis beruht nach Marx auf dem Wert der Waren. Der Wert stellt die Arbeit dar, die in einer Gesellschaft im Durchschnitt notwendig ist, um eine bestimmte Ware zu produzieren. Auf dieser Ebene setzt Marx einen Äquivalententausch voraus. Er abstrahiert davon, dass Menschen einander betrügen, indem sie für ihre Ware einen höheren Preis heraushandeln, als es ihrem eigentlichen Wert entspricht. Kapital besteht aber darin, aus Wert mehr Wert zu machen. Dies gelingt durch den Einsatz einer besonderen Ware: der Arbeitskraft, die in der Lage ist, Mehrwert zu produzieren. Kapital besteht demnach im Einsatz von Arbeitskraft mit Produktionsmitteln. In diesem Prozess wird ein Mehrwert erwirtschaftet. Dieser Mehrwert wird zum Teil an den Kapitalisten ausgeschüttet, zum Teil in die Produktion reinvestiert. Kapital wird akkumuliert. Die Eigentümer der Ware Arbeitskraft – Arbeiter – erhalten für ihre Tätigkeit das, was nötig ist, um ihre Ware zu reproduzieren: einen Lohn, der ausreicht dafür, dass sie ihr Leben und das ihrer Familie bestreiten. Was das bedeutet, wird in einem gesellschaftlichen Konflikt – Klassenkampf – ausgehandelt. Darin kommen auch weitere Teile des Wertes der Ware Arbeitskraft zur Geltung wie Kosten der öffentlichen Infrastruktur, Bildungswesen, Gesundheitsfürsorge, die für die Reproduktion der Klasse konstitutiv sind.

Gegen Ende des ersten Bandes des *Kapital* unterbricht Marx die systematisch-logische Entwicklung der modernen Ökonomie und betrachtet ihre geschichtliche Entstehung. Das 24. Kapitel mit dem Titel *Die sogenannte ursprüngliche Akkumulation* schildert, wie in einem durchaus gewaltsamen historischen Prozess in der Neuzeit erstmalig gesellschaftliche Verhältnisse geschaffen wurden, in denen auf der einen Seite Menschen Eigentum an Kapital hatten, auf der anderen Seite eine eigentumslose Klasse geschaffen wurde, die sich folglich bei den Kapitaleigentümern verdingen musste. Damit wird deutlich, dass es sich nicht um ein natürliches und auch nicht um ein friedlich gewachsenes System handelt, sondern um ein System, das in einem konflikthaften Prozess mit Gewinnern und Verlierern erst spät in der Geschichte entstanden ist und auch wieder überwunden werden kann.

Im zweiten Band behandelt Marx den gesellschaftlichen Reproduktionsprozess des Kapitals unter Betrachtung der unterschiedlichen Kapitale. Grundsätzlich handelt es sich um die Investitionsgüter produzierende Abteilung (Abteilung I) und die Konsumgüter produzierende (Abteilung II) und ihre Beziehungen zu einander. Die Frage ist, welche gesellschaftlichen Prozesse arbeitsteilig, in verschiedenen Sektoren der Ökonomie, ablaufen müssen, damit das Kapital sich in einem kontinuierlichen Prozess auf höherer Stufenleiter reproduzieren, also eine Akkumulation stattfinden kann. Die Notwendigkeit, Waren nicht nur zu produzieren, sondern auch zu lagern, zu transportieren und abzusetzen sowie die dafür aufzuwendende Zeit zu verkürzen, kommt dabei in den Blick.

Der dritte Band soll den ersten und den zweiten zusammenführen und den „Gesamtprozess der kapitalistischen Produktion" behandeln. Dabei werden mehr und mehr spezifische Verhältnisse des Kapitalismus einbezogen wie das Handelskapital und der Kredit. Der Durchschnittsprofit hat laut Marx historisch eine Tendenz zu sinken, da immer mehr Investitionen in Maschinerie und Technologie nötig sind, um auf dem erreichten gesellschaftlichen Niveau produzieren zu können. Dieses Phänomen verschärft Krisentendenzen. Im dritten Band geht es also auch um die Krisen und damit um die Frage, ob oder inwiefern der Kapitalismus sich selbst zu Fall bringt. Es ist interessant, dass Engels, der den zweiten und den dritten Band des *Kapital* nach Marx' Tod herausgegeben hat, sich hier häufiger zu Wort meldet und Marx auch das eine oder andere Mal kritisch würdigt.

Wie sein philosophischer Vorfahre Hegel, aber auch in Anlehnung an die sich rasch und auf beeindruckende Weise entwickelnden Naturwissenschaften seiner Zeit hat Marx einen emphatischen Begriff von Wissenschaft. Wissenschaft ist ihm das Aufdecken dessen, was den Erscheinungen zugrunde liegt: „Wenn Wesen und Erscheinung der Dinge zusammenfielen, wäre alle Wissenschaft überflüssig."[9] Diese hegelsche Terminologie ist heute zwar ungewohnt, aber nach wie vor berechtigt. Die Unterscheidung von Wesen und Erscheinung darf

9 Karl Marx: Kapital, Dritter Band, MEW 25, S. 825.

nicht mit idealistischer Mystifikation identifiziert werden. Es geht nicht darum, in irrationaler Weise etwas in die Dinge hineinzugeheimnissen, sondern Zusammenhänge, Bedingungen, Strukturen offenzulegen, die eben nicht immer schon offen zutage liegen. Auch Adorno bekennt sich in diesem Sinne zur Differenz von Wesen und Erscheinung: „Wesen ist nicht länger als reines geistiges Ansichsein zu hypostasieren. Vielmehr geht Wesen über in das unter der Fassade des Unmittelbaren, den vermeintlichen Tatsachen verborgene, das sie zu dem macht was sie sind".[10] Das „Wesen" ist daher das Wesentliche, was den mannigfachen Erscheinungen zugrunde liegt und diese bestimmt. Was die Phänomene bedingt, was ihnen zugrunde liegt, ist uns nicht ohne Weiteres evident. Es bedarf der gedanklichen Arbeit, um sie zu aufzudecken. Ebendies ist Wissenschaft.

Marx geht es also nicht um eine moralische Schelte, sondern um eine wissenschaftliche Analyse und Kritik des Kapitals. Personen direkt für gesellschaftliche Probleme haftbar zu machen, lehnt er ausdrücklich ab. Im Vorwort zum *Kapital* erklärt er, dass bei ihm die Vertreter der herrschenden Klassen, Grundeigentümer und Kapitalisten, nicht persönlich schlecht dargestellt würden.[11] Damit wendet er sich auch gegen Sozialisten, die zu recht gegen Herrschaftsverhältnisse aufbegehren, aber einer verkürzten Gesellschaftskritik unterliegen, indem sie die Gesellschaft personalisieren und schlechte Charaktereigenschaften oder Verhaltensweisen der Herrschenden (oder vermeintlich Herrschenden) für Missstände verantwortlich machen. Beispiele wären etwa die „Gier" von Managern oder der Eindruck individuell beim Kauf und Verkauf betrogen zu werden. Dies mag es durchaus geben, Marx bestreitet aber, dass die grundlegenden Missstände in der kapitalistischen Gesellschaft auf schlechte Moral oder Betrug zurückzuführen seien. Umgekehrt können Kapitalisten oder Grundeigentümer sogar ganz ehrenwerte Menschen sein und trotzdem ihre ökonomische Rolle zum Nachteil anderer ausfüllen. Ein extremer Ausdruck personalisierender Gesellschaftskritik ist der Antisemitismus, der eben in der radikalen Personalisierung von Gesellschaft besteht. Verschwörungen böswilliger Menschen, vorzugsweise,

10 Theodor W. Adorno: Negative Dialektik, Frankfurt am Main 1966, S. 169.
11 Karl Marx: Kapital, Erster Band, MEW 23, S. 16.

aber nicht ausschließlich: Juden, werden für Missstände verantwortlich gemacht, welche in Wirklichkeit wesentlich mit der kapitalistischen Produktionsweise verbunden sind. Die marxsche Theorie ist daher das beste Antidot gegen Antisemitismus. Es ist aus diesem Grund auch irreführend Marx als Antisemiten zu bezeichnen. Marx war ein Freund offener Worte und hatte wenig Bedenken, insbesondere in privater Kommunikation, Minderheiten oder auch Mehrheiten despektierlich zu bezeichnen. Zudem war er als Materialist und Religionskritiker gewiss kein Freund des Judentums als Religion, unabhängig davon, dass er selbst jüdischer Herkunft war. In unseren empfindlichen Zeiten mag dies schockieren. Es ist jedoch ratsam, nicht primär auf Worte, sondern auf den gedanklichen Gehalt zu achten. Und dieser ist der dem Antisemitismus eigenen personalisierenden Gesellschaftsauffassung absolut entgegengesetzt.

Marx und Engels waren Pioniere der Gesellschaftswissenschaft. Sie sahen zu Recht eine enge Verwandtschaft ihres Denkens zu demjenigen von Darwin. Wie Darwin eine bahnbrechende Theorie über geschichtliche Entwicklung in der Natur vorgelegt hat, so hat etwa zeitgleich zu ihm Marx erkannt, dass Gesellschaft sich in einem ungeplanten Prozess entwickelt. Marx und Engels verwenden für diesen bewusstlosen Prozess oftmals das Adjektiv „naturwüchsig“. Im Vorwort zum *Kapital* schreibt der Autor, dass er „die Entwicklung der ökonomischen Gesellschaftsformation als einen naturgeschichtlichen Prozeß auffaßt“.[12] Sie verwechseln damit nicht Natur und Gesellschaft, auch wenn sich das für die heutige Leserschaft vielleicht an manchen Stellen so anhört. Marx betont die Analogie zur Natur, weil er es so betrachtet, dass die menschliche Geschichte weder von einem höheren Wesen vernünftig geplant wurde, noch von der eigenen Vernunft der Menschen bestimmt wurde, sondern sich in einem den Akteuren unbewussten, gesellschaftlichen Prozess entwickelt hat. Entsprechend beansprucht er für seine Wissenschaft eine ebensolche Objektivität wie die Naturwissenschaft. Er hegt nach dem Marxologen Dieter Wolf den Anspruch, „dass die ‚Kritik der politischen Ökonomie‘ eine Wissenschaft ist, die sich hinsichtlich ihrer Stringenz, Konsistenz und Rationalität nicht von den Naturwissenschaften un-

12 Ebd.

terscheidet."[13] Nichts liegt ihm jedoch ferner als gesellschaftliche Verhältnisse zu naturifizieren. Und so kritisiert er etwa im Nachwort zur zweiten Auflage desselben Werkes, dass Ricardo den gesellschaftlichen Gegensatz der Klassen „naiv als gesellschaftliches Naturgesetz auffaßt".[14]

Marx betrachtet sich also in einem emphatischen Sinne als Wissenschaftler. Als Philosoph dagegen versteht er sich zur Zeit des *Kapital* schon lange nicht mehr. In den Frühschriften setzt er sich kritisch mit der Philosophie auseinander und verwirft sie als eine zum Verständnis der neuen Zeit nicht geeignete Bewusstseinsform (als „Ideologie"). Hegel ist für ihn der letzte Philosoph, der letzte Vertreter einer europäischen Denklinie, die viele Fortschritte erreicht hat, aber im neunzehnten Jahrhundert an eine für sie unüberwindliche Grenze gekommen ist. Gewiss kann man verschiedenes unter Philosophie verstehen und die Denker des zwanzigsten Jahrhunderts haben in verschiedener Weise an die traditionelle Philosophie angeknüpft und werden bis heute als Philosophen bezeichnet. Für Marx war allerdings die Philosophie historisch an ihrem Ende angekommen. Die moderne Natur- und Gesellschaftswissenschaft hat sie überwunden und aufgehoben.

13 Dieter Wolf: Zum Systemcharakter der ökonomisch-gesellschaftlichen Verhältnisse, zu den methodisch bedeutsamen Abstraktionen und zur Methode des „Aufsteigens vom Abstrakten zum Konkreten", Beiträge zur Marx-Engels-Forschung Neue Folge 2009, S. 88.

14 Karl Marx: Das Kapital, Erster Band, MEW 23, S. 20.

Ware, Wert und Kapital

Marx beginnt das *Kapital* mit dem Begriff der Ware, indem er die kapitalistische Gesellschaft als eine „ungeheure Warensammlung"[15] bezeichnet. Dass ein Gut jedoch zu einer Ware wird, setzt dreierlei voraus. Erstens ist es ein Produkt, das für seinen Besitzer keinen unmittelbaren Nutzen hat: Es wird hergestellt, um es zu tauschen. Zweitens ist es Privateigentum. Der Kapitalismus ist eine (Privat-) Eigentümergesellschaft – wie alle anderen Gesellschaften vor ihm, abgesehen vom Kommunismus der Urgesellschaft. Und drittens besteht die Freiheit der Menschen, mit ihren Mitmenschen in Konkurrenz zu treten, weil sie den Anspruch haben, das Produkt besser, schneller und ggf. billiger zu produzieren und anzubieten. Dazu müssen sich die Menschen aber als freie Wirtschaftssubjekte anerkennen. Und dies gilt sowohl für den Produktionsmittelbesitzer, den Kapitalisten, als auch für den Arbeiter, den Marx ganz allgemein Proletarier nennt. Im Kapitalismus sind die vielfältigen traditionellen Verbindungen, die die Menschen Jahrtausende prägten, aufgelöst worden. Die Menschen treten einander auf dem Markt als frei und gleich gegenüber. „Die Bourgeoisie, wo sie zur Herrschaft gekommen, hat alle feudalen, patriarchalischen, idyllischen Verhältnisse zerstört. Sie hat die buntscheckigen Feudalbande, die den Menschen an seinen natürlichen Vorgesetzten knüpften, unbarmherzig zerrissen und kein anderes Band zwischen Mensch und Mensch übriggelassen als das nackte Interesse, als die gefühllose ‚bare Zahlung'".[16] Der Kapitalismus unterscheidet sich nun von anderen Gesellschaftsformen dadurch, dass die beschriebene Art zu produzieren, die Produktion für den Markt, die vorherrschende Produktionsweise der Gesellschaft bildet. Waren und deren Produktion hat es auch schon vorher gegeben, Völker haben mit anderen getauscht. Der Kapitalismus, der auf Tauschwirtschaft beruht, und mit ihm das Handelskapital, hat sich an den regionalen Grenzen der Völker entwickelt. Die Produktion für den Markt

15 Ebd., S. 49: „Der Reichtum der Gesellschaften, in welchen kapitalistische Produktionsweise herrscht, erscheint als eine ‚ungeheure Warensammlung', die einzelne Ware als seine Elementarform."

16 Karl Marx/ Friedrich Engels: Manifest der kommunistischen Partei, MEW 4, S. 464.

hat jedoch in vorkapitalistischen Epochen immer nur einen relativ geringen Teil der gesellschaftlichen Produktion erfasst.

Der Schlüssel zum Verständnis des Kapitalismus ergibt sich aus der Analyse der Ware und ihres Doppelcharakters. Zunächst einmal muss eine Ware nützlich sein, also einen Gebrauchswert haben, sie muss also ein Bedürfnis befriedigen – wie z.B. ein Stück Brot. Es macht satt und erhält damit bestenfalls die Gesundheit. Jedes Gut hat einen speziellen unterscheidbaren Gebrauchs- oder Nutzwert, und zwar unabhängig von der Gesellschaft. D.h. auch Güter, die nicht als Waren auf den Markt gelangen, haben einen Gebrauchswert.

Neben ihrem Gebrauchswert hat die Ware noch eine zweite Eigenschaft, nämlich in einem bestimmten Verhältnis austauschbar gegen andere Waren zu sein. Sie hat einen Tauschwert. Ein Rock hat einen Tauschwert von 20 Ellen Leinwand und umgekehrt, obwohl beide natürlich unterschiedliche Güter sind. Marx fragt sich, was es sein könnte, das diesem Gleichsetzungsverhältnis von zwei Waren zugrunde liegt, was ihren spezifischen Tauschwert bestimmt. Da den beiden Waren nach ihrer Gebrauchswertseite nichts gemein ist, was ihren inneren Wert ausmachen könnte, kann dies nur die Tatsache sein, dass beide Arbeitsprodukte sind, dass „Arbeit in ihnen steckt". In dieser Hinsicht sind sie vergleich- und quantifizierbar. Es ist ihnen gemeinsam, dass für ihre Produktion dieselbe Quantität Arbeit vonnöten ist, „daß beide Warenquanta also gleich viel Arbeit kosten oder gleich große Arbeitszeit."[17] Hierbei handelt es sich jedoch nicht um die konkrete Arbeit, die jemand in die Produktion eines Dings gesteckt hat, sondern um durchschnittlich-gesellschaftliche Arbeitszeit, die zur Produktion eines Guts in einer bestimmten Gesellschaft zu einer bestimmten Zeit notwendig ist. „Es könnte scheinen, daß, wenn der Wert einer Ware durch das während ihrer Produktion verausgabte Arbeitsquantum bestimmt ist, je fauler oder ungeschickter ein Mann, desto wertvoller seine Ware, weil er desto mehr Zeit zu ihrer Verfertigung braucht. Die Arbeit jedoch, welche die Substanz der Werte bildet, ist gleiche menschliche Arbeit."[18] Marx nennt diesen Aspekt der Arbeit „abstrakt" im Gegensatz zur Vielfalt der konkreten Arbeiten,

17 Karl Marx: Kapital, Erster Band, MEW 23, S. 67.

18 Ebd., S. 53.

wie Schneidern, Weben oder Tischlern. Arbeit hat im Kapitalismus also ebenfalls einen Doppelcharakter: Als konkret-nützliche Arbeit produziert sie bestimmte Gebrauchswerte. Gleichzeitig konstituiert sie als abstrakte Arbeit den Wert einer Ware. Durch die abstrakte, wertbildende Arbeit wird die Vielfalt der Gebrauchswerte vereinheitlicht und vergleichbar. „Eine Ware mag das Produkt der kompliziertesten Arbeit sein, ihr Wert setzt sie dem Produkt einfacher Arbeit gleich und stellt daher selbst nur ein bestimmtes Quantum einfacher Arbeit dar. Die verschiednen Proportionen, worin verschiedne Arbeitsarten auf einfache Arbeit als ihre Maßeinheit reduziert sind, werden durch einen gesellschaftlichen Prozeß hinter dem Rücken der Produzenten festgesetzt und scheinen ihnen daher durch das Herkommen gegeben. Der Vereinfachung halber gilt uns im Folgenden jede Art Arbeitskraft unmittelbar für einfache Arbeitskraft, wodurch nur die Mühe der Reduktion erspart wird.“[19]

Mit ihrem Wertaspekt zählt eine Ware also unmittelbar als etwas Gesellschaftliches: „Die Form des Holzes z.B. wird verändert, wenn man aus ihm einen Tisch macht. Nichtsdestoweniger bleibt der Tisch Holz, ein ordinäres sinnliches Ding. Aber sobald er als Ware auftritt, verwandelt er sich in ein sinnlich übersinnliches Ding. Er steht nicht nur mit seinen Füßen auf dem Boden, sondern er stellt sich allen andren Waren gegenüber auf den Kopf und entwickelt aus seinem Holzkopf Grillen, viel wunderlicher, als wenn er aus freien Stücken zu tanzen begänne.“[20] Was Marx mit diesen ironischen Worten sagen will, ist, dass die Wertseite der Ware nicht sichtbar, nicht wahrnehmbar ist. Die Ware hat mit ihrer Wertseite eine zweite, gesellschaftliche Natur. Diese Wertseite kommt aber nur in einem Gebrauchswert zum Ausdruck. Die Ware zeigt ihren Wert in einer anderen Ware. Es sieht dann so aus, als wäre diese zweite Ware nach ihrer Gebrauchswertseite Wert. Ein Tisch ist 100 Äpfel wert. Es entsteht der Eindruck, die Äpfel „seien“ irgendwie der Wert, der im Tisch steckt. Das gesellschaftliche Verhältnis Wert erscheint als Ding. Marx nennt dies den „Fetischismus“ der Ware. Er vergleicht das Verhältnis des Menschen zu Waren also mit der religiösen Verehrung von Dingen. Die Wertseite

---

19 Ebd., S. 59

20 Ebd., S. 85.

der Waren ist – wie die Religion – von Menschen hervorgebracht. Sie erscheint jedoch wie beim Fetisch als Ding (in diesem Fall Äpfel, man könnte auch – realitätsnäher – Gold als Beispiel nehmen), als hätte das Ding selbst eine bestimmte Eigenschaft oder Fähigkeit. Diese Eigenschaft, Wert auszudrücken, steckt jedoch nach Marx nicht in dem Ding als solchen – der Apfel ist nicht an sich, von Natur aus Wert oder in besonderer Weise in der Lage Wert auszudrücken – sondern ist ein gesellschaftliches Phänomen. Außerhalb einer warenproduzierenden Gesellschaft hätte das Ding diese Eigenschaft nicht – ebenso wie ein religiöser Fetisch seine Kraft außerhalb der bestimmten Kultur, in der er die Bedeutung als religiöses Objekt hat, verlöre.[21]

Waren werden zum Tausch auf den Markt gebracht. In Marx' idealtypischem Kapitalismus geschieht dieser Tausch immer zum wirklichen Wert der Waren, also äquivalent, er sieht somit von jeder eventuellen Übervorteilung ab. In der historischen Entwicklung des Warentauschs kristallisiert sich eine bestimmte Ware heraus, die als Wertrepräsentant aller Waren anerkannt wird. Diese Ware wird zur Geldware. Wir tauschen also Ware gegen Geld, um die Ware zu bekommen, die wir zum Konsum benötigen. Marx fasst diesen Prozess in der Formel W – G – W zusammen.

Ist das Ziel jedoch nicht allein der Tausch Ware gegen Ware zu Konsumzwecken, sondern steht das Geld im Vordergrund, so ergibt sich die Formel G – W – G. Man kauft eine Ware, um sie wieder zu verkaufen und am Ende Geld zu erhalten. Da dieser Kreislauf jedoch sinnlos ist, wenn nicht am Ende mehr Geld als zuvor herauskommt, müssen wir genau genommen formulieren: G – W – G', oder noch weiter vereinfacht: G – G'. Hiermit haben wir die Formel des Kapitals. „Der Wert wird also prozessierender Wert, prozessierendes Geld und als solches Kapital. Er kommt aus der Zirkulation her, geht wieder in sie ein, erhält und vervielfältigt sich in ihr, kehrt vergrößert aus ihr zurück und beginnt denselben Kreislauf stets wieder von neuem. G – G', geldheckendes Geld – money which begets money – lautet die Beschreibung des Kapitals im Munde seiner ersten Dolmetscher,

21 Dieser marxsche Gebrauch von „Fetischismus" ist von psychologischen Fetisch-Begriffen streng zu unterscheiden.

der Merkantilisten."[22] Anders als beim Konsum von Gebrauchswerten gibt es keine natürliche Grenze für diesen Prozess. Daher ist diese Bewegung maßlos, was die ungeheure Dynamik des Kapitalismus ausmacht, den permanenten Prozess der Selbstvermehrung von Geld.

Nun ergibt sich allerdings die Frage, wie eine solche Vermehrung von Geld möglich ist, wenn wir mit Marx voraussetzen, dass im Kapitalismus nur Äquivalente getauscht werden. Wenn wir durch jeden Tauschakt nur immer wieder denselben Wert erhalten, scheint keine Vermehrung möglich. Nach Marx ist dies jedoch möglich, weil es eine Ware gibt, die selbst Wert erzeugen kann, und zwar mehr als nur ihren eigenen Wert: die Ware Arbeitskraft. Kapital besteht also darin, dass Arbeitskraft eingekauft wird, die Waren produziert, deren Wert über den investierten Wert hinausgeht. Der Markt besteht, wie sich jetzt zeigt, nicht nur aus Gleichen, sondern es finden sich Marktteilnehmer vor, die über Geld verfügen, und andere, die über nichts verfügen als ihre Arbeitskraft. Letztere sind die „freien" Lohnarbeiter, die nichts anderes haben als ihre physische Existenz, also doppelt frei sind – frei verfügbar, ohne an einen Herrn gebunden zu sein, und frei von Produktionsmitteln, so dass sie immer wieder ihre Haut zu Markte tragen müssen, um leben zu können „Der ehemalige Geldbesitzer schreitet voran als Kapitalist, der Arbeitskraftbesitzer folgt ihm nach als sein Arbeiter; der eine bedeutungsvoll schmunzelnd und geschäftseifrig, der andre scheu, widerstrebsam, wie jemand, der seine eigne Haut zu Markt getragen und nun nichts andres zu erwarten hat als die – Gerberei."[23]

Mit seinem Geld als Kapital steuert der Kapitalist in der Warenproduktion die „toten" Elemente bei – das konstante Kapital, das in der Produktion seinen Wert nicht verändert und das nur vergangene Arbeit enthält. Es ist – wie bei Maschinen oder Baulichkeiten „fix", denn dieses existiert über einen Produktionszyklus hinaus, oder „zirkulierend", bei Roh- und Hilfsstoffen, die in der Produktion aufgezehrt werden. In der Produktion wird der Wert des konstanten Kapitals auf die Produkte übertragen. Mehrwert wird über die Ausbeutung der Ware Arbeitskraft geschaffen. Das in sie investierte

22 Ebd., S. 170.
23 Ebd., S. 191.

Kapital nennt Marx daher „variabel“: Es vermehrt sich. „Ausbeutung“ ist bei Marx keine moralische, sondern eine wirtschaftliche Kategorie und muss beileibe keine Quälerei sein oder Strafe – es handelt sich um das Schaffen von mehr Wert (also Mehrwert) durch Arbeit. Unter Ausbeutung wird hier verstanden, dass eine Ware zu ihrem Wert gekauft wird, sie jedoch mehr Wert schafft, als es ihrem eigenen Wert entspricht. Alles ist fair und vertraglich festgelegt im Sinne einer formal freien kapitalistischen Gesellschaft – also ist es in diesem Sinne auch gerecht. „Was moralisch gerecht ist, ja selbst was dem Gesetz nach gerecht ist, kann weit davon entfernt sein, sozial gerecht zu sein. Über soziale Gerechtigkeit oder Ungerechtigkeit wird durch eine einzige Wissenschaft entschieden – durch die Wissenschaft, die sich mit den materiellen Tatsachen von Produktion und Austausch befaßt, die Wissenschaft von der politischen Ökonomie.“[24] Und diese Wissenschaft redet eben nicht von Moral und Verwerflichkeit. „Ein gerechter Tagelohn ist unter normalen Bedingungen die Summe, die erforderlich ist, dem Arbeiter die Existenzmittel zu verschaffen, die er entsprechend dem Lebensstandard seiner Stellung und seines Landes benötigt, um sich arbeitsfähig zu erhalten und sein Geschlecht fortzupflanzen. Die wirkliche Lohnhöhe mag, je nach den Schwankungen des Geschäftsganges, manchmal über, manchmal unter diesem Satze liegen; unter normalen Bedingungen sollte dieser Satz jedoch den Durchschnitt aller Lohnschwankungen bilden.“[25]

Der Mehrwert wird dann vom Kapitalisten teilweise für seinen privaten Konsum verwendet und teilweise reinvestiert. „Ein Teil des Mehrwerts wird vom Kapitalisten als Revenue verzehrt, ein andrer Teil als Kapital angewandt oder akkumuliert.“[26] Es findet Kapitalakkumulation statt.

Die Arbeitskraft des Arbeiters wird zu ihrem Wert vom Kapitalisten gekauft.[27] Der Wert der Ware Arbeitskraft bemisst sich wie der

---

24 Friedrich Engels: Ein gerechter Tagelohn für ein gerechtes Tagewerk, MEW 19, S. 247.

25 Ebd., S. 248.

26 Karl Marx: Das Kapital, Erster Band, MEW 23, S. 618.

27 Natürlich geht Marx davon aus, dass in der Praxis die Arbeitskraft wie jede Ware mal über, mal unter ihrem Wert gekauft werden kann. Auch kann dies regional

jeder anderen Ware nach der Menge der Arbeit, die für ihre (Re-) Produktion notwendig ist. D.h. der Arbeiter muss genug erhalten, um sich selbst und seine Familie zu ernähren. Darüber hinaus gehen die Kosten für die notwendige Ausbildung qualifizierter Arbeitskraft in ihren Wert ein. So mag die Arbeitskraft des Ingenieurs mehr wert sein, als die des Gärtners, denn um die Arbeitskraft des Ingenieurs zu schaffen, ist ein Studium erforderlich, während der Gärtner eine – kürzere oder weniger voraussetzungsreiche – Ausbildung hinter sich gebracht hat. Marx spricht dem Wert der Arbeitskraft ein „historisch-moralisches Element" zu.[28] Ihr Wert kann schwanken, je nachdem, was in einer bestimmten Zeit und in einem bestimmten Land für notwendig gilt. Es gehen außerdem auch gesellschaftliche Ausgaben ein, insbesondere wenn man an den Unterhalt der gesellschaftlichen Strukturen wie Bildung, Verkehr, Gesundheit, Kommunikation und anderes denkt.[29]

Das Grundproblem der kapitalistischen Gesellschaft besteht in der privaten Aneignung des Mehrwerts, der sich über Ausbeutung herstellt. Damit eignen sich die Nichtarbeitenden das Produkts der Arbeitenden an. Entscheidungen – auch Fehlentscheidungen – bei der Verwendung des Mehrwerts bleiben dem Kapital vorbehalten, entziehen sich dem gesellschaftlichen Diskurs. Gesellschaftliche Ressourcen werden nicht dort investiert, wo sie den optimalen Nutzen für die Gesellschaft erbringen, sondern dort, wo sie maximalen Profit versprechen. Damit finden Produktion, Forschung und Entwicklung nur dort statt, wo Geld zu machen ist. Damit werden entstehende Schäden der Allgemeinheit aufgebürdet, wie in der Finanzkrise gesehen und wie täglich im Umweltbereich erfahrbar.

---

unterschiedlich sein. Man kann beim Tauschakt auch betrügen. Grundsätzlich ändert das jedoch nichts an der Werttheorie.

28 Karl Marx: Das Kapital, Erster Band, MEW 23, S. 185.

29 Die genaue Bestimmung des Werts der Ware Arbeitskraft unter Einbezug moderner Staatlichkeit ist daher eine komplexe Angelegenheit. Diese Faktoren hat Marx kaum berücksichtigt – weil sie zu seiner Zeit noch nicht entwickelt waren und weil ihre Berücksichtigung nicht dem Abstraktionsgrad des ersten Bandes des *Kapital* entspricht. Vgl. Stephan Krüger: Wert der Arbeitskraft und Mehrwertrate in der Bundesrepublik während der Nachkriegszeit, Zeitschrift Marxistische Erneuerung 117 (2019), S. 125–133.

In einer globalisierten Welt ist der Wert der Ware Arbeitskraft auch global zu betrachten. Was für Mitteleuropa gilt, kann nicht auf Südostasien übertragen werden. Die durchschnittliche Lebenserwartung[30] ist von 1950 bis 2021 von 51 auf 71 Jahre gestiegen und lag damit um 40% über dem Ausgangswert. Jedoch sind hier erhebliche Unterschiede zu verzeichnen. In Deutschland betrug sie 2021 81 Jahre, während Bangladesch eine von 72 Jahren hatte, im südlichen Afrika, aus dem wir viele Rohstoffe beziehen, liegt sie noch einmal zehn Jahre darunter. In den Krisen- und Konfliktländern in Afrika liegt die Lebenserwartung bei leicht über 50 Jahren.

Der Wohlstand der zentralen Länder des Kapitalismus beruht also auch auf einer Überausbeutung des globalen Südens, aus dem die Rohstoffe und Konsumgüter kommen, von denen er lebt. Allein die geringe Lebenserwartung senkt hier den Wert der Ware Arbeitskraft.

Im Kapitalismus entsteht die Tendenz, den Menschen in finanziellen Kategorien auszudrücken. Während es Marx beim Wert der Ware Arbeitskraft um deren Erhaltung, also Reproduktion ging, geht es hier um den Wert des „statistischen" Lebens, worin harte ökonomische Fakten und Verhältnisse sichtbar werden. Wenn das gesamte Leben eines deutschen Mannes 2005 1,65 Millionen Euro betrug,[31] so ist es „wertvoller" als das Leben auf anderen Kontinenten, woraus die kapitalistische Logik schließt, dass erstens in Deutschland bessere Gesundheitsmaßnahmen ergriffen werden müssen und zweitens gesundheitsschädliche Tätigkeiten mehr von „geringerwertigen" Menschen auszuführen sein sollten, denn wenn diese an der Arbeit zugrunde gehen, schadet das der Ökonomie weniger.

Und so steht am Anfang das Geld (als Kapital) und am Ende. So erklärt sich auch die Indifferenz zum Produkt, zum Gut – egal, was ich herstelle, Hauptsache die Rendite stimmt – der „return", wie man auf Englisch sagt. Das englische Wort zeigt den Anspruch, dass das

---

30 Vgl. Weltbank: Life expectancy at birth, total (years), https://data.worldbank.org/indicator/SP.DYN.LE00.IN; (abgerufen am 08.09.2023).

31 Vgl. Werner Mussler: Hat ein Menschenleben einen Geldwert? Frankfurter Allgemeine Zeitung vom 06.06.2005, https://www.faz.net/aktuell/wirtschaft/oekonomie-hat-ein-menschenleben-einen-geldwert-1230638.html#:~:text=%E2%80%9EZum%20ersten%20Mal%20hat%20ein,%E2%80%9C, (abgerufen am 08.09.2023).

Geld „zurückkehrt", dass am Ende genau dieselbe Qualität steht wie am Anfang, nur in höherer Quantität.

Wenn – nach Marx – Arbeit die die einzige wertbildende Substanz ist, was ist dann mit der Natur, die wir „gratis" nutzen? „Die Arbeit ist nicht die Quelle alles Reichtums. Die Natur ist ebensosehr die Quelle der Gebrauchswerte (und aus solchen besteht doch wohl der sachliche Reichtum!) als die Arbeit, die selbst nur die Äußerung einer Naturkraft ist, der menschlichen Arbeitskraft."[32] Auf den Punkt bringt es Friedrich Engels: „Arbeit ist, abgesehen vom Grund und Boden, die einzige Quelle des Reichtums; Kapital selbst ist nichts weiter als aufgehäuftes Arbeitsprodukt. Hieraus folgt, daß der Arbeitslohn aus der Arbeit gezahlt wird und daß der Arbeiter aus seinem eigenen Arbeitsprodukt entlohnt wird."[33] Was also nicht eine Quelle des Reichtums ist, ist das Kapital, und dies untergräbt den Anspruch der Kapitalbesitzer auf irgendeine Art von Reichtum. „Ein materielles Substrat [...], das ohne Zutun des Menschen von Natur vorhanden ist"[34], ist nicht wertbildend, ist aber die Voraussetzung der Produktion von tangiblen Dingen. Am Ende sind also die Werte aller Waren Arbeit, die von den Arbeitenden geleistet wurde. Zieht man von jedem noch so komplexen Gut die Arbeit ab, so verbleibt – Natur, Erz, Sand, Öl, Holz oder was auch immer. Wert/ Tauschwert haben Waren, die ge- oder verkauft werden und in denen menschliche Arbeit steckt. Hier tauschen sich Äquivalente. Für die Natur kann solch eine Formel nicht gelten, denn welchen Wert haben fünf Liter Wasser, die an uns vorbeifließen? Entspricht ihr Wert einem Kilo Pilze aus dem Wald? Wir können es nicht messen, denn ökonomisch ist Natur ja „gratis". „In der extraktiven Industrie, den Bergwerken z.B., bilden die Rohstoffe keinen Bestandteil des Kapitalvorschusses. Der Arbeitsgegenstand ist hier nicht Produkt vorhergegangner Arbeit, sondern von der Natur gratis geschenkt. So Metallerz, Minerale, Steinkohlen, Steine etc."[35]

Während alle anderen Gesellschaften gebrauchswertorientiert waren, ist der Kapitalismus (tausch)wertorientiert. Dies ist sein vor-

---

32 Ebd., S. 15.
33 Ebd., S. 229.
34 Karl Marx: Das Kapital, Erster Band, MEW 23, S. 57.
35 Ebd., S. 630.

herrschendes Motiv, dies macht seine oben beschriebene Indifferenz zu den Produkten/ Gütern aus und seine – auch zerstörerische – Dynamik des „Mehr und immer mehr“. Oder in den Worten von Adam Smith: „Nicht vom Wohlwollen des Metzgers, Brauers und Bäckers erwarten wir das, was wir zum Essen brauchen, sondern davon, daß sie ihre eigenen Interessen wahrnehmen. Wir wenden uns nicht an ihre Menschen- sondern ihre Eigenliebe, und wir erwähnen nicht die eigenen Bedürfnisse, sondern sprechen von ihrem Vorteil.“[36]

Natur ist natürlich „wertvoll“ und muss geschützt werden – dies hat Marx bereits betont, als er gesagt hat: „Selbst eine ganze Gesellschaft, eine Nation, ja alle gleichzeitigen Gesellschaften zusammengenommen sind nicht Eigentümer der Erde. Sie sind nur ihre Besitzer, ihre Nutznießer und haben sie als boni patres familias den nachfolgenden Generationen verbessert zu hinterlassen."[37] Natur zu schützen heißt dann nicht, ihren Ge- oder Verbrauch möglichst hoch zu bepreisen, sondern die Natur der Wertlogik zu entziehen, sie zu ausschließlichem Gebrauchswert zu machen und sie als Allmende zu gebrauchen und zu erhalten. Im Kapitalismus besteht stets die Tendenz, Natur „in-Wert“ zu setzen, denn das Kapital versucht, die Natur zu Wert zu machen, also zur Ware, die es sich aneignet. Allmende (Gemeinschaftsland) wird gestohlen und dann verkauft oder vermietet. Wie dies zu Beginn des Kapitalismus geschehen ist, beschreibt Marx im ersten Band des *Kapital* im Kapitel „Die sogenannte ursprüngliche Akkumulation“.[38]

---

36 Adam Smith: Der Wohlstand der Nationen, München 1978, S. 17.
37 Karl Marx: Das Kapital, Dritter Band, MEW 25, S. 784.
38 Vgl. Karl Marx, Das Kapital, Erster Band, MEW 23, S. 741–791.

Geschichte und Zukunft

Die Geschichte hat zentrale Bedeutung im marxschen Denken: „Wir kennen nur eine einzige Wissenschaft, die Wissenschaft der Geschichte."[39] Diese Geschichte hat zwei Seiten: die der Natur und die der Menschen. Wenn wir die menschliche Geschichte betrachten, so werden zwei Aspekte deutlich: Erstens produzieren (und reproduzieren) die Menschen ihre Lebensverhältnisse, die ihnen dann jedoch teilweise wie „Naturgewalten" gegenüberstehen und hinter ihrem Rücken geschaffen und reproduziert werden. Geschichte ist also ein gesellschaftlicher Prozess und keiner, der primär von den Individuen bewirkt wird, wie uns dies die bürgerliche Geschichtswissenschaft glauben machen will. „Die Menschen machen ihre eigene Geschichte, aber sie machen sie nicht aus freien Stücken, nicht unter selbstgewählten, sondern unter unmittelbar vorgefundenen, gegebenen und überlieferten Umständen. Die Tradition aller toten Geschlechter lastet wie ein Alp auf dem Gehirne der Lebenden."[40]

Zweitens ist die entscheidende Triebkraft der Geschichte die Produktivkraftentwicklung. Die Menschen „fangen an, sich von den Tieren zu unterscheiden, sobald sie anfangen, ihre Lebensmittel zu *produzieren*, ein Schritt, der durch ihre körperliche Produktion bedingt ist. Indem die Menschen ihre Lebensmittel produzieren, produzieren sie indirekt ihr materielles Leben selbst."[41] Sie müssen nicht immer wieder „das Rad neu erfinden", sondern bauen auf den Erkenntnissen der vorherigen Generation auf. Menschen sind die einzigen Lebewesen, die über Erzählungen, Schrift und digitale Speichermedien Erfahrungen und Erkenntnisse bewahren und weiterentwickeln können. Dies ist die Grundlage gesellschaftlichen Fortschritts. Dabei sind Rückschritte nicht ausgeschlossen: In der Zeit des frühen Mittelalters und im Rahmen der Völkerwanderung gingen Erkenntnisse, über die die Römer verfügten, für Jahrhunderte verloren und wurden erst in der Renaissance wieder entdeckt. So gelang es erst Filippo Brunelleschi 1418, die Domkuppel von Florenz zu errichten unter Rückgriff auf die architektonischen Erkenntnisse, die beim Bau des

39 Karl Marx/Friedrich Engels: Die deutsche Ideologie, MEW 3, S. 18.
40 Karl Marx: Der achtzehnte Brumaire des Louis Bonaparte, MEW 8, S. 115.
41 Karl Marx/ Friedrich Engels: Die deutsche Ideologie, MEW 3, S. 21.

römischen Pantheons zur Anwendung gekommen und lange verschüttet waren.

Die materiellen Lebensbedingungen treiben die Entwicklung an. So formuliert Marx in *Zur Kritik der Politischen Ökonomie* im Vorwort: „In der gesellschaftlichen Produktion ihres Lebens gehen die Menschen bestimmte, notwendige, von ihrem Willen unabhängige Verhältnisse ein, Produktionsverhältnisse, die einer bestimmten Entwicklungsstufe ihrer materiellen Produktivkräfte entsprechen.[...] Es ist nicht das Bewußtsein der Menschen, das ihr Sein, sondern umgekehrt ihr gesellschaftliches Sein, das ihr Bewußtsein bestimmt.“[42]

Da es sich um einen gesellschaftlichen Prozess handelt, sind Individuen hierfür nicht direkt verantwortlich zu machen. Es gibt somit per se auch keine „schlechten“ oder „guten“ Kapitalisten oder Arbeiter. „Weniger als jeder andere kann mein Standpunkt, der die Entwicklung der ökonomischen Gesellschaftsformation als einen naturgeschichtlichen Prozeß auffaßt, den einzelnen verantwortlich machen für Verhältnisse, deren Geschöpf er sozial bleibt, sosehr er sich auch subjektiv über sie erheben mag.“[43]

Die geschichtliche Entwicklung ist nach Marx als eine notwendige Abfolge verschiedener Phasen zu verstehen.[44] Versuche, von einer agrarisch geprägten Feudalgesellschaft in den Kommunismus zu springen, müssen nach Marx scheitern, denn der Kommunismus setzt eine bestimmte Entwicklung der Produktivkräfte als Basis voraus, denen bestimmte historische Produktionsverhältnisse als Überbau – also bestimmte Gesellschaftsstrukturen entsprechen. Der Kommunismus ist notwendig eine reiche Gesellschaft. Dieser Reichtum ist zwingend vorausgesetzt, um die umfassende Entwicklung der Individuen zu ermöglichen.

Die grundsätzliche Entwicklung ist dementsprechend eine von Niederen zum Höheren. Dass sich dennoch Geschichte nicht geradli-

42 Karl Marx: Zur Kritik der politischen Ökonomie, MEW 13, S. 8f.

43 Karl Marx: Das Kapital, Erster Band; MEW 23, S. 16.

44 Obwohl er auch andere Entwicklungsaspekte anerkennt: Vgl.: Karl Marx, Grundrisse der politischen Ökonomie, MEW 42, S. 43: „7. Diese Auffassung erscheint als notwendige Entwicklung. Aber Berechtigung des Zufalls. [...] (Der Freiheit u.a. auch.).“ Vgl. kritisch zu Stufenmodellen auch Wolfgang Kunkel: Geschichte als Prozeß? Historischer Materialismus oder Marxistische Geschichtstheorie, Hamburg 1987.

nig entwickelt, zeigen Beispiele im zaristisch-feudalen Russland oder in China. Dies mag auf den ersten Blick gegen die obige These von Marx sprechen, lässt sich aber erklären, wenn man die politische Gewalt, die eben auch physisch sein kann, mit in Rechnung stellt. Die Bolschewiki konnten – obwohl sie nicht die Mehrheit unter den antizaristischen Kräften hatten, mit Waffengewalt an die Macht gelangen, die chinesische KP setzte sich im Krieg gegen Japan gegen die Kuomintang durch. In beiden Ländern konnten sie sich nur durch Gewalt an der Macht halten. Nach brutalster Industrialisierung, ideologischen Experimenten und Säuberungswellen selbst in der eigenen Partei, erstarrte die Sowjetunion und verging schließlich, während China sich zu einer kapitalistisch geprägten und parteigelenkten Supermacht entwickelt hat, die große Teile der Bevölkerung aus dem Elend in die Armut und zu Wohlstand geführt hat. In den führenden kapitalistischen Ländern war die arbeitende, keine Produktionsmittel besitzende Klasse jedoch nicht geneigt, den nächsten Schritt in der Menschheitsgeschichte hin zu einer nach-kapitalistischen Gesellschaft zu wagen, sondern vertraute auf Reformen innerhalb des Systems, sehr zum Leidwesen der Bolschewiki – insbesondere Trotzkis, der auf eine revolutionäre Umwälzung im „Westen" gehofft hatte. Stalin war in dieser Hinsicht realistischer und setzte auf das Konzept des „Sozialismus in einem Land".

Dass die Menschheit nach Marx notwendig alle Phasen der sozialen Geschichte durchlaufen muss, wird auch im Vorwort des 1848 erschienen *Manifest der Kommunistischen Partei* deutlich, wenn dieses in den sechs Sprachen der führenden kapitalistischen Länder veröffentlicht wurde, zunächst nicht jedoch ins Russische oder Chinesische übersetzt wurde – beide Länder waren noch nicht „reif" für eine nachkapitalistische Gesellschaft.

Dies berücksichtigend ist die wichtige Frage nicht allein, wie Marx vergangene Zeiten und ihre Entwicklung bis zu seiner Zeit erklärt, sondern, was aus diesen Entwicklungstendenzen für die Zukunft gesagt werden kann, was man also über Möglichkeiten, den Kapitalismus zu überwinden, bei Marx erfahren kann.

Im ersten Band des *Kapital* – eines Buches von mehr als 800 Seiten – finden sich nur wenige Textstellen, in denen Zukunftsvisionen entworfen werden – sie bleiben auffällig unkonkret. Wer im *Kapital* einen Masterplan für eine nach-kapitalistische Gesellschaft sucht, der wird enttäuscht sein.

Aus einer kurzen Textstelle im Vorwort zum *Kapital* ist jedoch so viel von den marxschen Zukunftserwartungen ersichtlich, dass ein genauerer Blick lohnt: „Man muss sich nicht darüber täuschen. Wie der amerikanische Unabhängigkeitskrieg des 18. Jahrhunderts die Sturmglocke für die europäische Mittelklasse läutete, so der amerikanische Bürgerkrieg des 19. Jahrhunderts für die europäische Arbeiterklasse. In England ist der Umwälzungsprozeß mit Händen greifbar. Auf einem gewissen Höhepunkt muß er auf den Kontinent rückschlagen. Dort wird er sich in brutaleren oder humaneren Formen bewegen, je nach dem Entwicklungsgrad der Arbeiterklasse selbst. Von höheren Motiven abgesehn, gebietet also den jetzt herrschenden Klassen ihr eigenstes Interesse die Wegräumung aller gesetzlich kontrollierbaren Hindernisse, welche die Entwicklung der Arbeiterklasse hemmen. Ich habe deswegen u.a. der Geschichte, dem Inhalt und den Resultaten der englischen Fabrikgesetzgebung einen so ausführlichen Platz in diesem Bande eingeräumt. Eine Nation soll und kann von der andern lernen. Auch wenn eine Gesellschaft dem Naturgesetz ihrer Bewegung auf die Spur gekommen ist – und es ist der letzte Endzweck dieses Werks, das ökonomische Bewegungsgesetz der modernen Gesellschaft zu enthüllen –, kann sie naturgemäße Entwicklungsphasen weder überspringen noch wegdekretieren. Aber sie kann die Geburtswehen abkürzen und mildern.“[45]

Als Folge des Siebenjährigen Krieges (1756–1763) brach der amerikanische Bürgerkrieg aus, auf den die Unabhängigkeit vom Mutterland folgte (1776) und der der Bourgeoisie an die Macht verhalf. Die Französische Revolution fand wenige Jahre später statt (1789). Doch nach Marx bricht 1867 eine neue Phase der Menschheitsgeschichte an, die Befreiung der Arbeiterklasse, und diese Umwälzung sei in England – dem Mutterland des Kapitalismus – „mit Händen zu greifen“. Der Bourgeoisie wird im eigenen Interesse empfohlen, die Entwicklung der Arbeiterklasse – ökonomisch, aber auch sozial und kulturell – nicht zu behindern. Dass sie diesen Übergang in den industriellen

45 Karl Marx: Das Kapital, Erster Band, MEW 23, S. 15f.

Zentren bis heute verhindert hat, hätte er sich nicht vorstellen können. Aber wir wissen heute, dass u.a. die Anfänge der Sozialversicherung, das allgemeine Wahlrecht, auch für Frauen, und Mindeststandards im Arbeitsrecht dazu geführt haben, breite Kreise der Bevölkerung mit dem Kapitalismus in Deutschland zu versöhnen. Es handelte sich jedoch nicht nur um eine Reform „von oben", sondern um eine von den Arbeitern und ihren Organisationen erkämpfte. Ähnliche Entwicklungen lassen sich auch für andere entwickelte kapitalistische Länder nachweisen. Zum Beispiel, wenn Marx mit Verweis auf die Chartistenbewegung[46] 1864 sagt: „Alle Versuche, die Chartistenbewegung aufrechtzuerhalten oder neu zu gestalten, scheiterten vollständig, alle Preßorgane der Arbeiterklasse starben, eins nach dem andern, an der Apathie der Masse, und in der Tat, nie zuvor schien die englische Arbeiterklasse so ausgesöhnt mit einem Zustand politischer Nichtigkeit. Hatte daher zwischen den britischen und den kontinentalen Arbeiterklassen keine Gemeinsamkeit der Aktion existiert, so existierte jetzt jedenfalls eine Gemeinsamkeit der Niederlage."[47]

Der Chartistenbewegung war es zu verdanken, dass der 10-Stunden Tag (für Frauen und Jugendliche) eingeführt wurde, dass das Wahlrecht erweitert und Gewerkschaften zugelassen wurden. Gehen wir ein paar Jahrzehnte weiter und blicken auf Deutschland, so haben Gewerkschaft und SPD die Lage der Arbeiter erheblich verbessert. Haben sich beide mit ihrem Reformismus „zu Tode gesiegt"? Über das Verhältnis von Reform und politischer Revolution im geschichtlichen Prozess stritten Linke und Marxisten schon immer. Friedrich Engels zieht im Jahr 1886 mit Marx auch einen friedlichen Übergang in den Sozialismus in Betracht, „daß, zumindest in Europa, England das einzige Land ist, wo die unvermeidliche soziale Revolution gänzlich mit friedlichen und gesetzlichen Mitteln durchgeführt werden könnte. Gewiß hat er nie vergessen hinzuzufügen, daß er kaum erwarte, die herrschenden Klassen Englands würden sich ohne ‚prosla-

46 Die Chartisten waren eine britische Reformbewegung der Arbeiterklasse, die dezidiert auf die Verbesserung der Lebensbedingungen der breiten Masse abzielte.

47 Karl Marx: Inauguraladresse der internationalen Arbeiterassoziation, MEW 16, S. 10.

very rebellion‘ dieser friedlichen und gesetzlichen Revolution unterwerfen.“[48]

In einer Zwischenphase, einer Phase nachdem die bürgerliche Herrschaft beendet ist, werde es eine Diktatur geben, „die revolutionäre Diktatur des Proletariats.“[49] „In einer höheren Phase der kommunistischen Gesellschaft [...] kann der enge bürgerliche Rechtshorizont ganz überschritten werden und die Gesellschaft auf ihre Fahne schreiben: Jeder nach seinen Fähigkeiten, jedem nach seinen Bedürfnissen!“[50]

Marx findet in der *Kritik des Gothaer Programms* einige Worte über die gesellschaftliche Zukunft: „Womit wir es hier zu tun haben, ist eine kommunistische Gesellschaft, nicht wie sie sich auf ihrer eignen Grundlage entwickelt hat, sondern umgekehrt, wie sie eben aus der kapitalistischen Gesellschaft hervorgeht, also in jeder Beziehung, ökonomisch, sittlich, geistig, noch behaftet ist mit den Muttermalen der alten Gesellschaft, aus deren Schoß sie herkommt.“[51] Etwas „Neues“ entwickelt sich aus dem „Alten“ und bleibt ihm für einen Übergangszeitraum auch noch teilweise verhaftet.

Auf den Gedanken, dass der Kapitalismus die Möglichkeit zu seiner eigenen Überwindung schon selbst schafft, verweist ein Text in den *Grundrissen der Kritik der politischen Ökonomie,* die Marx 1857 in Eile zu Papier brachte, in Erwartung des baldigen Endes des Kapitalismus.[52] Marx rechnete also schon zu dieser Zeit mit dem großen „Kladderadatsch“, mit einer Krise, in der die Analyse des vergehenden Systems wichtige Dienste für die Arbeiter würde leisten können. Schon 1851 hatte er an Engels geschrieben: „Ich bin so weit, dass ich in 5 Wochen mit der ganzen ökonomischen Scheiße fertig bin. Wenn das erledigt ist, werde ich zu Hause die Ökonomie ausarbeiten und im Museum mich auf eine andere Wissenschaft werfen.“[53] Doch die Realität hat ihn eines anderen belehrt. Es kam zwar zu einer Krise,

---

48 Friedrich Engels: Vorwort zur englischen Ausgabe, MEW 23, S. 40.

49 Karl Marx: Zur Kritik der politischen Ökonomie, MEW 13, S. 28.

50 Ebd., S. 21. In dieser Passage, in der auch von der „allseitigen Entwicklung der Individuen“ die Rede ist, wird deutlich, dass Zehmas These in diesem Band, Marx sei ein Verteidiger des Individuums, berechtigt ist.

51 Karl Marx: Kritik des Gothaer Programms, MEW 19, S. 20.

52 Karl Marx: Marx an Engels, 08.12.1857, MEW 29, S. 225.

53 Ders.: Marx an Engels, 02.04.1851, MEW 27, S. 228.

aber nicht zu einer revolutionären Situation. Daher sah Marx sich veranlasst, seine ökonomischen Studien weiter zu vertiefen.

Ein wichtiger Teil der *Grundrisse* ist in seinen Aussagen apokryph geblieben, hat also keinen Eingang in das *Kapital* gefunden – das als *Maschinenfragment* bekannte Kapitel *Fixes Kapital und Entwicklung der Produktivkräfte der Gesellschaft.*[54] Hier schaut Marx über den Kapitalismus hinaus und entwirft die Zukunftsvision einer nach-kapitalistischen Gesellschaft. Zentral ist in diesem Text das Arbeitsmittel, oder das fixe Kapital, das dem Arbeiter gegenübertritt. Marx beschreibt das System als einen großen Automaten, „bestehend aus zahlreichen mechanischen und intellektuellen Organen, so daß die Arbeiter selbst nur als bewußte Glieder desselben bestimmt sind."[55] Der Arbeiter wird zu einem Anhängsel des Automaten, im Gegensatz zur Manufaktur, wo der Arbeiter das konstante Kapital nutzt und beherrscht und wo die Qualifikation, die Erfahrung, die Kraft der Arbeitenden noch den entscheidenden Unterschied für das Gelingen des Produktionsprozesses ausmachten, werden Arbeiter dequalifiziert, werden sie auf ihre – periodisch erforderliche – Kraft reduziert, wenn sie in den Prozess eingreifen müssen. „Der Austausch von lebendiger Arbeit gegen vergegenständlichte, d.h. das Setzen der gesellschaftlichen Arbeit in der Form des Gegensatzes von Kapital und Lohnarbeit – ist die letzte Entwicklung des Wertverhältnisses und der auf dem Wert beruhenden Produktion."[56] Dieser Aspekt wurde dann im ersten Band des *Kapital* weiter ausgearbeitet. Es wird immer mehr konstantes gegen variables Kapital getauscht, die „organische Zusammensetzung" des Kapitals verändert sich (Damit kommt es auch zum von Marx behaupteten „tendenziellen Fall der Profitrate"). Das Tote, das Vergangene, das vorher geschaffene und erarbeitete „besiegt" das lebendige Element im Produktionsprozess. Die Produktivkraft, die dies möglich macht, ist die Wissenschaft. Wissenschaft erforscht die Natur und nutzt sie, Wissenschaft erfindet neue Produktionsverfahren und eine neue Organisation (Teilung der Arbeit). Sie wird „gefangengenommen" vom Kapital.

---

54 Vgl. Karl Marx: Grundrisse der Kritik der politischen Ökonomie, MEW 42, S. 590–609.

55 Ebd., S. 592.

56 Ebd., S. 600.

Aus diesen kurzen zusammenfassenden Zitaten mag auch der Grund hervorgehen, warum Marx diesen Abschnitt nicht ins *Kapital* eingearbeitet und veröffentlicht hat. Denn mit der „Wissenschaft" kommt eine Form von Kapital (konstantes Kapital) ins Bild, die nicht tangibel ist, die man nicht greifen kann. Diese (oder deren Erkenntnisse) treten dem Arbeitenden als Macht gegenüber und dequalifizieren ihn, nehmen ihm sogar seinen Stolz und seine Würde, was auch ein Grund für die Maschinenstürmerei in 19. Jahrhundert war. Doch man kann Marx auch anders verstehen, wenn die „Arbeiterklasse" differenzierter verstanden wird und wenn die Wissenschaftler auch zur Arbeiterklasse gezählt werden. Es zeigen sich Schichten und Milieus mit unterschiedlichen Bedürfnissen und Ansprüchen. Die Wissenschaftsschicht, die „Anywheres", die (aus)gebildeten Handwerker und Arbeiter, die „Somewheres" und die neue Schicht von weniger Gebildeten, die vor allem im Dienstleistungsbereich tätig sein müssen und in prekären Arbeitsverhältnissen ihre Reproduktion sichern.[57] Diese Schichten haben unterschiedliche Interessen, wählen unterschiedliche Parteien und befinden sich in unterschiedlichen Arbeitsstrukturen. Marx konnte diese Entwicklung vielleicht erahnen, aber nicht beschreiben oder kritisieren. Er ging dagegen von einer Vereinheitlichung der Lebensbedingungen der arbeitenden Klasse aus und davon, dass am Ende den Kapitalisten eine homogene Klasse der Proletarier mit weitegehend gleichen Interessen gegenüberstehen wird.

Dann wirft er, im selben Fragment, einen Blick auf eine zukünftige, nach-kapitalistische Gesellschaft. Diese sei durch Reduktion der notwendigen Arbeitszeit gekennzeichnet, ohne dass dabei die Mehrarbeit ausgedehnt wird. Die gewonnene freie Zeit wird zur individuellen Entfaltung genutzt.[58] Auch in einer nach-kapitalistischen Gesellschaft wird mehr produziert und entwickelt, als unmittelbar gebraucht wird. In jeder Gesellschaft werden Überschüsse erwirtschaftet werden müssen, um einen Akkumulationsfonds für die Zukunft zu bilden. Die Frage ist dann nur, wem diese Überschüsse gehören und wer über sie entscheidet. Die Menschen werden weniger

57 Vgl. Andreas Reckwitz: Das Ende der Illusionen. Politik, Ökonomie und Kultur in der Spätmoderne, Berlin 2019, S. 64.

58 Karl Marx: Grundrisse der Kritik der politischen Ökonomie, MEW 42, S. 601.

arbeiten können. Durch Maschinen wurde die Produktivität gesteigert, was tatsächlich dazu geführt hat, dass heute, zumindest in Europa, auch im Kapitalismus individuell weniger gearbeitet wird als zu Marx' Zeiten. Wenn Marx in diesem Kapitel der *Grundrisse* die Wissenschaft betont, so wird auch klar, dass diese sich nicht außerhalb der Gesellschaft entwickelt. In einer nach-kapitalistischen Gesellschaft wird sie andere Schwerpunkte setzen und wird sie vor allem gebrauchs-, nicht tauschwertorientiert sein.

Marx erwartete: „Je mehr die Produktivkraft der Arbeit wächst, umso mehr kann der Arbeitstag verkürzt werden, und je mehr der Arbeitstag verkürzt wird, desto mehr kann die Intensität der Arbeit wachsen. Gesellschaftlich betrachtet, wächst die Produktivität der Arbeit auch mit ihrer Ökonomie. Diese schließt nicht nur die Ökonomisierung der Produktionsmittel ein, sondern die Vermeidung aller nutzlosen Arbeit. Während die kapitalistische Produktionsweise in jedem individuellen Geschäft Ökonomie erzwingt, erzeugt ihr anarchisches System der Konkurrenz die maßloseste Verschwendung der gesellschaftlichen Produktionsmittel und Arbeitskräfte, neben einer Unzahl jetzt unentbehrlicher, aber an und für sich überflüssiger Funktionen. Intensität und Produktivkraft der Arbeit gegeben, ist der zur materiellen Produktion notwendige Teil des gesellschaftlichen Arbeitstags um so kürzer, der für freie, geistige und gesellschaftliche Betätigung der Individuen eroberte Zeitteil also um so größer, je gleichmäßiger die Arbeit unter alle werkfähigen Glieder der Gesellschaft verteilt, je weniger eine Gesellschaftsschichte die Naturnotwendigkeit der Arbeit von sich selbst ab- und einer andren Schichte zuwälzen kann."[59]

Die Entwicklung vom Kapitalismus zum Kommunismus niederer Form oder gar zum Kommunismus höherer Form, dem Kommunismus „an sich", hat bisher nicht stattgefunden, denn der Kapitalismus hat sich als resilient und wandlungsfähig erwiesen, hat Krisen und Kriege – unter ihnen zwei Weltkriege mit vielen Millionen Toten – überlebt. Der Staat war als Agentur der herrschenden Klasse häufig weitsichtig genug oder wurde im politischen Kampf dazu gezwungen, den Nicht-Herrschenden auch einen Teil des Wohlstands, des von

---

59 Karl Marx: Das Kapital, Erster Band, MEW 23, S. 552.

ihnen produzierten Mehrprodukts, zu überlassen und hat diesen ein gewisses Maß an Sicherheit, Wohlstand und Demokratie ermöglicht.

Marx prophezeit am Ende des ersten Bandes des *Kapital* das notwendige Ende des Kapitalismus und die Machtübernahme durch das Proletariat: „Die Stunde des kapitalistischen Privateigentums schlägt. Die Expropriateurs werden expropriiert." Er behauptet, dies geschehe „mit der Notwendigkeit eines Naturprozesses".[60] Doch wer vereint und organisiert die Arbeiterklasse? Wer ist das handelnde Subjekt, das mit dem in diesem Band hinlänglich beschriebenem Elend Schluss macht? Nur selten kommt Marx im ersten Band auf Gewerkschaften zu sprechen, das Wort „Trade Union" erscheint kaum[61] – eine Arbeiterpartei kommt nicht vor. Diesen Aspekt der Aktivität der wirklich Betroffenen und ihrer Organisationen hat Marx in seinem ökonomischen Werk nicht vertieft.

Engels hingegen setzt sich mit der Frage des Trägers einer fortschrittlichen Bewegung in der 1895 veröffentlichten Einleitung zu Karl Marx' *Klassenkämpfen in Frankreich 1848 bis 1850* auseinander: „Die Zeit der Überrumpelungen, der von kleinen bewußten Minoritäten an der Spitze bewußtloser Massen durchgeführten Revolutionen ist vorbei. Wo es sich um eine vollständige Umgestaltung der gesellschaftlichen Organisation handelt, da müssen die Massen selbst mit dabei sein, selbst schon begriffen haben, worum es sich handelt, [...] für was sie eintreten sollen. Das hat uns die Geschichte der letzten fünfzig Jahre gelehrt."[62] Dies ist weitsichtig formuliert – und insbesondere gegen den Putsch der Bolschewiki geltend zu machen. Marx hat sich also nur nebulös zur Zukunft geäußert und es waren dann Lenin, Stalin, Mao, Pol Pot und andere, die die marxsche Lehre kaperten, die Gesellschaft „überrumpelten" und eine grausame Praxis auferstehen ließen. Die dann entstandenen Gesellschaften wurden durch einen Putsch errichtet und meist mit Waffengewalt gegen die eigene Bevölkerung am Leben erhalten. Und sie kosteten Millionen Tote.

60 Karl Marx: Das Kapital, Erster Band, MEW 23, S. 791.

61 Achtmal taucht der Ausdruck „trades union" oder trade's union", einmal „trade union" auf.

62 Friedrich Engels: Einleitung zu „Die Klassenkämpfe in Frankreich" von Karl Marx (Ausgabe 1895), MEW 7, S. 523.

Eine nach-kapitalistisches Gesellschaftsprojekt ist bisher nur in armen und unterentwickelten Ländern versucht worden – Länder, die eigentlich nach der marxschen Theorie noch gar nicht über die materiellen Voraussetzungen für einen Sozialismus verfügten. Nicht umsonst gab es in den Anfangsjahren Sowjetrusslands 1919/1920 innerhalb der Bolschewiki viele Diskussionen darüber, ob man nicht sofort einen Umsturz in Deutschland brauchen würde; dass nur die deutschen Genossen mit dem Kapitalismus Schluss machen müssten, um Sowjetrussland zu stabilisieren und zu unterstützen. Die größte sozialdemokratische Partei der Welt mit rund einer Million Mitgliedern sollte endlich auch Revolution machen. Dass es hierzu nicht kam, führte dann in Russland zu einem eigenen Weg, der schließlich in Stalins Gewaltherrschaft mündete. Eine nach-kapitalistische Gesellschaft kann nur aus dem Kapitalismus entwickelt werden, wenn sie langfristig bestandhaben soll, es sei denn, sie wird durch Krieg und Gewaltherrschaft stabilisiert.

Die Russin Vera Sassulitsch warf daher die Frage auf, ob eine zukünftige Entwicklung in eine nach-kapitalistische Gesellschaft zwangsläufig, „gesetzmäßig" vonstattengehen und auf den Kapitalismus folgen müsse. Könnte sie in Russland nicht auch im Rückgriff auf „archaische" Gesellschafts- und Produktionsformen entstehen? Interessant ist in diesem Zusammenhang ein Brief, den Marx 1881 an Vera Sassulitsch schrieb. Sie wollte von Marx wissen, wie er die Zukunft der russischen Dorfgemeinschaft sehe, und schrieb an ihn: „Sie wissen besser als jeder andere, wie außerordentlich dringend diese Frage in Russland ist [...] besonders für unsere ‚russische' sozialistische Partei [...] in letzter Zeit hören wir oft sagen, dass die Dorfgemeinde eine archaische Form ist, die die Geschichte [...] zum Untergang verurteilt hat. Jene, die dies prophezeien, nennen sich Ihre Schüler: ‚Marxisten'. Sie verstehen also, Bürger, inwiefern uns Ihre Meinung zu dieser Frage interessiert und welchen großen Dienst Sie uns leisten würden, wenn Sie Ihre Ansichten über das mögliche Schicksal unserer Dorfgemeinschaften darlegten und über die Theorie der historischen Notwendigkeit, dass alle Länder der Welt alle Phasen der kapitalistischen Produktion durchlaufen."[63]

---

63 Vera Sassulitsch: Sassulitsch an Karl Marx, zit. n. MEW 19, S. 572, Anm. 155.

Marx' Antwort ist in vier Versionen vorhanden, von denen er nur die letzte Fassung abgeschickt hat, was das Ringen von Marx um eine schlüssige Antwort zeigt.[64] Marx stellt hier nationale Besonderheiten Russlands in Rechnung. Zunächst einmal unterscheidet er zwischen der Entwicklung in Westeuropa, wo alle Länder beim Übergang hin zum Kapitalismus eine ähnliche Entwicklung durchmachen, die er im Kapitel über die „sogenannte ursprünglichen Akkumulation" im ersten Band des *Kapital* beschreibt, und der russischen. Anders kann (!) die Entwicklung in Russland verlaufen, wo – nach Marx' Analyse – die landwirtschaftliche Produktion noch wesentlich auf archaischem Gemeineigentum gegründet ist. Muss diese zwangläufig dem Privateigentum kapitalistischer Prägung weichen?

Zwei Jahre vor seinem Tod entwickelte Marx in seiner Antwort auf Sassulitsch Ansätze zu einem vielfältigeren Geschichtsmodell als das unter Marxisten bekannte, das nur einen Weg zuzulassen scheint: „Vom historischen Standpunkt aus gesehen ist das einzige ernsthafte Argument, das zugunsten der unvermeidlichen Auflösung der Gemeinde der russischen Bauern angeführt werden könnte, folgendes: Wenn man sehr weit zurückblickt, findet man überall in Westeuropa das Gemeineigentum eines mehr oder weniger archaischen Typus'; es ist mit dem gesellschaftlichen Fortschritt überall verschwunden. Warum sollte es demselben Schicksal allein in Rußland entgehen? Ich antworte: Weil in Rußland, dank eines einzigartigen Zusammentreffens von Umständen, die noch in nationalem Maßstab vorhandene Dorfgemeinde sich nach und nach von ihren primitiven Wesenszügen befreien und sich unmittelbar als Element der kollektiven Produktion in nationalem Maßstab entwickeln kann."[65] Marx war sich hier also nicht mehr sicher, dass es nur den einen Weg zum Kommunismus geben kann. Es hängt auch von politischen Kämpfen innerhalb einer Gesellschaft ab, ob urkommunistische Produktionsformen auch in einer sich entwickelnden Gesellschaft „gerettet" werden können.[66]

---

64 Karl Marx: Entwürfe einer Antwort auf den Brief von V.I. Sassulitsch, MEW 19, S. 384ff. sowie S. 242.

65 Ebd., S. 384f.

66 Und dies wäre ja ein ganz entscheidender Punkt in einer damalig im Wesentlichen agrarisch strukturierten Gesellschaft wie der russischen. Es ginge also um den Kampf gegen die Begehrlichkeiten der Großagrarier und der Kapitalisten

Die gesetzmäßige Entwicklung von feudalen Strukturen über den Kapitalismus zum Sozialismus muss auch dann nicht in jedem Fall durchlaufen werden, wenn eine Gesellschaft Unterstützung aus dem entwickelteren Ausland erhält: „Der Sieg des westeuropäischen Proletariats über die Bourgeoisie, die damit verknüpfte Ersetzung der kapitalistischen Produktion durch die gesellschaftlich geleitete, das ist die notwendige Vorbedingung einer Erhebung der russischen Gemeinde auf dieselbe Stufe.“[67] Aus dem Gesagten wird deutlich, dass die Zukunft nicht prognostizierbar und am Ende ein Produkt des Kampfes zwischen den Klassen ist, wobei auch weitere Faktoren wie Eingriffe und Einflüsse aus dem Ausland eine Rolle spielen.

Marx ernst nehmen, heißt über ihn hinausdenken und anzuerkennen, dass seine Geschichtstheorie teilweise fragmentarisch und inkonsistent ist, seine Prognosen sich teilweise als falsch herausgestellt haben. In der Tat haben Marx und Engels mit der beschriebenen Dynamik des Kapitalismus, mit seinem „revolutionären“ Charakter – auch nach seiner Ausbreitung als Weltsystem – einen entscheidenden Punkt angesprochen, der zwar nicht ihre These von der „Höherentwicklung“ konterkariert, aber doch die Zählebigkeit der bürgerlichen Ordnung als Möglichkeit unterstellt und somit den Übergang in eine andere Stufe der Menschheitsentwicklung in eine nicht prognostizierbare Zukunft verweist. Der marxistische Philosoph Walter Benjamin

---

um die solidarische Bewirtschaftung des Bodens und den Erhalt der sozialen Gemeinschaft auf dem Lande. So legt sich Engels 1894 im Nachwort zu seinem Text *Soziales in Rußland* die Frage vor, ob nicht simpel gesprochen, Bauernkommunismus plus fortgeschrittene Technik schon zum Sozialismus führen. „Kann es [das Gemeineigentum] nicht dienen als Ausgangspunkt einer nationalen Aktion, die, unter Überspringung der ganzen kapitalistischen Periode, den russischen Bauernkommunismus sofort hinüberführt in das moderne sozialistische Gemeineigentum an allen Produktionsmitteln, indem sie ihn bereichert mit den sämtlichen technischen Errungenschaften der kapitalistischen Ära?“ Friedrich Engels: Nachwort (1894) [zu „Soziales aus Russland“], MEW 18, S. 665.

67 Ebd., S. 666. Nach der Oktoberrevolution 1917 vertrat Trotzki (Terrorismus und Kommunismus, Soziales Denken Bd. 2, Berlin 1990, S. 114) dieselbe Ansicht: „Unter diesen Umständen gab es für uns nur einen Ausweg: sich auf den Boden des Friedens als der unvermeidlichen Folgerung aus der militärischen Machtlosigkeit der Revolution zu stellen und diese Losung in ein Mittel zur revolutionären Einwirkung auf alle Völker Europas zu verwandeln. [... Man musste] sich der Friedensepoche bemächtigen und das Proletariat Europas für sie gewinnen, vor allem die Arbeiter Österreichs und Deutschlands.“

bezweifelt eine Höherentwicklung der Gesellschaft: „Marx sagt, die Revolutionen sind die Lokomotiven der Weltgeschichte. Aber vielleicht ist es gänzlich anders. Vielleicht sind die Revolutionen der Griff des in diesem Zug reisenden Menschengeschlechts nach der Notbremse.“[68] Die Revolutionierung der Produktivkräfte haben den Übergang zum Fordismus und Taylorismus Anfang des 20. Jahrhunderts innerhalb des Systems ermöglicht. Waren wurden weiter „verwohlfeilert“, was breiten Kreisen von Lohnabhängigen den Zugang zu Produkten ermöglicht, die vordem als Luxuswaren galten und damit ihr unmittelbares Leben, verbessert und bereichert. Er hat mit der Technisierung neue Anforderungen an das Proletariat entstehen lassen und mit ihnen neue Schichten, unter anderem die Intelligenz und die Facharbeiter, mit speziell eigenen Interessen und Ideologien. Dies hat zu einer Differenzierung geführt und zu unterschiedlichen, teilweise gegensätzlichen, Zielen innerhalb dieses „historischen Subjekts“. Ausdruck dessen ist die Spaltung der Arbeiterbewegung in verschiedenen Parteien und auch die Tatsache, dass bürgerlich liberale oder sogar konservative Parteien für die Arbeiter und Lohnabhängigen wählbar wurden. So zitiert Eric Hobsbawm die „Gefühlslage“ der Arbeiterklasse schon um 1870: „‚Statt dessen kann man gut gekleidete Arbeiter, die mit den Händen in den Hosentaschen umhergehen, von Co-ops (Konsumgenossenschaften) und ihren Anteilen darin oder in Bausparkassen reden hören. Und man kann andere sehen, die wie Idioten kleine Windhunde spazieren führen.‘

Der Wohlstand bzw. das, was an Hunger gewöhnte Menschen als behagliches Auskommen betrachten, hatte das [revolutionäre, die Hrsg.] Feuer ausgelöscht.“[69]

Die marxsche Prognose, dass es immer weniger Kapitalbesitzer und immer mehr Nicht-Besitzer geben wird, dass sich am Ende nur noch zwei Klassen gegenüberstehen werden, hat sich nur bedingt realisiert und muss heute differenziert werden. „Denn infolge der Bildung von Aktiengesellschaften steht hinter den Großunternehmen

68 Walter Benjamin: Über den Begriff der Geschichte. Anmerkungen zu Seite 691–704, Gesammelte Schriften Band I 3, S. 1232.

69 Eric Hobsbawm: Industrie und Empire, Bd. 1, Frankfurt am Main 1969, S. 129. Das Zitat, das Hobsbawm hier anführt, stammt aus The Life of Thomas Cooper, Written by Himself, London 1872, S. 393.

nicht je ein Großkapitalist, sondern, ganze Armeekorps von Miteigentümern in der Gestalt von Aktionären aller Grade".[70] Also verfolgen seitdem auch – zumindest partiell – diese kleinen Miteigentümer Kapitalinteressen, wenn es um ihr eigenes (Aktien-)vermögen geht, oder sie sind wenigstens der kapitalistischen Jagd nach dem „Geld heckenden Geld" gegenüber aufgeschlossen. Und diese Tendenz hat sich in den letzten Jahrzehnten noch verstärkt, wo immer mehr Unternehmen an die Börse gebracht wurden, sich damit neue Eigenkapitalquellen eröffnet haben, wo immer mehr Menschen zu Anteilseignern geworden sind – auch Marxisten müssen anerkennen, dass diese Entwicklung das Denken und Handeln der arbeitenden Bevölkerung verändert hat, insbesondere ihren Hang, die Eigentumsstruktur der Gesellschaft zu verändern, obschon die meisten von ihnen aus ihrem Kapitalvermögen kein von der Lohnarbeit unabhängiges Leben gestalten können. Dennoch halten 2022 18,3% der Deutschen Aktien oder Aktienfonds – 1997 waren dies gerade einmal 8%.[71]

Heutige politische Bewegungen müssen die Interessen unterschiedlicher Schichten miteinander in Einklang bringen und daraus ausgehandelte Ziele entwickeln. Hier wird sicher das klassische Proletariat eine Rolle spielen – zumal, wenn wir über die kapitalistischen Staaten der Nordhalbkugel hinausblicken – aber die über den Kapitalismus hinausweisende Bewegung ist vielfältiger geworden, bei all ihren Unterschieden gilt es doch, politische, wirtschaftliche, gesellschaftliche und ökologische Fragen zusammenzudenken und zu lösen. Ob eine nach-kapitalistische Gesellschaft genossenschaftlich und gemeinwirtschaftlich organisiert sein wird, ob sie revolutionär oder evolutionär hergestellt wird und wie sie dann bezeichnet wird, ist offen.[72] Die dringenden Fragen der Menschheit Ökologie, Frieden, Ernährung und sozialer Zusammenhang werden sowohl auf lokaler wie globaler Ebene angegangen werden müssen. Dies erfordert von

---

70 Eduard Bernstein: Texte zum Revisionismus, Bad Godesberg 1977, S. 9.

71 Deutsche Aktieninstitut: Aktionärszahlen auf einen Blick, https://www.dai.de/fileadmin/user_upload/230117_Aktionaerszahlen_2022_Infografik.jpg (abgerufen am 08.10.2023).

72 Verschiedene Vorschläge für Wege in eine nach-kapitalistische Gesellschaft findet man in dem Buch Marxistische Abendschule (Hrsg.): Aufhebung des Kapitalismus. Ökonomie einer Übergangsgesellschaft, Hamburg 2015.

fortschrittlichen Bewegungen Offenheit: „Unser Wahlspruch muß also sein: Reform des Bewußtseins nicht durch Dogmen, sondern durch Analysierung des mystischen, sich selbst unklaren Bewußtseins, trete es nun religiös oder politisch auf. Es wird sich dann zeigen, daß die Welt längst den Traum von einer Sache besitzt, von der sie nur das Bewußtsein besitzen muß, um sie wirklich zu besitzen. Es wird sich zeigen, daß es sich nicht um einen großen Gedankenstrich zwischen Vergangenheit und Zukunft handelt, sondern um die Vollziehung der Gedanken der Vergangenheit. Es wird sich endlich zeigen, daß die Menschheit keine neue Arbeit beginnt, sondern mit Bewußtsein ihre alte Arbeit zustande bringt."[73]

Doch auch den Kapitalbesitzern stellen sich neue Herausforderungen, die sie lösen müssen, wollen sie das System erhalten. Dies ist ihnen bisher gelungen und für die nähere Zukunft steht hier keine grundsätzliche Veränderung zu erwarten. Marx und Engels hätten dies als eine mögliche politische Entwicklungsperspektive einbeziehen können, schreiben sie doch: „Die Bourgeoisie kann nicht existieren, ohne die Produktionsinstrumente, also die Produktionsverhältnisse, also sämtliche gesellschaftlichen Verhältnisse fortwährend zu revolutionieren. Unveränderte Beibehaltung der alten Produktionsweise war dagegen die erste Existenzbedingung aller früheren industriellen Klassen."[74]

Sie betonen das Revolutionäre, das Flexible des Kapitalismus durchaus. Sie stellen die Wandlungsfähigkeit gegenüber allen vorkapitalistischen Gesellschaften heraus und behaupten, dass dies den Kapitalismus von den vor ihm herrschenden Gesellschaften unterscheidet: Der Kapitalismus reagiert flexibel (oder revolutionär); je nachdem, welchen Bedrohungen die Verwertungsinteressen ausgesetzt sind, kann daraus ein faschistischer Staat, eine autoritäre demokratisch legitimierte Agentur, ein entfesselter Neoliberalismus oder ein Sozialstaat mit Bürgerrechten werden – vieles ist möglich innerhalb des Systems. Der Kampf der Klassen muss nicht mit dem vollständigen Sieg der einen oder der anderen enden, sondern kann in einen ver-

73 Karl Marx: Marx an Ruge, September 1843, MEW 1, S. 346

74 Karl Marx/ Friedrich Engels: Manifest der kommunistischen Partei, MEW Bd. 4, S. 465.

handelten Kompromiss münden, der dann für einige Zeit zur gesellschaftlichen Befriedung beiträgt. Schon die Fabrikgesetzgebung in Großbritannien rang den Kapitalisten Zugeständnisse ab und zwang sie, einen Teil ihrer Profite zurückzugeben. Auch der deutsche Faschismus hätte nicht zu dem werden können, was Götz Aly, sicher provokativ, als „Hitlers Volksstaat“ bezeichnet, wenn er nicht auch „Arbeit und Brot“ an die Arbeiterklasse hätte verteilen können, ohne die eine Hegemonie nicht darstellbar gewesen wäre. Nach den Zerstörungen in Folge des Zweiten Weltkriegs und in der Phase der globalen Systemauseinandersetzung konnte die Gesellschaft nur zusammengehalten werden, indem den abhängig Beschäftigen mehr als die nackte Existenz gelassen wurde.

Nachdem der Kapitalismus sich als Weltsystem etabliert hatte und durch den immanenten Zwang zum „Mehr“ an seine Grenzen stieß, wurde eine „innere Landnahme“ in Angriff genommen, also die Privatisierung vormals öffentlicher Güter, aus denen sich dann eine erweiterte Kapitalreproduktion ergab – aus dem Fernmeldeamt wurde die deutsche Telekom und aus kommunalen Krankenhäusern privatkapitalistische Unternehmen, die ihren Eigentümern verpflichtet sind – alles und alle sind „Ware“ geworden.

Doch all diese Entwicklung der Produktivkräfte und ihrer Produkte, dieses dynamisch-revolutionäre Element geschieht auf einer zerstörerischen Basis, wenn Ressourcen unwiederbringlich im Produktionsprozess vernichtet werden, wenn die „Verwohlfeilerung“ zur Auslagerung von Arbeit in die Billiglohnländer führt, wo als Kollateralschaden eine geringere Lebenserwartung von Menschen einkalkuliert wird.

Eine der Hauptaufgaben einer fortschrittlichen Bewegung muss sein, die Kommodifizierung von Grundbedürfnissen und öffentlichen Gütern zu stoppen und, wo dies bereits geschehen, der kapitalistischen Verwertungslogik zu entziehen. Dies betrifft Wohnen, Gesundheit, Bildung, Wasserversorgung, Energie, Kommunikation und anderes. Dies kann – auch innerhalb des Kapitalismus – demokratisch kontrolliert und weiterentwickelt werden.

Die Dynamik und die Innovationskraft des Kapitalismus wären mit solch einem Ansatz nicht gebrochen, aber eingehegt oder gebremst. Der privat organisierten Wirtschaft bliebe noch ausreichend Raum zur Profitmaximierung. Daneben muss das Finanzkapital beschränkt und kontrolliert werden, denn der neoliberal entfesselte Finanzkapitalismus birgt immer die Gefahr, die Realökonomie im Falle einer Krise stark zu infizieren – wie in der Finanzkrise 2008. Das Finanzkapital muss auf eine Rolle des Kreditgebers für die Realwirtschaft beschränkt werden.

Fragen von globalen Wertschöpfungsketten treten infolge der Globalisierung immer mehr in den Vordergrund. Sicher haben Marx und Engels bereits im *Kommunistischen Manifest* die Internationalisierung des Kapitalismus erwähnt. Aber es waren eher koloniale Beziehungen, die sie hier vor Augen hatten, also die Aneignung von Rohstoffen, die Verarbeitung in den Industriezentren und dann der Export in die Kolonien – alles natürlich zu den für das Kapital günstigsten Bedingungen. Doch heute schaffen die globalen Wertschöpfungsketten eine andere Lage, ermöglichen sie es doch „zum ersten Mal in der Geschichte, die Produktion von ihren Steuerungsmechanismen abzukoppeln“[75], wie man an den global tätigen Konzernen beobachten kann. Voraussetzung hierfür sind im Wesentlichen drei Aspekte. Zum einen muss der Warentransport effizient in Bezug auf Kosten und Geschwindigkeit sein. Dies, so erwähnt Marx schon im zweiten Band des *Kapital*, ist Teil der Wertschöpfung, weshalb er auch von Transportindustrie spricht. „Was aber die Transportindustrie verkauft, ist die Ortsveränderung selbst. […] Der Tauschwert dieses Nutzeffekts ist aber bestimmt, wie der jeder andern Ware, durch den Wert der in ihm verbrauchten Produktionselemente (Arbeitskraft und Produktionsmittel) plus dem Mehrwert, den die Mehrarbeit der in der Transportindustrie beschäftigten Arbeiter geschaffen hat.“[76] Und im dritten Band betont er: „Die kolossale Ausdehnung der Verkehrsmittel – ozeanische Dampfschiffe, Eisenbahnen, elektrische Telegraphen, Suezkanal – hat den Weltmarkt erst wirklich herge-

75 Branko Milanović: Kapitalismus Global. Über die Zukunft des Systems, das die Welt beherrscht, Berlin 2020, S. 187.

76 Karl Marx: Das Kapital. Kritik der politischen Ökonomie, Zweiter Band, MEW 24, S. 60.

stellt."[77] Darüber hinaus müssen die Kommunikationsmittel vorhanden sein, die die Beherrschung von Produktion und Distribution über weite Strecken ermöglichen – das ist im obigen Zitat ebenfalls angedeutet. Ein dritter Aspekt ist, dass Eigentumsrechte international gelten und auch – im Falle von Verletzungen – durchgesetzt werden können. Es sind in den letzten Jahrzehnten hier Institutionen geschaffen worden, die dies gewährleisten, z.B. die Weltbank und der internationale Währungsfonds.

Nur so konnten zum einen die globalen Wertschöpfungsketten entstehen und die Kontrolle weiterhin in den Zentren des global agierenden Kapitalismus bleiben. Milanović verweist darauf, dass Globalisierung mit Handel (Entflechtung von Produktion und Konsumtion) und der Herausbildung von Nationalstaaten beginnt und sich dann über Direktinvestitionen im Ausland fortsetzt. Heute hat die Rolle des Staats (zum Beispiel als Kolonialmacht) abgenommen und als Akteure fungieren zunehmend transnational agierende Großkonzerne, die den Staat immer noch brauchen, um sie im Wettbewerb zu schützen. Dennoch findet gerade in den Hochtechnologiebereichen ein Innovationstransfer statt, der in den Zentren Arbeitsplätze vernichtet und die Verhandlungsposition der Arbeitnehmer schwächt. „Mittlerweile hängt der Erfolg der Entwicklungsländer nicht mehr davon ab, ob es ihnen gelingt, unter Einsatz ihrer eigenen Wirtschaftspolitik verschiedene feststehende Entwicklungsstadien zu absolvieren, sondern davon, ob sie es schaffen, sich in die vom Zentrum (dem globalen Norden) organisierten globalen Lieferketten zu integrieren."[78] Dies hat Ähnlichkeiten mit der Diskussion zwischen Marx und Sassulitsch und der Hoffnung auf Hilfe aus dem „Westen" – hier ist es eine „Entwicklungshilfe" unter kapitalistischen Vorzeichen.

Durch die heutige Technologie hat sich auch die Mobilität der Ware Arbeitskraft maximal erhöht. Konzerne im „Norden" holen nicht nur Arbeitskräfte in ihre Heimatländer, sie lassen auch vernetzt produzieren, wenn deren Software z.B. im „Süden" entwickelt wird, wenn selbst Dienstleistungsbereiche wie Buchhaltung und Abrech-

---

77 Ders.: Das Kapital. Kritik der politischen Ökonomie, Dritter Band, MEW 25, S. 506.

78 Branko Milanovic: Kapitalismus global. Über die Zukunft des Systems, das die Welt beherrscht, Berlin 2020, S. 212f.

nung, Bestellannahme und Logistik auch „realtime“ dort stattfinden. Dies konnte Marx nicht vorhersehen.

Was dies für den heutigen Kapitalismus bedeutet, liegt auf der Hand. Die Länder, die sich in das System des globalen Kapitalismus integriert haben oder integrieren, können sich schneller entwickeln und ganze Entwicklungsstufen überspringen (s. China, Indien). Die Länder, denen das nicht gelingt, erleiden Rückschritte, deren Bekämpfung dann in kriegerischen Auseinandersetzungen enden (z.B. Russland). Damit ist auch gesagt, dass der Kapitalismus keinen globalen Antipoden mehr hat. Das bedeutet nicht das „Ende der Geschichte“ als Vision einer friedlichen Gegenwart und Zukunft, denn nach wie vor kämpfen Unternehmen, Staaten und Staatengruppen um Einfluss, Ressourcen und Kapital, nach wie vor ist die Umwelt in einem Maße bedroht, das die Überlebensbedingungen der Menschheit infragestellt.

Hier kommt das Geschichtsbild von Marx und Engels zum Tragen, wenn sie in der *Deutschen Ideologie* schreiben: „Die Geschichte ist nichts als die Aufeinanderfolge der einzelnen Generationen, von denen Jede die ihr von allen vorhergegangenen übermachten Materiale, Kapitalien, Produktionskräfte exploitiert, daher also einerseits unter ganz veränderten Umständen die überkommene Tätigkeit fortsetzt und andrerseits mit einer ganz veränderten Tätigkeit die alten Umstände modifiziert“.[79] Ab einer bestimmten Entwicklungsstufe wird dann die Geschichte zur Weltgeschichte und gesellschaftliche Entwicklungen breiten sich über den Erdball aus. „Je weiter sich im Laufe dieser Entwicklung nun die einzelnen Kreise, die aufeinander einwirken, ausdehnen, je mehr die ursprüngliche Abgeschlossenheit der einzelnen Nationalitäten durch die ausgebildete Produktionsweise, Verkehr und dadurch naturwüchsig hervorgebrachte Teilung der Arbeit zwischen verschiednen Nationen vernichtet wird, desto mehr wird die Geschichte zur Weltgeschichte, so daß z.B., wenn in England eine Maschine erfunden wird, die in Indien und China zahllose Arbeiter außer Brot setzt und die ganze Existenzform dieser Reiche umwälzt, diese Erfindung zu einem weltgeschichtlichen Faktum wird; oder daß der Zucker und Kaffee ihre weltgeschichtliche Bedeu-

79 Karl Marx/Friedrich Engels: Die deutsche Ideologie, MEW 3, S. 45.

tung im neunzehnten Jahrhundert dadurch bewiesen, daß der durch das napoleonische Kontinentalsystem erzeugte Mangel an diesen Produkten die Deutschen zum Aufstande gegen Napoleon brachte und so die reale Basis der glorreichen Befreiungskriege von 1813 wurde.“[80]

Der Kapitalismus hat längst noch nicht ausgespielt. Er wird auf absehbare Zeit weiter existieren und sich auch zukünftigen Problemen stellen und anpassen. Er wird dann – vielleicht einmal – gar kein Kapitalismus im herkömmlichen Sinne mehr sein, ohne den „großen Knall“, ohne die Revolution auf die die Arbeiterbewegung zu Marx’ Zeiten gehofft haben mag. Er wird vielleicht das Privateigentum an den Produktionsmitteln in weiten Teilen erhalten und sozial einhegen – über Gesetze und Steuern. Dennoch bleibt im Kapitalismus der Kampf um den Mehrwert das zentrale Feld der Auseinandersetzung, das man – friedlicher – als Verteilungsfrage bezeichnen kann. Und hier gilt es Lösungen zu finden, nicht nur in den Zentren, sondern auch im globalen Süden.

80 Ebd., S. 46.

Der amerikanische Linguist und Publizist John McWhorter setzt sich seit einigen Jahren kritisch mit den antirassistischen Bewegungen in den USA auseinander. Dabei kritisiert er die heute dominierende Variante des linksliberalen Antirassismus scharf. Seiner Ansicht nach ist der Rassismus in den USA heute ein durchaus geringeres Problem als vor einigen Jahrzehnten. Sklaverei und Segregation seien abgeschafft, Bürgerrechte erkämpft, die amerikanische Kultur sei zu einem großen Teil von Antirassismus geprägt. Von dieser Seite her sei es also nicht verständlich, wenn der Antirassismus heute umso vehementer auftrete und den Eindruck erwecke, als habe es keine Fortschritte in der amerikanischen Gesellschaft gegeben. John McWhorter zufolge ist der Antirassismus, den er als eine neue Religion betrachtet, insofern weitgehend gegenstandslos. Es gehe diesem Antirassismus nicht wirklich darum, die Situation der Schwarzen in den USA zu verbessern, und dazu sei er auch nicht geeignet. Wolle man armen Menschen helfen, solle man weniger über Rassismus jammern und nicht versuchen, diesen in immer feineren Nuancen bloßzulegen. Stattdessen macht McWhorter in einem Interview[81] vier politische Vorschläge, wie man vielen benachteiligten Schwarzen in den USA tatsächlich helfen würde: eine liberalere Drogenpolitik, kostenfreien Zugang zu Verhütungsmitteln für Frauen, einen an der Phonetik orientierten Englisch-Unterricht, der Kindern mit geringerem familiären Bildungshintergrund entgegenkomme, sowie ein besseres Berufsbildungssystem, mit dessen Hilfe man auch ohne College-Besuch beruf-

81 Heterodox Academy: Viewpoint Diversity among black intellectuals. A Conversation with John McWhorter, https://www.youtube.com/watch?v=-D9LZdjnxKk, Min 55:00-57:27 (abgerufen am 08.09.2023). In seinem Buch „Die Erwählten" (John McWhorter, Die Erwählten, Hamburg 2021), finden sich die entsprechenden Erläuterungen auf den Seiten 193 ff. In seinem Buch kritisiert McWhorter, dass die von ihm so genannten „Erwählten" sich auf ideologische Kämpfe konzentrieren, ohne die Welt wirklich verbessern zu wollen. Schwarze Obdachlose in San Francisco hätten nichts davon, dass Weiße wegen nicht „politisch korrekter" Ausdrucksweisen des Rassismus bezichtigt und verfolgt würden. Vgl. ebd., S. 110: „Wenn es der Philosophie der Erwählten wirklich ein Anliegen wäre, die Welt zu verändern, würden ihre Gemeindemitglieder doch pausenlos mit den Hufen scharren, um endlich rausgehen und Wandel bewirken zu können, so wie Jane Addams und Martin Luther King."

lichen Erfolg haben kann. Er umschreibt diese Herangehensweise mit „Getting onto the ground and changing the world“.

Die Interviewerin reagiert auf diese Vorschläge mit den Worten: “You’re sounding like a Marxist.” John McWhorter, der sich vermutlich kaum mit Marx beschäftigt hat, lacht daraufhin. Immerhin widerspricht er nicht.

Auch wenn McWhorter sich wohl nicht als Marxist versteht, hat er mit dem Marxismus etwas gemein: Er unterscheidet Realität von Ideologie. Für eine an Marx orientierte Auffassung gibt es wichtigere und weniger wichtige Aspekte der Gesellschaft. Nicht alles ist gleich wesentlich. Marx selbst verwendet dafür bekanntlich u.a. die Begriffe von Basis und Überbau. Es gibt gesellschaftlich zentralere und oberflächlichere Sachverhalte. Die oberflächlichste Ebene ist diejenige der Ideologie. Sie ist am meisten von dem entfernt, was die gesellschaftliche Wirklichkeit bestimmt. Die Akteure machen sich Gedanken, die oftmals das Gegenteil von dem darstellen, was in Wirklichkeit passiert. In den Ideologien sind ihre Wunschvorstellungen und Selbstwahrnehmungen enthalten. Wie man am Beispiel McWhorter erkennt, ist diese marxsche Auffassung zunächst einmal nicht besonders extrem oder abseitig. Vertreter ganz verschiedener politischer Couleur würden wohl der Aussage zustimmen, dass der Wirtschafts- und Politikteil einer Zeitung gewissermaßen wichtiger, „wirklichkeitsbezogener“ sei als das Feuilleton – auch wenn manche Leser sich vielleicht besonders für das Feuilleton interessieren. Die Kreise um Bill Clinton sahen dies anscheinend ähnlich, als sie den Satz prägten: „It’s the economy, stupid!“

Es gibt jedoch, ausgesprochen oder unausgesprochen, auch andere Auffassungen zu Kultur und Ideologie. Viele Menschen gehen intuitiv davon aus, dass die Gesellschaft von den Einzelnen bestimmt sei. Diese wiederum seien von ihren Gedanken geleitet. Daher beginne gesellschaftliche Veränderung damit, die Gedanken der Einzelnen und ihr Handeln zu verändern. Man müsse Vorurteile überwinden und ein anderes Denken einüben, dann würden sich daraus die erwünschten gesellschaftlichen Veränderungen ergeben. Einem solchen Standpunkt entspricht es, mit Pädagogik auf die Menschen Einfluss nehmen zu wollen, manchmal auch noch bei Erwachsenen, denen dann ihre Vorurteile aberzogen werden sollen. Nach dieser Auffassung ist Ideologie also doch die eigentliche Basis der Gesellschaft. Psychologisch hat diese Betrachtungsweise den Vorteil, dass man Missstände auf böswillige, unbelehrbare Menschen schieben und sich selbst als gut darstellen kann. Außerdem sieht man für sich mehr Möglichkeiten positiv auf die Gesellschaft einzuwirken, weil ein Erziehungs- und Aufklärungsprogramm vielleicht einfacher umzusetzen ist als die harten Fakten der ökonomischen Realität zu verändern. Für Politik und Wirtschaft ergibt sich der Vorteil, gesellschaftliche und mithin ökonomische Phänomene zu individualisieren, so als würde die private Mülltrennung den Klimawandel aufhalten können.

Die materialistische Gesellschaftsauffassung steht dieser Auffassung entgegen. Sie geht nicht davon aus, dass die Gesellschaft direkt von den Einzelnen bestimmt werde, sondern nimmt – hierin übrigens ähnlich der soziologischen Systemtheorie – verselbständigte Strukturen an, die eben nicht direkt von Individuen und schon gar nicht von deren Gedanken bestimmt seien. Auch wenn letztlich die Gesellschaft von Menschen gebildet und Geschichte von Menschen gemacht wird, so sind diese gesellschaftlichen Verhältnisse Ergebnis von Interaktionen, die von den einzelnen Akteuren in der Regel nicht durchschaut werden und von ihnen nicht verändert werden können. Wie anhand des „Warenfetischismus" gezeigt, erschaffen die Menschen eine ihnen selbst gegenüber verselbständigte Welt von Sachen, die von Einzelnen nicht veränderbar ist. Wenn es bestimmten Menschengruppen schlecht geht – etwa wie in McWhorters Beispiel vielen amerikanischen Schwarzen, dann liegt das nicht unbedingt primär daran, dass die Weißen „Vorurteile" haben und Schwarze „diskriminieren" würden, auch wenn dies einen verstärkenden Effekt haben mag. Es kann andere Gründe geben, die in der Sozialgeschichte zu verorten sind und nur mit möglicherweise schwer durchzusetzenden wirtschaftspolitischen Entscheidungen langfristig zu verändern sind. Themen wie das Berufsbildungssystem oder gar die Gesundheitspolitik sind aber komplex und voraussetzungsreich und eignen sich kaum für moralische Empörung, daher werden sie auch von vielen Linken als wenig reizvoll empfunden und gemieden.

Folgt man Marx, so muss man so manch eine Debatte um Vorurteile, Einstellungen und vor allem um Sprache als irrelevante Scheindebatte beurteilen, in der es nicht um Sachhaltiges geht, sondern die eher von den eigentlichen Problemen ablenkt. Solche Scheindebatten eignen sich dazu, Emotionen und dadurch Aufmerksamkeit zu erregen, aber sie führen weg von dem, was die Gesellschaft in Wirklichkeit bestimmt. Indem sie dies tun und für reale Herrschafts- und Ausbeutungsverhältnisse unschädlich sind, werden sie für Teile der Politik, der Medien und der Marketing-Abteilungen von Unternehmen wiederum interessant. Es gelingt mit diesen Themen Aufmerksamkeit und vielleicht sogar Beifall hervorzurufen, ohne dass es wehtut, ohne dass es Gewinne schmälert.

Dem marxschen Materialismus zufolge gibt es also neben der natürlichen Realität auch eine gesellschaftliche Realität. Wie die natürliche Realität durch die Naturwissenschaft ist die gesellschaftliche Realität durch die Sozialwissenschaft erkennbar, aber eben auch nur durch Wissenschaft, nicht allein dadurch, dass man in dieser Realität lebt. Dabei gibt es grundlegendere und weniger grundlegende Ebenen des Sozialen. Grundlegend ist die Art und Weise, wie die Menschen produzieren und sich reproduzieren. Sie bestimmt über Leben und Tod, Krankheit und Gesundheit von Menschen. Es ist leicht ersichtlich, dass derjenige gesellschaftliche Bereich, der häufig „Ökonomie" genannt wird, von basaler Bedeutung für das Leben und Überleben von Menschen ist. Andere Fragen sind dagegen weniger wesentlich, obwohl sie vielen Menschen auch subjektiv sehr wichtig sein können. Dies können z.B. kulturelle Fragen sein. So erhitzen sich derzeit viele Gemüter über Fragen der „Transsexualität" und darüber, ob man sein Geschlecht per Willensentscheidung selbst festlegen könne. Es ist verständlich, dass solche Themen, die eventuell das eigene Selbstverständnis, die eigene Sexualität herausfordern, viele Menschen in Aufregung versetzen. Ein anderes Beispiel wäre die politisch korrekte Sprache, die in diesem Band im Beitrag von Reichardt angesprochen wurde. Selbstverständlich ist es nachvollziehbar, dass Angehörige von Minderheiten sich durch den Gebrauch bestimmter Wörter zutiefst getroffen fühlen, weil sie vielleicht tatsächlich einmal mit diesen Wörtern beleidigt wurden. Andererseits ist es durchaus nachvollziehbar, dass andere empört sind, weil sie den Eindruck haben, dass man ihnen die Ausdrucksweise vorschreiben und dadurch vielleicht sogar Einfluss auf ihr Denken nehmen will. Bei aller verständlichen Aufregung sollte man aber die objektiv begrenzte Reichweite dieser Sprachpolitik nicht verkennen. Die Gesellschaft wird durch Sprache nicht verändert, auch wenn manche dies meinen. Die Emanzipation der Frauen, die in der europäischen Kultur in den letzten zweihundert Jahren stattgefunden hat, war nicht das Ergebnis von „geschlechtergerechter Sprache". Das Umgekehrte ist der Fall: Diese sprachlichen Reformbemühungen stehen am Ende des gesellschaftlichen Umwälzungsprozesses. Das Englische hat die weiblichen grammatischen Formen nahezu komplett abgeschafft, ohne dass dies den Frauen geschadet oder genutzt hätte. Die Frauenemanzipation, die in den westlichen Gesellschaften stattgefunden hat, ist wesentlich durch eine Veränderung in der Ökonomie bedingt.

Immer weniger Menschen reproduzierten sich im Rahmen der patriarchalischen Familie. Auch Frauen sind freiwillig oder unfreiwillig mehr und mehr auf den Arbeitsmarkt getreten und sind für ihr Überleben und ihren Wohlstand in den westlichen Gesellschaften nicht mehr auf einen Mann angewiesen. Ökonomische Umwälzungen und schließlich eine Transformation des Staates hin zum modernen Sozialstaat machten es möglich, dass die Individuen keine eigenen Kinder mehr für die Versorgung im Alter, Frauen keinen männlichen Ernährer brauchen und notfalls sogar Kinder alleine aufziehen können. Wenn das Kapital nicht nach Frauen als frei verfügbaren Arbeitskräften verlangt hätte, hätten diese Umwälzungen wohl nicht stattgefunden.

Hartmann kritisiert in diesem Band Bourdieu, in dessen durch seinen multiplen Kapital-Begriff geprägter Herrschaftstheorie die Wirklichkeit in ihrem harten Kern bisweilen nicht mehr von der Oberfläche unterschieden wird. Bourdieu kennt neben dem ökonomischen auch das symbolische, soziale und kulturelle Kapital. Alle Gegenstände, Eigenschaften und Dispositionen, die man sich für sein Fortkommen in der Gesellschaft zunutze machen kann, gelten hier als Kapital im Sinne einer Ressource. Dass ökonomisches Kapital einen anderen Stellenwert hat als „kulturelles Kapital" etwa im Sinne von Bildung gerät hier manchmal aus dem Gesichtsfeld. Demnach wäre der Taxifahrer mit geisteswissenschaftlichem Doktor, den es wohl vereinzelt gibt, ebenso Mitglied der herrschenden Klasse wie ein Industriemagnat, weil er über so viel „kulturelles Kapital" verfügt.

Aber nicht nur gibt es für Marx Wesentlicheres als Ideologie, diese ist auch durch jenes bestimmt. Auf diese Art ist die Ideologie dann also doch wieder wesentlich, nämlich insofern sie von den wesentlichen Strukturen der Gesellschaft hervorgebracht wird. Welche Ideologien in einer Gesellschaft existieren, ist großenteils von der ökonomischen Basis abhängig. Das bedeutet, die Ideologien sind nach Marx nicht einfach nur subjektive Ideen und Phantastereien, sondern sie ergeben sich aus den Bedingungen, unter denen die Menschen leben. Ideologie wird durch Gesellschaft bestimmt. Dies bringt der marxsche Satz zum Ausdruck, das gesellschaftliche Sein bestimme das Bewusstsein.[82] So sind es oftmals etwa die objektiven Interessen, die einen Menschen dazu bringen, dieses oder jenes für wahr zu halten und diese Wahrheit gegebenenfalls zu verbreiteten. Ein Unternehmer wird beispielsweise dazu neigen, die bestehende ökonomische Ordnung, die ihm nützt, für eine zu halten, die *allen* nützt. Sein Eigenwohl gibt er für das Allgemeinwohl aus. Gesellschaftliche Interessengruppen haben denn auch ihre Medien und PR-Agenturen, um ihrer partikularen Sicht möglichst viel Geltung zu verschaffen. Doch Ideologie darf dabei nicht bloß als Manipulation durch die Herrschenden verstanden werden. Es geht nicht darum, ihnen bewusste Manipulation zu unterstellen. Sowohl sie als auch die Beherrschten denken auch unabhängig von absichtlicher Manipulation „ideologisch", d.h. ihr Denken wird durch ihre gesellschaftliche Lage geprägt.

Nicht alle Ideologie, nicht alles falsche Bewusstsein ist jedoch aus materiellen Interessen zu erklären. Psychologische Momente kommen hinzu. Für die meisten Menschen ist es schwierig zu verstehen, dass anonyme gesellschaftliche Prozesse ursächlich für Missstände sind. Hinzu kommt eine kognitive Veranlagung des Menschen zu personifizieren. Wie in vormodernen Epochen Naturprozesse perso-

82 Vgl. Karl Marx, Zur Kritik der Politischen Ökonomie, MEW 13, S. 9: „Es ist nicht das Bewußtsein der Menschen, das ihr Sein, sondern umgekehrt ihr gesellschaftliches Sein, das ihr Bewußtsein bestimmt."

nifiziert wurden, indem Geister oder Götter als ihre Urheber vermutet wurden, so neigen Menschen bis heute dazu, Personen für gesellschaftliche Prozesse verantwortlich zu machen. Wenn es eine Wirtschaftskrise gibt, muss das in dieser Denkweise am maßlosen Verhalten Einzelner liegen. Nicht nur vermeidet man dadurch das schwierige und anstrengende abstrahierende Denken, die Personifizierung hat überdies einen emotionalen Vorteil. Viele Menschen empfinden es als befriedigend, anderen Menschen Schuld zuzuschieben. Sie fühlen sich in dieser Position als Richter über andere selbst dadurch aufgewertet. Anonyme Strukturen sind schwierig zu begreifen und schwierig zu verändern. Viel einfacher ist es eine Einzelperson zu beschuldigen, in die Defensive zu treiben und ggf. zu einem Schuldbekenntnis oder sogar zu einem Rücktritt zu zwingen. So werden etwa für schlechte Lebensverhältnisse von Angestellten „egoistische" oder „gierige" Manager in Anspruch genommen, obwohl es ja die Aufgabe der Manager in der kapitalistischen Gesellschaft ist, die Rendite ihres Unternehmens zu steigern. Was als individuelle schlechte Charaktereigenschaft erscheint, ist in Wirklichkeit ihre ökonomische Funktion. Politiker werden habhaft gemacht für Verhältnisse, die sie nur bedingt steuern können. Dasselbe geschieht häufig in der medialen Darstellung der internationalen Politik: Wenn Staatschefs anderer Länder in einer Weise handeln, die unseren Medien unverständlich sind, so wird oftmals nicht danach gefragt, ob sie nicht gute Gründe dafür haben, ob sie unter Zwängen stehen, die wir aus unserer westlichen Perspektive ausblenden. Vielmehr wird es auf ihre subjektive Bosheit und Korruptheit zurückgeführt. Dem System und den von ihm Privilegierten kommen solche Ideologien zugute, weil personifizierende Pseudo-Erklärungen offensichtlich von wirklicher Gesellschaftskritik abhalten.[83]

83 Margaret Thatcher hat diese ideologische Auffassung zu ihrer berüchtigten Aussage zugespitzt, es gebe gar keine Gesellschaft. Vgl. Margaret Thatcher: Interview for 'Woman's Own' ("No Such Thing as Society"). https://www.margaretthatcher.org/document/106689 (abgerufen am 08.09.2023): „'I am homeless, the Government must house me!' and so they are casting their problems on society and who is society? There is no such thing! There are individual men and women and there are families and no government can do anything except through people and people look to themselves first."

Diese Grundform von Ideologie, die es bereits in früheren Epochen gab – man denke an die mittelalterlichen Mythen über vermeintliche Untaten der Juden – spielt auch im Kapitalismus eine Rolle. Für Marx ist sie im Warentausch verankert, wie er im ersten Kapitel des *Kapital* ausführt. Der Wert der Ware ist nach Marx durch die Verhältnisse der gesellschaftlichen Arbeit bestimmt. Diese Verhältnisse sind aber den Akteuren im Warentausch per se nicht sichtbar, sie könnten höchstens mühsam durch wissenschaftliche Tätigkeit erschlossen werden. Dadurch erscheint der Wert als eine natürliche Eigenschaft der Dinge. Waren drücken ihren Wert nur in einer anderen Ware aus. Diese andere Ware scheint daher von Natur Wert zu sein. Dass Gold einen Wert hat, erscheint als Natureigenschaft. Diese Vergegenständlichung, Verdinglichung oder Naturifizierung ist eine weitere Grundform von Ideologie. Gesellschaftliche Verhältnisse werden ausgeblendet und als simple Eigenschaften von Gegenständen wahrgenommen. Marx bezeichnet dies mit einem Begriff aus der Religionsgeschichte als „Fetischismus", die religiös verehrende Haltung zu Gegenständen. Diese Metapher verweist ebenfalls darauf, dass „Fetischismus" und Ideologie auch bereits vor dem Kapitalismus, in Form religiösen Denkens in früheren Gesellschaften verbreitet waren: In allen Gesellschaften erschienen den Menschen die Verhältnisse, in denen sie lebten, als „natürliche", heilige oder gottgewollte Verhältnisse. Könige, die ja nur Könige waren, weil Menschen sie als Könige anerkannten, wurden als von Gott eingesetzt wahrgenommen. Natur war für viele vormoderne Philosophien ein sinnvoll geordnetes Ganzes mit theologischer Bedeutung. Ideologie erhält eine gesellschaftliche Funktion. Sie dient dazu, die Gesellschaft zu rechtfertigen und dadurch zu stabilisieren.

Der Antisemitismus, sowohl in seinen mittelalterlichen Vorläufern als auch in seiner modernen, rassistischen Gestalt, ist eine paradigmatische Form personifizierenden Denkens. Für nicht erkannte gesellschaftliche Prozesse wird eine bestimmte Gruppe von Menschen persönlich verantwortlich gemacht. Die marxsche Theorie ist außerordentlich modern darin, dass sie solches Denken ablehnt und entlarvt. Die Kritik des Antisemitismus ist insofern nicht nur eine Frage des guten Charakters, nicht bloß eine moralische Frage, sondern eine Frage der Gesellschaftstheorie. Antisemitismus lässt sich letztlich nicht daran erkennen, ob man bestimmte Wörter verwendet oder die Politik Israels kritisiert. Ethnisch oder religiös definierte Personengruppen für gesellschaftliche Prozesse verantwortlich zu machen, ist mit der marxschen Theorie nicht vereinbar.

Folglich ist es nicht nur so, dass die marxsche Theorie zwischen gesellschaftlich Zentralerem (Ökonomie) und Oberflächlichem (Ideologie) unterscheidet. Sie kritisiert auch die Ideologie als Ausdruck eines falschen Verständnisses von Gesellschaft, das durch diese Gesellschaft selbst hervorgebracht wird. Dies ist ein Teil der Tätigkeit, mit der sich Wolfgang M. Schmitt in seiner *Filmanalyse* beschäftigt. Gewiss denkt er nicht, dass Filme von zentraler Bedeutung für die Wirklichkeit sind – und wir etwa durch Kultur direkt die Wirklichkeit bestimmen könnten. Filme sind für ihn jedoch Ausdruck von Vorstellungen über die Gesellschaft, die bisweilen in aufklärerischer Absicht zu kritisieren sind.

Marxistische Ideologiekritik hat dabei immer auch einen praktischen Zweck. In der bekannten 11. These über Feuerbach stellt Marx fest, die Philosophien hätten die Welt immer nur verschieden interpretiert, es komme jedoch darauf an sie zu verändern. Wenngleich das Interpretieren für Marx wichtig blieb und auch heute wichtig bleibt, gilt es doch mit dem Beitrag von Paul Stegemann in diesem Band festzuhalten, dass auch die Ideologiekritik letztlich die Veränderung der Gesellschaft bezweckt, die die falschen Vorstellungen der Menschen notwendig hervorbringt.

Soziale Entwicklungen seit Marx: der Sozialstaat

Da sich die hoch entwickelten europäischen und nordamerikanischen Gesellschaften, die ihm vor allem vor Augen standen, seit Marx' Zeiten sehr verändert haben, ergibt sich die Frage, ob die marxsche Theorie noch auf die Gegenwart zutrifft, ob ihr noch mehr als bloß historische Relevanz zukommt. Gegner des Sozialismus verweisen darauf, dass die Gesellschaft sich weiterentwickelt habe und dass die sozialen Probleme des Kapitalismus, die Marx beschrieb, durch Demokratie und Soziale Marktwirtschaft gelöst wurden. Die marktwirtschaftliche Demokratie habe der breiten Bevölkerung politische Teilhabe, Wohlstand und soziale Sicherheit beschert. Es sei – bei allen möglichen Defiziten, die im Einzelnen noch bestünden – gelungen, den Kapitalismus politisch einzuhegen und dem Nutzen aller dienstbar zu machen.

Marx war sich bewusst, dass „die jetzige Gesellschaft kein fester Kristall, sondern ein umwandlungsfähiger und beständig im Prozeß der Umwandlung begriffener Organismus ist."[84] Doch die historisch beispiellose Entwicklung des Sozialstaats, wie sie in vielen Ländern und nicht zuletzt in Deutschland stattgefunden hat, hat Marx tatsächlich weder gekannt noch erwartet. Zu seiner Zeit hatte der Staat nur wenige Funktionen. Im Wesentlichen beschränkte sich seine Tätigkeit auf den physischen Schutz und die Aufrechterhaltung der Ordnung im Inneren durch die Polizei sowie auf den Schutz und die Kriegführung nach außen durch das Militär. Schritt für Schritt sind die Aufgaben des Staates in der Geschichte der entwickelten Länder ausgedehnt worden. Der Staat hat mehr und mehr in Gesellschaft und Wirtschaft eingegriffen. Was sich für manche wie eine Einschränkung der Freiheit anhören mag – der Eingriff des Staates in das Leben der Individuen, ist in Wirklichkeit für die Mehrheit eine Wohltat und ein Fortschritt. Freiheit sollte nicht als schrankenlose individuelle Freiheit begriffen werden. Vermöge des Konkurrenzkampfes führt diese nämlich zu einer Unterdrückung der sozial Schwachen. Soziale Eingriffe des Staates bedeuten u.a. Schutz vor den gesellschaftlich Stärkeren

84 Karl Marx: Das Kapital, Erster Band, MEW 23, S. 16.

und Mächtigeren, Unterstützung bei Krankheit, bei sozialer Not und im Alter.

Zu den ersten im weitesten Sinne sozialstaatlichen Eingriffen in die Gesellschaft, und zwar bereits zu Lebzeiten von Marx und Engels, gehörten gesetzliche Beschränkungen des Arbeitstags, zunächst für Kinder, dann für Frauen und schließlich für Männer. Marx beschreibt die Anfänge dieser Entwicklung im achten Kapitel des *Kapital* unter der Überschrift „Der Kampf um den Normalarbeitstag". In Großbritannien begannen solche gesetzlichen Beschränkungen bereits 1802. Während diese Gesetze zu Beginn kaum beachtet wurden, überprüften seit 1833 Fabrikinspektoren die Verhältnisse in den britischen Fabriken und die Einhaltung der Gesetze. 1847 wurde in England der 10-Stunden-Tag für Frauen und Jugendliche eingeführt.[85] Im Deutschen Kaiserreich galten ähnliche gesetzliche Regelungen seit 1891 und durch das Kinderschutzgesetz von 1903. Nach der demokratischen Revolution 1918 und unter dem Druck des Bolschewismus konnten sich die Kapitalisten sogar mit dem 8-Stunden-Tag abfinden. Lange Zeit war dabei noch der Samstag ein Arbeitstag. Weit später, in der Zeit des wirtschaftlichen Aufschwungs nach dem Zweiten Weltkrieg, wurde der Samstag ein arbeitsfreier Tag. Heute gibt es in Deutschland ein umfassendes Arbeitsrecht, das die Wochenarbeitszeit beschränkt, Kinderarbeit verbietet, Jugendliche schützt und etwa Mutterschutz und einen gesetzlichen Mindesturlaub gewährleistet. Die durchschnittliche Wochenarbeitszeit bei Vollbeschäftigung liegt heute bei ca. 40 Stunden und ist damit gegenüber dem neunzehnten Jahrhundert deutlich gesunken.[86] Ein extrem liberaler Standpunkt, demgemäß die Menschen doch selbst für ihre Arbeitszeit verantwortlich seien, sie müssten halt individuell besser verhandeln und unwürdige Arbeitsverhältnisse nicht annehmen, wäre angesichts dieser Erfolge staatlicher Eingriffe in die Wirtschaft wirklichkeitsfremd und wird in Europa kaum noch vertreten. Nicht der freie Markt, sondern Eingriffe in diesen haben zu den großen sozialen Fortschritten ge-

---

85 Vgl. Friedrich Engels: Die englische Zehnstundenbill, MEW 7, S. 233–243.

86 Statistisches Bundesamt: Wöchentliche Arbeitszeit in der EU, https://www.destatis.de/Europa/DE/Thema/Bevoelkerung-Arbeit-Soziales/Arbeitsmarkt/Qualitaet-der-Arbeit/_dimension-3/01_woechentliche-arbeitszeitl.html (abgerufen am 17.10.2023).

führt. Diese Eingriffe führten dazu, dass der wirtschaftliche Fortschritt nicht nur einigen wenigen, sondern zu einem gewissen Grade auch den breiten Massen zugutekam. All diese Reformen, die in den freien Markt eingriffen, erwiesen sich dabei letztlich nicht als Hindernis für das Wirtschaftswachstum. Stattdessen stieg der Reichtum in den Kernländern des Kapitalismus in historisch ungekannte Höhen. Sicherlich gibt es in Bezug auf die Arbeitsbedingungen nach wie vor viele Mängel und Missstände auch in entwickelten Ländern wie Deutschland: Prekäre Beschäftigung und Scheinselbständigkeit sind immer wieder in der Diskussion. Nicht selten ist sogar der Staat für das Fortbestehen prekärer Beschäftigungsverhältnisse verantwortlich, etwa durch die verbreiteten Befristungen im Öffentlichen Dienst und speziell in der Wissenschaft. Die sozialen Fortschritte sind außerdem immer wieder durch Rücknahme bedroht. In Krisenzeiten versuchen die Kapitalisten, die Kosten auf die arbeitende Bevölkerung abzuwälzen. Die „Agenda 2010" der Regierung Schröder ist besonders berüchtigt für soziale Kürzungen und wirtschaftliche Liberalisierungen. Die allgemeinen sozialen Fortschritte, in deren Genuss viele Menschen in den entwickelten Ländern kommen, die großen Unterschiede zu den Verhältnissen den neunzehnten Jahrhunderts, ganz zu schweigen vom Elend der industriellen Revolution, sind dennoch unübersehbar.

Im Laufe der historischen Entwicklung hat der Staat mehr und mehr Aufgaben übernommen, für deren Bewältigung er gesellschaftliche Ressourcen umsteuern musste. Er musste mehr Steuern erheben, um seine sich vermehrenden Tätigkeiten zu finanzieren. Die Ausgaben des Staates für Gesundheit, Rente, Sozialausgaben Bildung und Sicherheit haben in den letzten 150 Jahren stetig zugenommen – von den teuren Kriegen sehen wir hier einmal ab. Die Gesellschaft wurde durch die ausgedehnten Betätigungen des Staates leistungsstärker und für mehr und mehr Menschen wurde das Leben sicherer und besser. Vor rund 140 Jahren wurden im deutschen Kaiserreich die Grundlagen für das System der Sozialversicherung gelegt. Heute stellen die Ausgaben für Rente und Gesundheitswesen einen großen Teil der Staatsausgaben dar. Bis auf Randgruppen – für die es ebenfalls Versorgungsangebote gibt – und spezielle Einzelfälle verfügen alle Deutschen und in Deutschland Lebenden über eine Krankenversicherung, die ihnen eine im internationalen und historischen Vergleich gute Versorgung im Krankheitsfall ermöglicht. Die Lebenserwartung nimmt in Deutschland und fast weltweit kontinuierlich zu.[87] Das System der gesetzlichen Rentenversicherung sorgt dafür, dass die allermeisten Menschen auch im Alter – einer Lebensphase, die länger wird – noch versorgt sind, wenn auch das Niveau dieser Versorgung zurückgegangen ist und weiter unter Druck steht. Die Ausgaben für Sozialleistungen betragen in Deutschland derzeit (Stand 2021) ca. 1,2 Billionen Euro. Ca. 60% davon entfallen auf die Sozialversicherung. Dies entspricht ca. einem Drittel des Bruttoinlandsprodukts (Sozialleistungsquote). Im historischen Vergleich ist diese Quote – wenig überraschend - stark gestiegen. 1960 betrug sie noch 18,3%. Deutschland liegt damit bei den Aufgaben für Sozialleistungen in der Europäischen Union im oberen Bereich.[88] Den Umfang der staatlichen Tätigkeiten insgesamt kann man an der „Staatsquote" ablesen, die den Anteil der staatlichen Ausgaben am BIP misst. Sie ist ebenfalls in der historischen Entwicklung gestiegen und liegt in Deutschland seit langem bei über 40%.[89]

Aber nicht nur Gesundheit, Pflege, Rente, Arbeitslosigkeit und Unfälle sind zu öffentlichen Aufgabengebieten geworden. Auch weitere, sogenannte „soziale" Aufgaben werden vom Staat übernommen. Der deutsche Staat unterhält ein für die Nutzer kostenloses öffentliches Schul- und Hochschulsystem. Er kümmert sich um Menschen in Notlagen: Wer Probleme mit der Erziehung seiner Kinder hat, kann sich von Organisationen beraten lassen, die aus Steuermitteln finanziert werden, oder sich auf Staatskosten zur Unterstützung eine Sozialarbeiterin ins Haus holen. Paare mit Konflikten können zur Paarbe-

---

87 Eine Ausnahme unter den hochentwickelten Ländern bilden die USA, die nicht nur ein stark privatwirtschaftlich geprägtes, hochgradig reformbedürftiges Gesundheitssystem aufweisen, sondern auch unter einer Drogenepidemie leiden. In den USA stagniert die Lebenserwartung seit Jahren oder sinkt sogar.

88 Bundesministerium für Arbeit und Soziales: Sozialbericht 2021, Stand August 2021, Bonn, S. 310.

89 Bundesfinanzministerium: Entwicklung der Staatsquote, https://www.bundesfinanzministerium.de/Datenportal/Daten/offene-daten/haushalt-oeffentliche-finanzen/s12-entwicklung-der-staatsquote/s12-entwicklung-der-staatsquote.html (abgerufen am 17.10.2023).

ratung gehen, Einwanderer erhalten für sie kostenlos Integrations- und Deutschkurse, psychisch Kranke können sich bei Bedarf nicht nur medizinisch und therapeutisch versorgen, sondern auch bei der Bewältigung ihrer Alltagsaufgaben unterstützen lassen. Diese Maßnahmen helfen nicht nur den Einzelnen. Sie verhindern, dass diejenigen, die in der kapitalistischen Konkurrenz den Kürzeren ziehen, in noch größere Schwierigkeiten geraten, und tragen dazu bei, dass sie sich möglicherweise wieder integrieren, ein besseres Leben haben und der Gesellschaft wieder nützen, anstatt ihr nur Probleme und Kosten zu bereiten. Es wird nicht nur den unmittelbar Betroffenen geholfen, sondern auch der Gesellschaft, die dadurch befriedeter und leistungsfähiger wird.

Ein in seinem Umfang neues staatliches Betätigungsfeld ist in Deutschland die Kinderbetreuung geworden. Auch wenn die ausführenden Unternehmen häufig private, gemeinnützige Wohlfahrtsorganisationen sind, beruht die Kinderbetreuung auf Rechtsansprüchen und ist zum größten Teil staatlich finanziert. Durch die öffentliche Kinderbetreuung wird es mehr Müttern ermöglicht, einer Berufstätigkeit nachzugehen. Sie fördert die Gleichstellung der Geschlechter und sie hilft den Unternehmen, die auf diese Arbeitskräfte angewiesen sind. Auch in Hinblick auf die Erziehung der Kinder ist eine stärkere öffentliche Rolle durchaus wünschenswert. Nicht nur geschlechterpolitisch, auch pädagogisch spricht einiges dafür, dass viele Eltern Unterstützung bei der Erziehung und Bildung ihrer Kinder gebrauchen können und dass Kinder – sofern eine hohe Qualität der Betreuung gewährleistet ist – davon profitieren. Dies gilt insbesondere für die mittlerweile große Gruppe von Kindern, die nicht deutscher Muttersprache sind und die in ihrer Familie wenig Deutsch sprechen. Ein höherer gesellschaftlicher Anteil an der Erziehung war eine alte sozialistische Forderung, die vom modernen kapitalistischen Sozialstaat umgesetzt wird.

Die Arbeiterklasse, die Marx vor Augen stand, ist heute ungleich besser in die Gesellschaft integriert – so sehr, dass sie als Arbeiterklasse gar nicht mehr vorhanden zu sein scheint. Es geht vielen deutschen Lohnabhängigen zweifellos ganz gut. Die meisten können es sich regelmäßig leisten, in den Urlaub zu fahren. Viele besitzen eine eigene

Immobilie. Die „Eigentümerquote“ für Deutschland lag 2018 bei 46,5% und ist in den letzten zwei Jahrzehnten gestiegen.[90] Durch die relativ lange Phase des Friedens in der Geschichte der Bundesrepublik konnte auch die Mittelschicht teilweise nicht ganz unbedeutende Vermögen anhäufen – häufig in Gestalt eines Einfamilienhauses – die angesichts geringer Kinderzahlen wenigen Erben zugutekommen. Einige besitzen sogar in geringem Umfang Aktien oder sind durch Rentenfonds an Unternehmen beteiligt. Die meisten Arbeitenden sind heute nicht mehr von der Gesellschaft und vom Wohlstand ausgeschlossen, wie es zu Zeiten von Marx und Engels der Fall war, als sie von den Arbeitern sagten, sie hätten nichts zu verlieren „als ihre Ketten“[91], worauf auch Zuckermann in seinem Beitrag in diesem Band hinweist (der allerdings gleichzeitig die Rolle der Ideologie bei der Integration des Proletariats betont). In diesem Zusammenhang ist auch die Demokratisierung hervorzuheben, die im Laufe des sozialen Fortschritts stattgefunden hat und die zu Teilhabe, Wohlstand und Zufriedenheit breiter Bevölkerungsschichten erheblich beigetragen hat. Anders als im neunzehnten Jahrhundert gibt es heute ein allgemeines und gleiches Wahlrecht. Frauen sind emanzipiert, den Männern rechtlich und gesellschaftlich gleichgestellt. Junge Frauen verfügen in der Regel über zahlreiche Optionen, ihr Leben ihren Neigungen entsprechend und auf einem im Vergleich zu früheren Epochen hohen Wohlstandsniveau zu gestalten.

Die Industriearbeiterschaft, die Marx als „Proletariat“ vor Augen stand, hat sich auf der einen Seite stark verändert. In den entwickelten Ländern ist der Dienstleistungssektor gegenüber der Industrie stark gewachsen. Die nach wie vor existierenden Industriearbeiter sind auch dank hoher Profite und starker gewerkschaftlicher Organisation ökonomisch in Deutschland relativ gut gestellt. Sie sind heute qualifizierter als im neunzehnten Jahrhundert. Es handelt sich um Arbeit, die eine bestimmte Ausbildung und Spezialisierung benötigt und weniger rein körperliche Kraft. Die Industriearbeiterschaft hat sich

90 Statistisches Bundesamt: Eigentümerquote nach Bundesländern, https://www.destatis.de/DE/Themen/Gesellschaft-Umwelt/Wohnen/Tabellen/eigentuemerquote-nach-bundeslaender.html (abgerufen am 17.10.2023).

91 Karl Marx/Friedrich Engels: Manifest der Kommunistischen Partei, MEW 4, S. 493.

also in den hochindustrialisierten Ländern differenziert, sozial verbessert und ihr Umfang ist aufgrund des Aufstiegs des Dienstleistungssektors geringer geworden. Auch wenn die „goldenen Zeiten des Kapitalismus“ mit dem „Wohlstandsversprechen“ für alle vorerst vorbei sind, so besteht für relevante Gruppen in den Zentren des Kapitalismus immer noch die Chance, kleine Vermögen anzusparen.[92] Was dann von diesen Vermögen, die im Berufsleben akkumuliert und während der Rente zum Teil aufgezehrt werden, übrigbleibt, fällt der nächsten Generation als Erbe anheim.[93] Dies läuft den Erwartungen von Marx, der eine nivellierte Arbeiterklasse mit geringen Qualifikationen und vorwiegend körperlicher Tätigkeit vor Augen hatte, zuwider. Dass die „ungeheure Warensammlung“ wächst und – von Krisen abgesehen – auch auf Nachfrage trifft, also Käufer findet, lag – so darf man vermuten – außerhalb der Vorstellung von Marx, der diesen Zustand wohl eher in einer Gesellschaft der freien Individuen – dem Kommunismus – gesehen hätte.

Auf der anderen Seite hatte Marx darin recht, dass im Kapitalismus die Tendenz herrscht, dass sich das Prinzip der Lohnarbeit ausdehnt. Die breite Mehrheit der erwerbstätigen Menschen in den entwickelten Ländern besteht heute aus lohnabhängig Arbeitenden. Wer lohnabhängig ist, verfügt nicht selbst über Produktionsmittel, sondern ist darauf angewiesen einen Arbeitsvertrag einzugehen und monatliche Lohn- oder Gehaltszahlungen zu erhalten. Heutzutage bedeutet dies nicht unbedingt, dass man von der Hand in den Mund lebt. Es gibt auch Angestellte, die mehr verdienen, als sie zum Leben brauchen, und

---

92 Vgl. Deutsche Bundesbank: Vermögen und Finanzen privater Haushalte in Deutschland: Ergebnisse der Vermögensbefragung 2021, Monatsbericht April 2023, https://www.bundesbank.de/resource/blob/764252/17db15daa53575e87540a3e0462413c1/mL/2023-04-monatsbericht-data.pdf (abgerufen am 08.09.2023), S. 25ff.: „Auch der Median der Nettovermögen, der die Mitte der Vermögensverteilung markiert und Haushalte in eine reichere und eine ärmere Hälfte teilt, ist erneut deutlich angestiegen, und zwar von 70 800 € im Jahr 2017 auf 106 600 € im Jahr 2021. Nimmt man auch hier die lange Frist in den Blick, ergibt sich ein Anstieg um mehr als 100% gegenüber 2010/11 (51 400 €).“

93 Das DIW berechnet für mittlere Einkommensbezieher eine Erbsumme (2017) von 52.300 Euro. Vgl. Anita Tiefensee/ Markus M. Grabka: Das Erbvolumen in Deutschland dürfte um gut ein Viertel größer sein als bisher angenommen, https://www.diw.de/documents/publikationen/73/diw_01.c.560982.de/17-27-3.pdf (abgerufen am 08.09.2023).

einige, die im Laufe ihres Lebens ein kleines Vermögen aufhäufen, etwa ein Eigenheim abbezahlen. Andere erhalten nach wie vor nicht mehr, als sie zum Überleben benötigen, wenngleich das Leben und Überleben auch im Niedriglohnsektor heute sicherlich auf einem höheren Niveau stattfindet als im neunzehnten Jahrhundert, was etwa die Gesundheitsversorgung angeht. Aus dem Grunde, dass viele im Niedriglohnsektor Arbeitende nicht einmal genug zum Überleben verdienten und drohten unterhalb des Existenzminimums zu verdienen, die Tarifbindung zudem zurückgeht und somit ein wichtiges Instrument zur Stabilisierung der Löhne und Gehälter an Bedeutung verliert, wurde auch in Deutschland 2015 ein Mindestlohn eingeführt.

Die beschriebenen Fortschritte zu leugnen, wäre – da halten wir uns an die Position von Nymoen und Schmitt in diesem Band – unmarxistisch. Dann bleibt aber die Frage, inwiefern angesichts dieser Fortschritte die marxsche Theorie überhaupt noch aktuell ist. Sicherlich gibt es auf vielen der genannten Gebiete nach wie vor große, vielleicht wachsende Probleme. Das Rentenniveau ist bekanntlich rückläufig. Zeitweise gewinnen prekäre Arbeitsverhältnisse an Bedeutung. Auch das Gesundheitssystem ist an zahlreichen Stellen reformbedürftig und in seiner sozialen Ausrichtung immer umkämpft. Angesichts des deutschen Systems der privaten und gesetzlichen Krankenversicherungen kann man kritisch von einem „Zweiklassen-System" sprechen. Trotz Verbesserungen der Lebenssituation von vielen Arbeitenden über einen langen Zeitraum sind Rückschläge erkennbar, z.B. arbeitet heute in Deutschland eine immer größere Zahl von Menschen im Niedriglohnsektor.[94] In den letzten 20 Jahren hat das Realeinkommen aus „unselbständiger" Arbeit stagniert, während das Einkommen aus Kapitalvermögen deutliche Zuwächse erfahren hat.[95] Bis 1975 jedoch ist die Lohnquote in Deutschland durch den erfolgreichen Klassenkampf gestiegen – es war die Zeit vor dem sogenannten

94 Diesem gehörten 1997 „nur" 16% der abhängig Beschäftigten an, während es 2017 23% waren. Vgl. Markus Grabka/Carsten Schröder: Der Niedriglohnsektor in Deutschland ist größer als bislang angenommen, DIW Wochenbericht 14/ 2019.

95 Die bereinigte Lohnquote, also der Anteil der Arbeitnehmereinkommen am Volkseinkommen ist von 1975 (ca. 60%) auf 50% (2015) gefallen. Vgl. Stephan Krüger: Entwicklung des deutschen Kapitalismus 1950–2013, Hamburg 2015, S. 75.

„Neoliberalismus" mit Privatisierungen und „flexiblen" Arbeitsverhältnissen. Seitdem ist es zu einem signifikanten „Rollback" gekommen. Unterlagen in den alten Bundesländern 1998 nur 24% der Arbeitsverträge keinem Tarifvertrag, so waren es im Jahr 2021 46%, also fast doppelt so viele. In den neuen Bundesländern waren 55% der Arbeitsverhältnisse nicht tarifgebunden, mit direkten Folgen für die Einkommenssituation der abhängig Beschäftigten.[96] Auch die Einkommensungleichheiten haben sich mit dem Neoliberalismus wieder vergrößert.[97]

Dass die erreichten Fortschritte also unvollkommen und immer auch bedroht sind, ist sicher ein Grund sich weiterhin mit der ökonomischen Grundlage auch des verhältnismäßig freundlichen modernen Sozialstaats kritisch zu beschäftigen. Doch soll der Blick hier auch grundsätzlicher gelenkt werden auf das, was sich seit der Niederschrift des *Kapital* nicht verändert hat: Nach wie vor leben wir in Verhältnissen, in denen die meisten Menschen als Lohnabhängige nur dann ihr Leben durch Arbeit finanzieren können, wenn ein Unternehmen sie benötigt, um Profite zu machen, also um sie im marxschen, analytischen Sinne auszubeuten. Der Mensch hat nicht an sich, weil er Mensch oder zumindest weil er Bürger eines Landes ist oder in einer bestimmten Region lebt, ein Recht darauf sich am Produktionsprozess zu beteiligen und davon zu leben. Ob ihm dies gelingt, ist zu einem großen Teil immer noch eine Gnade des Marktes. Ohne Zweifel trifft es auf die Lohnabhängigen heute, auch wenn sie materiell gut leben, immer noch zu, dass sie von Arbeitslosigkeit bedroht sind. Sie können im Prinzip jederzeit auf die Straße gesetzt werden. Damit besteht aber auch heute noch das Risiko, dass man seinen Lebensstandard senken muss, oder sogar massiven materiellen Nöten

---

96 Statistisches Bundesamt: Tarifbindung von Arbeitnehmern, https://www.destatis.de/DE/Themen/Arbeit/Arbeitsmarkt/Qualitaet-Arbeit/Dimension-5/tarifbindung-arbeitnehmer.html (abgerufen 02.07.2023).

97 Der Gini-Koeffizient, der die Ungleichheit in einem Land misst, ist von 24,7% (1991) auf 29,6% (2019) gestiegen. Der Gini-Koeffizient ist eine Kennzahl für (Un)gleichheit, 0% heißt, dass alles an alle gleich verteilt ist 100% bedeutet, dass einer alles hat. Vgl. Wirtschafts- und Sozialwissenschaftliches Institut der Hans Böckler Stiftung, WSI Verteilungsbericht 2022. Gini-Koeffizient, https://www.wsi.de/de/verteilungsbericht-2022-30037-gini-koeffizient-30069.htm (abgerufen 02.07.2023).

ausgesetzt ist. Viele Haushalte verfügen auch im reichen Deutschland über keinerlei Rücklagen.[98] Sie hangeln sich von Gehaltszahlung zu Gehaltszahlung. Eine Periode der Arbeitslosigkeit bedeutet für sie unmittelbar materielle Not.

Das Risiko der Arbeitslosigkeit ist insbesondere deshalb hoch und belastend, weil der Kapitalismus – und auch hier sind Marx' Einsichten noch aktuell – nach wie vor von Konjunkturzyklen gekennzeichnet ist. Von Zeit zu Zeit gehen Rezessionen durch die Wirtschaft, heute zunehmend in weltweitem Ausmaß, obgleich auch hier gilt, dass die reichen Länder diese besser aufzufangen vermögen als die armen. In Rezessionen steigt die Arbeitslosigkeit und die Chance, eine neue Stelle zu finden, ist je nach Alter, Flexibilität des Einzelnen sowie dem Ausmaß und der Länge der Krise geringer oder höher.

Am Verhältnis von Kapital und Arbeit hat sich im Prinzip seit Marx nichts geändert. Es handelt sich nach wie vor um ein Verhältnis gegensätzlicher Interessen. Die Arbeitenden erhalten ein Gehalt oder einen Lohn, von dem sie ein mehr oder weniger gutes Leben führen können, die Besitzer der Produktionsmittel investieren, um Gewinn zu machen und zu akkumulieren. Menschen werden im Produktionsprozess verwendet, um sie auszubeuten. Reichtum häuft sich in der einen Klasse an, während der Wohlstand auf der anderen Seite stagniert, nur gering steigt oder manchmal auch wieder fällt. Das Ziel ist nicht das Allgemeinwohl, sondern der Profit. Die Gesellschaft beruht nicht auf der Solidarität aller, etwa durch gemeinsamen Besitz der Produktionsmittel, sondern auf Privateigentum an diesen. Dieses Verhältnis hat sich im Laufe der Jahrzehnte noch ausgedehnt. Nahezu alle gesellschaftlichen Bereiche sind der Kapitallogik unterworfen. Der Kapitalismus hat sich verändert. Indes leben wir nach wie vor in diesem System und viele der Probleme, mit denen die Gesellschaft heute konfrontiert ist, sind durch die Kapitallogik bedingt. Dies zeigt sich nicht nur in den materiellen Lebensbedingungen der Arbeitenden, sondern auch in der allgemein vorherrschenden Profitorientie-

98 Laut Erkenntnissen des Statistischen Bundesamtes waren es im Jahr 2021 31,9% der deutschen Bevölkerung, die über keine Rücklagen verfügen. Vgl. Statistisches Bundesamt: Kein Geld für Rechnungen und unerwartete Ausgaben, https://www.destatis.de/Europa/DE/Thema/Bevoelkerung-Arbeit-Soziales/Soziales-Lebensbedingungen/Kein_Geld.html (abgerufen am 08.09.2023).

rung und den daraus resultierenden Ausrichtungen der Produktion. Im Gesundheitswesen sowie im Bildungswesen formt oft das Profitinteresse die Leistungserbringung. Profit geht oftmals vor der Sache selbst, vor dem Gebrauchswert, vor der Leistung am Menschen. Für ein Verständnis dessen, für Kritik und schließlich für Veränderungen braucht es die marxsche Theorie.

Brennende Themen heute

Da der Kapitalismus sich als Weltsystem durchgesetzt hat, sind viele der großen Probleme der Gegenwart, die die Menschheit trotz allen Fortschritten bedrohen, durch den Kapitalismus bedingt. Sie können nur mithilfe der marxschen Theorie in ihrem Zusammenhang begriffen werden und es ist fraglich, ob sie innerhalb des Kapitalismus gelöst werden können.

Nehmen wir zunächst das Problem der sozialen Ungleichheit. Mit „Ungleichheit" ist hier nicht gemeint, dass Menschen unterschiedlich sind oder sich in der Gesellschaft unterschiedlich verhalten. Es geht vielmehr um einen unterschiedlichen Zugang zu gesellschaftlichen Ressourcen in Form von Einkommen und Vermögen, vulgo: um Arm und Reich. Die Einkommens- und Vermögensunterschiede nehmen seit Jahrzehnten weltweit zu. Die zunehmende soziale Ungleichheit wird daher immer wieder auch als große Herausforderung thematisiert. Die Bundesregierung veröffentlicht hierzu Armuts- und Reichtumsberichte. Der französische Ökonom Thomas Piketty betrachtet das Problem weltweit. In seinem Buch *Das Kapital im 21. Jahrhundert* zeigt er ausführlich, dass in nahezu allen reichen Ländern in den letzten dreißig Jahren die Gegensätze von Arm und Reich zugenommen haben. Aufgrund der neoliberalen Reformen, für die vor allem die Regierungen Kohl, Schröder, Reagan, Thatcher bekannt sind und die etwa in der Schwächung der Gewerkschaften, der Senkung von Spitzensteuersätzen sowie in der Privatisierung öffentlicher Güter bestanden – war es den Reichen und Superreichen möglich, sich einen immer größeren Teil des Bruttoinlandsprodukts, des in einem Jahr produzierten gesellschaftlichen Reichtums, anzueignen. In Pikettys Formulierung: Die Rendite auf Kapital ist größer als das Wachstum, $r > g$. Piketty verfolgt trotz des Titels seines Werks keinen wirklich marxistischen Ansatz. In *Das Kapital im 21. Jahrhundert* fordert er vor allem steuerliche Gegenmaßnamen gegen die wachsende Ungleichheit, die das Problem wohl abmildern, aber nicht beseitigen würden. Man könnte sie als sozialdemokratische, reformierende Maßnahmen bezeichnen. Er kritisiert dort nicht die Profitorientierung der Produktion selbst. In seinem Nachfolgewerk *Kapital und Ideologie* dagegen unterbreitet er interessante grundlegendere Reformvorschläge, die tatsächlich den Kapitalismus infrage stellen. Die große Bedeutung der sozialen Ungleichheit heute belegt die Aktualität der marxschen Theorie. Denn sie ist es, die erklärt, weshalb im Kapitalismus nicht alle gleichermaßen am steigenden Wohlstand der Gesellschaft teilhaben. Der mit der Produktivkraftentwicklung wachsende Reichtum der Gesellschaft muss im Kapitalismus weitgehend der herrschenden Klasse anheimfallen, um dessen Dynamik zu erhalten.

Nicht nur die Ungleichverteilung der Vermögen und Einkommen ist eine problematische Eigenschaft des Kapitalismus, sondern auch seine Krisenhaftigkeit. In fast jeder neuen Boomphase taucht der Glaube auf, die den Kapitalismus kennzeichnenden Konjunkturzyklen seien überwunden. Doch immer wieder werden wir eines Besseren belehrt. Zuletzt geschah dies durch die schwere Finanz- und Wirtschaftskrise, die 2008 vom amerikanischen Immobilienmarkt ihren Ausgang nahm und danach Banken und schließlich ganze Staaten erschütterte. In vielen Ländern sorgte sie für ein Sinken des Lebensstandards und beschädigte staatliche Umverteilungsmechanismen und Sozialsysteme. Das Finanzkapital hat sich ausdifferenziert, sein Umfang und seine Bedeutung sind gestiegen. Durch ein umfangreiches Kreditwesen und die zunehmende Möglichkeit der Banken, selbst Geld zu schöpfen, ist der Kapitalismus vorübergehend flexibler und leistungsstärker geworden. Aber durch die zunehmende Ablösung des Kredits und der Wertpapiere von der realen Produktion ist auch die Gefahr von Krisen gestiegen. Die Antwort des Kapitals auf die strukturelle Krise nach dem Ende des Nachkriegsbooms war der Neoliberalismus. Die Antwort auf die Krise zu Beginn des 21. Jahrhunderts steht noch aus.

Trotz allen öffentlichen Hilfen ist es nicht gelungen, das Finanzkapital als möglichen Ausgangspunkt von Krisen unschädlich zu machen. Den durch die Finanzkrise ausgelösten sozialen Verwerfungen folgte das Aufkommen neuer Bewegungen, die interessanter Weise zumeist nicht links orientiert sind. In den letzten Jahrzehnten sind in vielen Ländern rechtspopulistische Bewegungen aufgekommen, die zum großen Teil auch bereits Wahlerfolge verzeichneten. Diese Bewegungen sind oft dadurch gekennzeichnet, dass sie für diejenigen einzutreten beanspruchen, die in der gegenwärtigen Phase des Kapitalismus abgehängt zu werden drohen. Sie knüpfen an die alltäglichen Sorgen der breiten Bevölkerung an. Sie sind in der Regel gegen Einwanderung und geben vor, sich gegen herrschende oder zumindest tonangebende Eliten zu wenden. So wurde die AFD 2013 gegründet. Trump wurde 2016 zum Präsidenten gewählt. Die italienische Lega Nord wandelte sich etwa zur selben Zeit unter Salvini zur „Lega" und wurde zeitweise zur stärksten Partei. Inzwischen ist sie im italienischen Parteienspektrum durch eine andere rechtspopulistische Partei abgelöst oder ergänzt worden, die historisch der faschistischen Partei entstammt.

Diese rechtspopulistischen Bewegungen sind Ausdruck ökonomischer Gegensätze. Kapitalverwertung und Wachstum werden schwieriger, insbesondere gilt dies seit der Finanzkrise. In Zeiten geringeren Wachstums versuchen die Herrschenden die notwendigen Einschränkungen jedoch möglichst auf die anderen Klassen abzuwälzen. Gegensätze in der Gesellschaft gewinnen an Bedeutung, die integrative Kraft des Systems geht zurück. Auch der Aufstieg des Rechtspopulismus lässt sich also mit einem ökonomischen, an Marx orientierten Ansatz verstehen. Der Ansatz vieler Linker, Rechtspopulisten als zurückgebliebene, verbohrte und intolerante Menschen abzutun, greift zu kurz. Ähnlich ist auch der deutsche Nationalsozialismus im Gefolge des Ausbruchs der Weltwirtschaftskrise 1929 stark geworden. Von diesen Verhältnissen sind wir derzeit weit entfernt, aber die Parallelität ist unverkennbar.

Gegensätze von Arm und Reich, die zumindest Legitimationsprobleme aufwerfen, gibt es nicht nur innerhalb eines Landes. Es gibt solche Gegensätze auch zwischen den Nationen. Wir berücksichtigen in diesem Text vor allem die Verhältnisse in Deutschland und vernachlässigen den Umstand, dass die meisten Menschen auf der Welt nicht in solchen noch relativ komfortablen Verhältnissen leben. Um den Kapitalismus insgesamt beurteilen zu können, müssten jedoch die Verhältnisse weltweit berücksichtigt werden. In den weniger entwickelten Ländern beobachten wir heute noch Zustände eines entfesselten, unregulierten Kapitalismus, wie es sie im Europa der Industriellen Revolution gab. Die Vermögensgegensätze sind zudem nicht nur eine Frage der Entwicklung, die in manchen Ländern noch nicht so weit gediehen ist wie bei uns. Danach bräuchte man sich nur in Geduld zu üben, bis der Kapitalismus auch dort fortgeschritten und zum modernen Sozialstaat gereift ist. Stattdessen hängt die Entwicklung in den reichen Ländern zu einem Teil mit der Unterentwicklung in anderen Ländern zusammen, da die Staaten in einem Konkurrenzverhältnis zu einander stehen. Auch abgesehen von den kolonialen Eroberungen der Vergangenheit wird die Unterentwicklung in manchen Ländern und Regionen durch die reichen und mächtigen Länder auch heute aktiv befördert.[99] Diese verfolgen ihre Interessen, die darin bestehen, dass die ärmeren Länder eine bestimmte Rolle in der globalen Arbeitsteilung ausfüllen. Diese Interessen werden, wenn nötig, auch mit ökonomischem Druck, Sanktionen und militärischen Drohungen verfolgt, insbesondere von den USA, die aufgrund ihrer wirtschaftlichen, politischen und militärischen Macht dazu in der Lage sind und weltweite Dominanzansprüche erheben. Sie greifen permanent in die Angelegenheiten abhängiger Länder ein, um ihre Interessen durchzusetzen. In der marxistischen Tradition ist oft von „Imperialismus“ die Rede, um diese Phänomene zu beschreiben. Ein griffiges Beispiel hierfür ist das US-amerikanische Nahrungsmittelexport-Programm „Food for Peace“. Während des Kalten Krieges beschloss Washington Nahrungsmittelexporte als Waffe einzusetzen und bewirkte u.a. eine Umstellung der Wirtschaft Ägyptens von der Produktion von Weizen auf die Produktion von Baumwolle. Aufgrund dessen wurde das Land ebenso wie viele weitere Staaten vom Import seiner Nahrungsmittel, und dadurch in hohem Maße vom Exporteur USA, abhängig.[100] Diese Abhängigkeit erweist sich gerade heute als Problem, da aufgrund des Krieges in der Ukraine deren Lebensmittelexporte nicht mehr sicher sind. Eine eigenständige Entwicklung wird vielen armen Ländern dadurch erschwert oder auch unmöglich gemacht, da die reichen und mächtigen Länder sie nur

99 Der EU-Chefdiplomat Borell erklärt inzwischen offen die Konquistadoren zu Vorbildern für die EU. Vgl. Florian Warweg: EU-Chefdiplomat Borrell: „Wie die Konquistadoren müssen wir eine neue Welt erfinden“, https://www.nachdenkseiten.de/?p=91227 (abgerufen am 08.09.2023).

100 Die linke Politrock-Band „Schmetterlinge“ besingt diesen Coup der USA im Lied „Goldener Weizen“ (LP „Die letzte Welt“, Köln 1982).

solange tolerieren, wie sie ihren wirtschaftlichen und politischen Interessen nicht zuwiderläuft. Gleichzeitig werden diese materiellen Interessen durch Moral bemäntelt. Man gibt sich gerne den Anschein für Menschenrechte, Demokratie und Freiheit einzutreten.

Ein marxistischer Ansatz, der diese internationalen Zusammenhänge zu erhellen vermag, ist dabei dem plakativen „Postkolonialismus" weit überlegen, der ebenfalls beansprucht, Herrschaftsansprüchen der „westlichen" Länder entgegenzutreten, aber meist nur Menschen verschiedener Hautfarbe gegenüberstellt und auf den Kolonialismus als historische Epoche fixiert ist. Der Postkolonialismus übersieht dabei, dass die Lohnarbeit in Europa teilweise der Sklaverei in ihrer Unmenschlichkeit kaum nachstand. Ferner gab es Arten von Kolonialismus oder Imperialismus auch in Europa, unter Weißen, z.B. von England gegenüber Irland. Schließlich gab und gibt es auch in den kolonisierten Ländern Herrschaftsverhältnisse, die vom Postkolonialismus gerne vernachlässigt werden, da er die Kulturen als homogene Einheiten betrachtet, um eindeutige Täter-Opfer-Gegensätze konstruieren zu können. Überhaupt sind dem Postkolonialismus kulturelle Phänomene wichtiger als ökonomische und strategische Interessen, wodurch er sich von einem an Marx orientierten Ansatz eindeutig unterscheidet.[101]

Der Gegensatz von armen und reichen Ländern stellt letztere weniger in Form von offenem Widerstand oder gar Aufstand seitens der unterentwickelten Länder vor Herausforderungen als in Form von Migration.[102] Für viele Menschen auf der Welt sind Nordamerika und Europa der Inbegriff von Wohlstand, Sicherheit und Fortschritt. Viele versuchen dorthin zu gelangen und dort Fuß zu fassen. Migration ist seitens der reichen Länder durchaus erwünscht, da Arbeitskräfte, möglichst qualifizierte, benötigt werden und die eigene Bevölkerung sich selbst nicht reproduziert. Andererseits stellen die

---

101 Zur Kritik des Postkolonialismus vgl. Ingo Elbe/Robin Forstenhäusler e.a. (Hrsg.): Probleme des Antirassismus. Postkoloniale Studien, Critical Whiteness und Intersektionalitätsforschung in der Kritik, Berlin 2022.

102 Gerade in den letzten Jahren ist es u.a. in Niger und Mali auch zu offenen Konfrontationen vor allem mit der ehemaligen Kolonialmacht Frankreich gekommen. Ob es sich hierbei tatsächlich um eine intendierte Befreiung handelt oder der Antiimperialismus eher der ideologischen Bemäntelung anderer Motive dient, ist umstritten.

Migrationsbewegungen die Zielländer allein durch ihren Umfang auch vor Herausforderungen. Es sind außerdem oft nicht qualifizierte Fachkräfte, die illegal nach Europa migrieren, sondern Menschen mit geringem Bildungshintergrund, die in diesem Umfang ökonomisch nicht gebraucht werden und aus sprachlichen und kulturellen Gründen Schwierigkeiten haben werden sich zu integrieren. Versuche, die Immigration zu begrenzen, führen zu schwer erträglichen Zuständen an den Außengrenzen der EU und der USA. Migration ist im Großen und Ganzen also nicht dadurch verursacht, dass Menschen neugierig auf andere Länder sind und diese kennenlernen wollen, sondern durch ökonomische Not und Flucht vor Krieg und Bürgerkrieg. Menschen begeben sich auf oft gefährliche und teure Emigrationen, weil sie in ihrer Heimat keine Perspektive für eine ökonomische Existenz sehen. Die Armut, vor der sie fliehen, die Fluchtgründe, sind nicht ohne den Kapitalismus und das Handeln der führenden kapitalistischen Länder zu verstehen.

Eine weitere große Herausforderung der reichen Gesellschaften ist der Zerfall der Familie. Die Emanzipation der Frau ist auch dem Kapitalismus zu verdanken. Das Kapital braucht auch die Frauen als Arbeitskräfte. Heute sollen Frauen und Männer dem Arbeitsmarkt möglichst in Vollzeit zur Verfügung stehen. Für Kinderbetreuung steht in diesem Gesellschaftsmodell entsprechend wenig Zeit zur Verfügung. Da die Menschen nicht mehr ökonomisch oder durch sozialen Druck aneinander gebunden werden, insbesondere die Frau nicht mehr ökonomisch vom Mann als Ernährer abhängig ist und zur Not selbst ein Kind oder mehrere Kinder mit der Unterstützung des Staates alleine aufziehen kann, halten Ehen kaum noch auf eine Lebenszeit. Man bleibt zusammen, bis man keine Lust mehr hat oder sich etwas Besseres findet. Auch dies trägt nicht gerade zu einem stabilen Familienleben mit zahlreichen Kindern bei. Kinder werden oftmals als Ballast empfunden, der einen an der eigenen beruflichen und privaten Entfaltung hindert. Die Familie wird kleiner und schwächer. In der modernen Gesellschaft findet eine Vereinzelung statt, die zu Einsamkeit, psychischen Krankheiten und dem Fehlen praktischer gegenseitiger Unterstützung im Alltag führt. Der Kapitalismus verlangt, dass möglichst viele Menschen, auch Frauen und

Mütter, dem Arbeitsmarkt möglichst örtlich und zeitlich flexibel zur Verfügung stehen. Dies führt dazu, dass viele qualifizierte Menschen heute mit häufigem Ortswechsel konfrontiert sind, die von Reckwitz so genannten „Anywheres". Den reichen kapitalistischen Ländern gelingt es bei allen Investitionen in die gesellschaftliche Kinderbetreuung nicht, die Menschen dazu zu bringen, Kinder zu zeugen. Seit langem schon reproduziert sich Deutschlands Bevölkerung nicht mehr aus sich selbst heraus. Der Zerfall der Familie, die sie bewirkt, ist eine Herausforderung für die kapitalistische Gesellschaft, da es nicht gelungen ist, jenseits sozialstaatlicher Maßnahmen andere Formen solidarischer Gemeinschaften zu entwickeln.

Angesichts des demographischen Wandels stellt sich die Frage nach der Versorgung der älteren Bevölkerung. In letzter Zeit wird insbesondere von den Unternehmern die Rentendiskussion ins Licht der Öffentlichkeit gerückt und dabei mit dem simplen Argument einer zunehmenden Verrentung durch das Ausscheiden der „Baby-Boomer" aus dem Erwerbsleben und immer höherer Lebenserwartung die Notwendigkeit begründet, dass wir länger arbeiten müssen und/oder als Arbeitnehmer mehr in die Versorgungssysteme einzuzahlen haben und/oder bei gleichen Einzahlungen mit geringeren Leistungen im Alter rechnen müssen. Aus marxistischer Sicht würde man argumentieren, dass die permanente Produktivkraftentwicklung es Gesellschaften ermöglicht, weiterhin die nicht mehr arbeitende Bevölkerung zu alimentieren, denn der damit verbundene stetig steigende Reichtum muss nur entsprechend verteilt werden und sollte nicht den Kapitalisten anheimfallen. Hier verläuft die eigentliche Konfliktlinie.

Schließlich sei eine der zurzeit meistdiskutierten Herausforderungen der Gegenwart angesprochen: die Umweltproblematik. Mit Blick auf die entwickelten Sozialstaaten wird man es dem Kapitalismus vielleicht zutrauen, soziale Widersprüche durch allgemeine Wohlstandsentwicklung so weit abzufedern, dass sie als weitgehend gelöst betrachtet werden könnten. Wie gesagt: es gibt vieles, das dagegen spricht: Der Kapitalismus erzeugt immer neue Armut, immer neue Gegensätze von Arm und Reich. Dennoch hat er in dieser Hinsicht zweifellos eine gewisse Erfolgsgeschichte vorzuweisen. Mit der

Zerstörung der natürlichen Umwelt, heute besonders am Klimawandel diskutiert, ist jedoch ein weiteres Problem hinzugekommen, von dem noch deutlich offener ist, ob er es bewältigen kann. Kapitalismus bedeutet stetigen Drang nach Wachstum. Wachstum bedeutet jedoch auch einen zunehmenden Verbrauch von natürlichen Ressourcen. Die Schäden, die dabei in der Natur angerichtet werden, tauchen in den Bilanzen der kapitalistischen Unternehmen nicht als Kosten auf. Zu den verbrauchten Ressourcen gehören auch die fossilen Substanzen, die wir zur Energiegewinnung nutzen. Die dabei entstehenden Emissionen wiederum haben den bekannten Effekt auf die Atmosphäre, der den Klimawandel bewirkt. Selbst für den unwahrscheinlichen Fall, dass der Kapitalismus den Klimawandel durch technische Lösungen unter Kontrolle bringen könnte, bleibt der wachsende Hunger nach Energie bestehen. Diese müsste, wenn nicht durch fossile Ressourcen, auf andere, nicht weniger schädliche Weise erzeugt werden wie etwa durch Atomkraft. Ein unbegrenzter Wachstumstrieb, wie er dem Kapital eigen ist („Die Bewegung des Kapitals ist daher maßlos“[103]), ist mit begrenzten Ressourcen schlechterdings nicht vereinbar. Insofern drängt es sich auf, vom Umweltschutz zur Kapitalismuskritik überzugehen.

Wenngleich Marx der Klimawandel nicht bewusst sein konnte, erkannte er bereits die Schäden, die die kapitalistische Industrie an der Natur verursachte: „Die kapitalistische Produktion entwickelt daher nur die Technik und Kombination des gesellschaftlichen Produktionsprozesses, indem sie zugleich die Springquellen alles Reichtums untergräbt: die Erde und den Arbeiter.“[104] Gegen naiven Fortschrittsoptimismus in der Arbeiterbewegung, der nur in der Arbeit die Grundlage des Reichtums sah, wandte Marx ein: „Die Arbeit ist nicht die Quelle alles Reichtums. Die Natur ist ebensosehr die Quelle der Gebrauchswerte (und aus solchen besteht doch wohl der sachliche Reichtum!) als die Arbeit, die selbst nur die Äußerung einer Naturkraft ist, der menschlichen Arbeitskraft.“[105] Damit schuf er die

---

103 Karl Marx: Das Kapital, Erster Band , MEW 23, S. 167.
104 Karl Marx: Das Kapital, Dritter Band, MEW 23, S. 529f.
105 Karl Marx: Randglossen zum Programm der deutschen Arbeiterpartei, MEW 19, S. 15.

theoretische Grundlage dafür, die Bedeutung der Natur für die menschliche Gesellschaft und allen Reichtum zu erkennen.

Unter Namen wie „Postwachstumstheorie", „Degrowth" oder „Gemeinwohlökonomie" wird in gegenwärtigen Diskussionen das Wachstumsstreben unserer Ökonomie kritisiert, dabei aber übersehen, dass Wachstum, Akkumulation, dem Kapitalismus wesentlich ist.[106] Wenn man den unbeschränkten Wachstumstrieb der Gesellschaft kritisiert, wird man sich mit den Grundlagen des Kapitalismus auseinandersetzen müssen. Auch eine sozialistische Gesellschaft wird ein Mehrprodukt erwirtschaften müssen, um sich entwickeln zu können. D.h. sie muss mehr produzieren, als sie verzehrt, um aus den Überschüssen neue Möglichkeiten durch einen „gesellschaftlichen Reserve- und Akkumulationsfonds"[107] zu erschließen. Eine solche Gesellschaft unterliegt jedoch nicht dem unbegrenzten und unbedingten Wachstumszwang des Kapitalismus. In ihr kann demokratisch darüber entschieden werden, inwiefern ein Mehrprodukt zu produzieren ist, ob das Mehrprodukt komplett verzehrt werden kann und wofür ein etwaiges Mehrprodukt verwendet werden soll.

Anhand der hier exemplarisch angesprochenen Themen lässt sich also eine Aktualität der marxschen Theorie begründen. Die Beschäftigung mit der marxschen Wissenschaft ermöglicht Einsichten in gesellschaftliche Strukturen, die neben wirtschaftlichen auch politische und kulturelle Phänomene sichtbar und erklärbar machen. Sie bietet Erklärungen, warum in Gesellschaften Normen und Verhaltensweisen geduldet, gefördert oder sanktioniert werden und in Gesetze gegossen sind. Sie macht verständlich, warum die Sicherung der Herrschaft der Besitzenden sich heute seltener in physischer Gewalt und vielmehr in Ideologie und kultureller Hegemonie manifestiert, warum die weitaus größte Mehrheit der Bevölkerung in den kapitalistischen Zentren mit ihrer Lebenswelt versöhnt scheint, obwohl sie vom Eigentum am Produktivvermögen ausgeschlossen ist, das sie doch nur durch ihre eigene Arbeit schafft.

---

106 Zur Kritik dieser Strömung vgl. die entsprechenden Folgen des Podcasts von Ole Nymoen und Wolfgang M. Schmitt (u.a. ep. 187) sowie den Beitrag der beiden Autoren in diesem Band.

107 Karl Marx: Das Kapital, Erster Band, MEW 23, S. 552.

Die Ausrichtung auf den Wert und die Erzielung von Mehrwert sowie die Hintanstellung des Gebrauchswerts, des Nutzens, der Befriedigung von Bedürfnissen, führt zu Fehlallokationen und zu nationalen und internationalen Wohlstandsunterschieden, führt dazu, dass der Nutzen aller gegenüber dem Reichtum weniger in den Hintergrund tritt. Wirtschaft, Politik, politisches Handeln muss sich rechnen, muss denen, die das Produktivvermögen besitzen, neue Akkumulationschancen eröffnen. Und wenn die ganze Welt in die Globalisierung einbezogen ist, wenn die Ausdehnung des Systems an ihre geographischen Grenzen stößt, bietet die innere Landnahme Chancen zu akkumulieren. Mit Marx können wir erklären, warum die über viele Jahre erkämpfte öffentliche Infrastruktur kaputtgespart, warum gesellschaftliche Daseinsfürsorge privatisiert wird.

Doch welche politischen Folgerungen ergeben sich aus dieser Theorie? Seit Marx' Tod diskutieren Linke eine an der von ihm entwickelten Wissenschaft ausgerichtete Politik, so über die Frage, ob Reform oder Revolution zur Überwindung des Kapitalismus führen, über die Träger der Entwicklung, über das Verhältnis zu öffentlichen oder staatlichen Strukturen, die der konkreten Verbesserung der Lage der arbeitenden Bevölkerung dienen und vielerlei mehr.

Marx stellt den Kapitalismus als eine dynamisch sich verändernde Gesellschaft dar. Täglich muss das System sich neuen Herausforderungen stellen, um sich zu reproduzieren, ohne die Eigentumsverhältnisse zu verändern. Darüber hinaus hat der Kapitalismus auch regional stark verschiedene Gesichter, die durchaus kulturell geprägt sein können. Marx selbst hat nur wenige konkrete Aussagen über eine zukünftige Entwicklung getroffen. Er tat dies im Bewusstsein, dass die Gesellschaften sich mit den Produktivkräften entwickeln und sich damit sowohl neue Lösungen als auch neue Probleme ergeben. Gerade die Entwicklung der Produktivkräfte und die daraus entspringend sozialen Entwicklungen sind jedoch nicht vorhersagbar.

Es lassen sich unserer Ansicht nach aus Marx' Theorie keine konkreten Empfehlungen für eine bestimmte Politik ableiten. Marx lenkt den Blick auf die grundsätzlichen Mechanismen der kapitalistischen Gesellschaften und schafft somit die Grundlagen für einen Diskurs über Veränderungen – Veränderungen, die auf die strukturellen

Wesensmerkmale des Systems verweisen und nicht allein auf konjunkturelle Phänomene. Mit Marx erkennt man unsere grundlegenden Probleme als notwendige Eigenschaften eines auf Privateigentum und Profitorientierung gegründeten Systems. Ob und wann der Kapitalismus an sein Ende kommt, wann er keine Lösungen mehr findet, die bestehende Ordnung zu erhalten oder gar zu verbessern, lässt sich nicht prophezeien – es wird im gesellschaftlichen Diskurs oder Kampf entschieden werden. Es sind die gesellschaftlichen Subjekte, die diesen gestalten, je nach Lage ihrer Kräfte. Individuelle Lösungen und moralische Appelle werden sicher nicht zu einer sozialen Weiterentwicklung führen.

Welche Schritte im Einzelnen zu unternehmen sind, ob man sich für mehr Genossenschaften, mehr Staatseigentum oder schlicht mehr betriebliche Mitbestimmung einsetzt oder ob man sich defätistisch in den Lauf der Dinge fügt, ist nicht direkt aus den theoretischen Einsichten von Marx und Engels abzuleiten. Die marxschen Schriften fordern uns zum eigenen Denken und Handeln heraus. Auch wenn eine bestimmte politische Position aus der Beschäftigung mit der marxschen Theorie also kaum ableitbar ist: Wer sich heute an Marx orientiert, wird sich für eine aufgeklärte und solidarische Gesellschaft einsetzen. Die marxsche Theorie geht generell von einer gesellschaftlichen Höherentwicklung aus, einem Fortschritt, in welchem die Gesellschaft die Natur ständig besser nutzbar macht und einen steigenden Wohlstand erzeugt. Eine an Marx orientierte Politik wird sich dafür einsetzen, dass der steigende Wohlstand und die damit geschaffenen gesellschaftlichen Möglichkeiten möglichst allen zugutekommen. Sie wird sich dafür einsetzen, dass die gegenwärtige und zukünftige geschichtliche Entwicklung im Interesse aller gestaltet wird.

Literaturverzeichnis

Adorno, Theodor W.: Erziehung nach Auschwitz, in: ders.: Erziehung zur Mündigkeit, Frankfurt a.M. 1971, S. 92–109.

Adorno, Theodor W.: Minima Moralia. Reflexionen aus dem beschädigten Leben, Frankfurt a.M. 1951.

Adorno, Theodor W.: Negative Dialektik, Frankfurt am Main 1966.

Adorno, Theodor W.: Resignation, in: ders. Kritik. Kleine Schriften zur Gesellschaft, Frankfurt a.M. 1969, S. 145–150.

Adorno, Theodor W.: Theorie der Halbbildung, Gesammelte Schriften Bd. 8, Frankfurt 1997, S. 93–121.

Anselm von Canterbury: Proslogion, Stuttgart 1962.

Baraki, Matin: Afghanistan. Revolution, Intervention, 40 Jahre Krieg, Köln 2023.

Baumann, Zygmunt: Flüchtige Zeiten. Leben in der Ungewissheit, Dr. von Richard Barth, Hamburg 2008.

Baumann, Zygmunt: Leben als Konsum, Dt. von Richard Barth, Hamburg 2009.

Benjamin, Walter: Über den Begriff der Geschichte, Gesammelte Schriften I/2, Frankfurt a.M. 1991, S. 690–708.

Bernstein, Eduard: Texte zum Revisionismus, hrsg. von Horst Heimann, Bonn 1977.

Bohn, Rainer: Marxistisches Denken, Baden-Baden 2021.

Bourdieu, Pierre: Die feinen Unterschiede. Kritik der gesellschaftlichen Urteilskraft, Frankfurt a.M. 1982 (1979).

Bourdieu, Pierre: Soziologische Fragen, Frankfurt a.M. 1993 (1980).

Bourdieu, Pierre: Der Staatsadel, Konstanz 1989.

Braun, Volker: Es genügt nicht die einfache Wahrheit. Notate, Frankfurt am Main 1976.

Brecht, Bertolt: An die Nachgeborenen, in: ders.: Hundert Gedichte 1918–1950), Frankfurt a.M. 1998.

Brecht, Bertolt: Gesammelte Gedichte, Band 3, Frankfurt a.M. 1976.

Bundesfinanzministerium: Entwicklung der Staatsquote, https://www.bundesfinanzministerium.de/Datenportal/Daten/offene-daten/haushalt-oeffe

ntliche-finanzen/s12-entwicklung-der-staatsquote/s12-entwicklung-der-staatsquote.html (abgerufen am 17.10.2023).
Bundesministerium für Arbeit und Soziales: Sozialbericht 2021, Stand August 2021, Bonn.
Bundesverfassungsgericht: Urteil vom 01.03.1979, online verfügbar unter https://openjur.de/u/177323.html (abgerufen am 19.09.2022).
Butterwegge, Christoph: SPD und Staat heute, Berlin 1979.

Dahmer, Helmut: Libido und Gesellschaft. Studien über Freud und die Freudsche Linke, Münster 2013.
Deutsche Bundesbank: Vermögen und Finanzen privater Haushalte in Deutschland: Ergebnisse der Vermögensbefragung 2021, Monatsbericht April 2023, https://www.bundesbank.de/resource/blob/764252/17db15daa53575e87540a3e0462413c1/mL/2023-04-monatsbericht-data.pdf (abgerufen am 08.09.2023).

Elbe, Ingo/ Robin Forstenhäusler e.a. (Hrsg.): Probleme des Antirassismus. Postkoloniale Studien, Critical Whiteness und Intersektionalitätsforschung in der Kritik, Berlin 2022.
Engels, Friedrich: Einleitung zu „Die Klassenkämpfe in Frankreich 1848 bis 1850“ von Karl Marx (Ausgabe 1895), MEW 7, S. 511–527.
Engels, Friedrich: Engels an August Bebel vom 18./28. März 1875, MEW 34, S. 125–131.
Engels, Friedrich: Engels an August Bebel am 25. August 1881, MEW 35, S. 220-222.
Engels, Friedrich: Engels an Joseph Bloch, 21./22. September 1890, MEW 37, S. 462–465.
Engels, Friedrich: Die englische Zehnstundenbill, MEW 7, S. 233–243.
Engels, Friedrich: Die Entwicklung des Sozialismus von der Utopie zur Wissenschaft, MEW 19, S. 181–228.
Engels, Friedrich: Herrn Eugen Dührings Umwälzung der Wissenschaft („Anti-Dühring“). MEW 20, S. 5–303.
Engels, Friedrich: Ein gerechter Tagelohn für ein gerechtes Tagewerk, MEW 19, S. 247–250.
Engels, Friedrich: Die Lage der arbeitenden Klasse in England. Nach eigner Anschauung und authentischen Quellen, MEW 2, S. 225–506.
Engels, Friedrich: Nachwort (1894) [zu „Soziales aus Russland“], MEW 18, S. 663–674.
Engels, Friedrich: Vorwort zur englischen Ausgabe, MEW 23, S. 36–40.

Freud, Sigmund: Die ‚kulturelle' Sexualmoral und die moderne Nervosität (Freud: Studienausgabe Bd. IX), Frankfurt a.M. 2000 (1908).

Grabka, Markus/ Carsten Schröder: Der Niedriglohnsektor in Deutschland ist größer als bislang angenommen, DIW Wochenbericht 14/2019.

Greffrath, Mathias: Re: Das Kapital, Politische Ökonomie im 21. Jahrhundert, München 2017.

Habermas, Jürgen/ Silvia Bovenschen u.a.: Gespräche mit Herbert Marcuse, Frankfurt a.M. 1981.

Hartmann, Michael: Die Abgehobenen. Wie die Eliten die Demokratie gefährden, Frankfurt a.M. 2018.

Hartmann, Michael: Die globale Wirtschaftselite. Eine Legende, Frankfurt a.M. 2016.

Harvey, David: Marx' „Kapital" lesen. Ein Begleiter für Fortgeschrittene und Einsteiger, Hamburg 2011.

Hegel, Georg Wilhelm Friedrich: Phänomenologie des Geistes, Frankfurt a.M. 1970.

Hegel, Georg Wilhelm Friedrich: Vorlesungen über die Philosophie der Geschichte, Werke 12, Frankfurt a.M. 1968.

Heinrich, Michael: Kritik der politischen Ökonomie. Eine Einführung, Stuttgart 2004.

Heterodox Academy: Viewpoint Diversity among black intellectuals. A Conversation with John McWhorter, https://www.youtube.com/watch?v=-D9LZdjnxKk) (abgerufen am 23.11.2023).

Hobbes, Thomas: Leviathan, Frankfurt a.M. 1984.

Hobsbawm, Eric: Industrie und Empire I. Britische Wirtschaftsgeschichte seit 1750, Frankfurt a.M. 1968.

Hobsbawm, Eric: Das Zeitalter der Extreme, München 1998.

Horkheimer, Max: Späne. Notizen über Gespräche mit Max Horkheimer, Gesammelte Schriften 14, Frankfurt a.M. 1988, S. 172–549.

Horkheimer, Max/ Theodor W. Adorno: Dialektik der Aufklärung. Max Horkheimer, Gesammelte Schriften, Band 5, Frankfurt a.M. 1987.

Kant, Immanuel: Kritik der reinen Vernunft, Akademie-Ausgabe 3, Berlin 1787.

Koenen, Gerd: Das rote Jahrzehnt, Köln 2001.

Köppel, Roger: Weltwoche Daily vom 19.08.2022, online verfügbar unter: https://www.youtube.com/watch?v=8RK2Abc28b0, abgerufen am 07.04.2022.

Kortzfleisch Siegfried v./ Gottfried Mierau: Das Paradies für möglich halten (Gespräch mit dem Juso-Vorsitzenden Gerhard Schröder, in: Lutherische Monatshefte, 17. Jahrgang, 6/1978, S. 339–341.

Krause, Wolfgang/ Andreas Wehr/ Hans Willi Weinsen: Zwischen Anpassung und sozialistischer Politik – zur Geschichte der Jungsozialisten seit 1945, Berlin 1975.

Krölls, Albert: Das Grundgesetz als Verfassung des staatlich organisierten Kapitalismus. Politische Ökonomie des Verfassungsrechts, Wiesbaden 1988.

Krüger, Stephan: Entwicklung des deutschen Kapitalismus 1950–2013, Hamburg 2015.

Krüger, Stephan: Wert der Arbeitskraft und Mehrwertrate in der Bundesrepublik während der Nachkriegszeit, Zeitschrift Marxistische Erneuerung 117 (2019), S. 125–133.

Kummereincke, Sven: Warum der Verfassungsschutz die „Masch" im Visier hat, Hamburger Abendblatt vom 20.09.2022, online verfügbar unter: https://www.abendblatt.de/hamburg/article236472987/warum-der-verfassungsschutz-die-masch-im-visier-hat-marxistische-abendschule-othmarschen.html, abgerufen am 13.10.2022.

Kunkel, Wolfgang: Geschichte als Prozeß? Historischer Materialismus oder Marxistische Geschichtstheorie, Hamburg 1987.

La Boetie, Etienne de: Von der freiwilligen Knechtschaft, Frankfurt a.M. 1980.

Lenin, Wladimir Iljitsch: Drei Quellen und drei Bestandteile des Marxismus, Lenin Werke Bd. 19, Berlin 1977.

Lessing, Gotthold Ephraim: Emilia Galotti, Werke 2, Darmstadt 1996, S. 127–204.

Lotz, Christian: Karl Marx. Das Maschinenfragment, Hamburg 2014.

Lukianoff, Greg/ Jonathan Haidt: The Coddling of the American Mind. How Good Intentions and Bad Ideas are Setting Up a Generation for Failure, New York 2018.

Mann, Michael: The Sources of Social Power, Volume 2: The Rise of Classes and Nation-States, 1760–1914, Cambridge 1995.

Mao Tsetung: Worte des Vorsitzenden, Peking 1972.

Marx, Karl: Der achtzehnte Brumaire des Louis Bonaparte, MEW 8, Berlin 1960, S. 111–207.

Marx, Karl: Briefe aus den „Deutsch-Französischen Jahrbüchern", MEW 1, Berlin 1956, S. 337–346.

Marx, Karl: Entwürfe einer Antwort auf den Brief von V.I. Sassulitsch, MEW 19, Berlin 1982, S. 384–406.
Marx, Karl: Grundrisse der Kritik der politischen Ökonomie, MEW 42, Berlin 1983.
Marx, Karl: Inauguraladresse der Internationalen Arbeiter-Assoziation, MEW 16, Berlin 1962, S. 5–13.
Marx, Karl: Das Kapital. Kritik der politischen Ökonomie, Erster Band, MEW 23, Berlin 1964.
Marx, Karl: Das Kapital. Kritik der politischen Ökonomie, Zweiter Band, MEW 24, Berlin 1964.
Marx, Karl: Das Kapital. Kritik der politischen Ökonomie, Dritter Band, MEW 25, Berlin 1964.
Marx, Karl: Kritik des Gothaer Programms, MEW 19, Berlin 1976, S. 11–32.
Marx, Karl: Marx an Engels, 02.04.1851, MEW 27, S. 228–229.
Marx, Karl: Marx an Engels, 08.12.1857, MEW 29, S. 221–225.
Marx, Karl: Marx an Ludwig Kugelmann, 30. November 1867, MEW 31, Berlin 1965, S. 575f.
Marx, Karl: Marx an Ludwig Kugelmann, 17. April 1871, MEW 33, Berlin 1966, S. 209.
Marx, Karl: Marx an V.I. Sassulitsch, MEW 19, Berlin 1982, S. 242f.
Marx, Karl: Ökonomisch-philosophische Manuskripte, MEW 40, Berlin 1968, S. 465–588.
Marx, Karl: Randglossen zum Programm der deutschen Arbeiterpartei, MEW 19, S. 15–32.
Marx, Karl: Thesen über Feuerbach, MEW 3, Berlin 1956, S. 5–7.
Marx, Karl: Zur Kritik der Hegelschen Rechtsphilosophie. Einleitung, MEW 1, Berlin 1956, S. 378–391.
Marx, Karl: Zur Kritik der politischen Ökonomie, MEW 13, Berlin 1978, S. 3–160.
Marx, Karl/ Friedrich Engels: Die deutsche Ideologie. Kritik der neusten deutschen Philosophie in ihren Repräsentanten Feuerbach, B. Bauer und Stirner, und des deutschen Sozialismus in seinen verschiedenen Propheten, MEW 3, Berlin 1956, S. 9–530.
Marx, Karl/ Friedrich Engels: Manifest der Kommunistischen Partei, MEW 4, Berlin 1959.
Marxistische Abendschule (Hrsg.): Aufhebung des Kapitalismus. Ökonomie einer Übergangsgesellschaft, Hamburg 2015.
McWhorter, John: Die Erwählten. Wie der neue Antirassismus die Gesellschaft spaltet, Hamburg 2021.

Mensching, Günther (Hrsg.): Das Testament des Abbé Meslier, Frankfurt a.M. 1976.
Milanovic, Branko: Die Degrowth-Illusion, 2017, https://makronom.de/die-degrowth-illusion-24137) (abgerufen am 07.04.2023).
Milanovic, Branko: Die Degrowth-Illusion. Teil II, 2017, https://makronom.de/die-degrowth-illusion-2-24156 (abgerufen am 07.04.2023).
Milanovic, Branko: Kapitalismus global. Über die Zukunft des Systems, das die Welt beherrscht, Berlin 2020.
Mussler, Werner: Hat ein Menschenleben einen Geldwert? Frankfurter Allgemeine Zeitung vom 06.06.2005, https://www.faz.net/aktuell/wirtschaft/oekonomie-hat-ein-menschenleben-einen-geldwert-1230638.html#:~:text=%E2%80%9EZum%20ersten%20Mal%20hat%20ein,%E2%80%9C, (abgerufen am 08.09.2023).

Neubert, Harald: Die ‚Historische Mission der Arbeiterklasse' bei Marx und Engels und die historische Realität, in: Z. Zeitschrift für marxistische Erneuerung, Nr. 80/2009
Nietzsche, Friedrich: Also sprach Zarathustra, hrsg. von Giorgio Colli und Mazzino Montinari, München 1988.

Pfaller, Robert: Erwachsenensprache. Über ihr Verschwinden aus Politik und Kultur, 4. Auflage Frankfurt am Main 2018.
Piketty, Thomas: Das Kapital im 21. Jahrhundert, München 2014.
Piketty, Thomas: Kapital und Ideologie, München 2020.

Rahlf, Thomas: Deutschland in Zahlen – Zeitreihen zur Historischen Statistik, Bonn 2015.
Reckwitz, Andreas: Das Ende der Illusionen. Politik, Ökonomie und Kultur in der Spätmoderne, Berlin 2019.
Reich, Wilhelm: Massenpsychologie des Faschismus, Frankfurt a.M. 1972 (1933)
Reitz, Tilman: Ideologiekritik, in: HKWM, Bd. 6/ 1, Sp. 690–717.

Salecl, Renata: Universalismus und kulturelle Differenz, in: Das Argument, Nr. 234, (42. Jahrgang, 1/ 2000), S. 33–38.
Sassulitsch, Vera: Sassulitsch an Karl Marx, zit. n. MEW 19, S. 572, Anm. 155.
Smith, Adam: Der Wohlstand der Nationen, München 1978.
Sokal, Alan/ Jean Bricmont: Eleganter Unsinn. Wie die Denker der Postmoderne die Wissenschaften mißbrauchen. München 1999.

Solty, Ingar: USA: Der 18. Brumaire des Donald Trump?, in: Martin Beck, Ingo Stützle (Hrsg.), Die neuen Bonapartisten, Berlin 2018, S. 74–92.

Starke, Peter: Krisen und Krisenbewältigung im deutschen Sozialstaat: Von der Ölkrise zur Finanzkrise von 2008, ZeS Arbeitspapier 02/2015, Bremen 2015.

Statistisches Bundesamt: Eigentümerquote nach Bundesländern, https://www.destatis.de/DE/Themen/Gesellschaft-Umwelt/Wohnen/Tabellen/eigentuemerquote-nach-bundeslaender.html (abgerufen am 17.10.2023).

Statistisches Bundesamt: Kein Geld für Rechnungen und unerwartete Ausgaben, https://www.destatis.de/Europa/DE/Thema/Bevoelkerung-Arbeit-Soziales/Soziales-Lebensbedingungen/Kein_Geld.html (abgerufen am 08.09.2023).

Statistisches Bundesamt: Tarifbindung von Arbeitnehmern, https://www.destatis.de/DE/Themen/Arbeit/Arbeitsmarkt/Qualitaet-Arbeit/Dimension-5/tarifbindung-arbeitnehmer.html (abgerufen 02.07.2023).

Statistisches Bundesamt: Wöchentliche Arbeitszeit in der EU, https://www.destatis.de/Europa/DE/Thema/Bevoelkerung-Arbeit-Soziales/Arbeitsmarkt/Qualitaet-der-Arbeit/_dimension-3/01_woechentliche-arbeitszeitl.html (abgerufen am 17.10.2023).

Thatcher, Margaret: Interview for 'Woman's Own' ("No Such Thing as Society"). https://www.margaretthatcher.org/document/106689 (abgerufen am 08.09.2023).

Tiefensee, Anita/ Markus M. Grabka: Das Erbvolumen in Deutschland dürfte um gut ein Viertel größer sein als bisher angenommen, https://www.diw.de/documents/publikationen/73/diw_01.c.560982.de/17-27-3.pdf (abgerufen am 08.09.2023).

Trotzki, Leo: Terrorismus und Kommunismus (Soziales Denken Bd. 2), Berlin 1990 (1920).

Warweg, Florian: EU-Chefdiplomat Borrell: „Wie die Konquistadoren müssen wir eine neue Welt erfinden", https://www.nachdenkseiten.de/?p=91227 (abgerufen am 08.09.2023).

Weber, Max: Die protestantische Ethik und der „Geist" des Kapitalismus, in: Gesammelte Aufsätze zur Religionssoziologie I, Tübingen 1988.

Weltbank: Life expectancy at birth, total (years), https://data.worldbank.org/indicator/SP.DYN.LE00.IN; (abgerufen am 08.09.2023).

Weyand, Jan: Adornos Kritische Theorie des Subjekts, Springe 2001.

Winstanley, Gerrad: Gleichheit im Reiche der Freiheit. Sozialphilosophische Pamphlete und Traktate, Frankfurt a.M. 1988.

Wirtschafts- und Sozialwissenschaftliches Institut der Hans Böckler Stiftung, WSI Verteilungsbericht 2022. Gini-Koeffizient, https://www.wsi.de/de/verteilungsbericht-2022-30037-gini-koeffizient-30069.htm (abgerufen 02.07.2023).

Wolf, Dieter: Zum Systemcharakter der ökonomisch-gesellschaftlichen Verhältnisse, zu den methodisch bedeutsamen Abstraktionen und zur Methode des „Aufsteigens vom Abstrakten zum Konkreten", Beiträge zur Marx-Engels-Forschung Neue Folge 2009, S. 61–98.

Zehma, Dehqan: Der afghanische Marxismus als ‚säkulare Religion', in: Abbas Poya (Hrsg.), Afghanistan 2001–2021. Gewaltideologien und ein Hauch von offener Gesellschaft, Bielefeld 2024, S. 15–26.

Autorenverzeichnis

Hartmann, Michael, geboren 1952, Professor em. TU Darmstadt. Studium der Soziologie, Politikwissenschaft, Philosophie, Psychologie, Geschichte und Germanistik, 1976 M.A., 1979 Promotion und 1983 Habilitation. Forschungsstipendiat der DFG. 1999–2014 Professor für Soziologie an der TU Darmstadt. Jüngste Buchveröffentlichungen: Die globale Wirtschaftselite. Eine Legende. Frankfurt 2016. Die Abgehobenen. Wie die Eliten die Demokratie gefährden. Frankfurt 2018. 2002 Thyssen-Preis für den besten sozialwissenschaftlichen Aufsatz des Jahres, 2010 Thyssen-Preis für den zweitbesten sozialwissenschaftlichen Aufsatz des Jahres und 2008 Preis der Deutschen Gesellschaft für Soziologie für hervorragende Leistungen bei der öffentlichen Wirksamkeit der Soziologie. Zahllose öffentliche Vorträge und Medieninterviews sowie viele Talkshowauftritte im Fernsehen.

Kaltenbach, Armin, geboren 1987. Nach der Realschule Ausbildung bei Bosch in Stuttgart als Mechatroniker. Durch das Engagement in der Jugend- und Auszubildendenvertretung und die IG Metall Jugend politisiert und stark engagiert im betrieblichen und gewerkschaftlichen Kontext. Absolvierte 2012/13 den 77. Jahrgang an der europäischen Akademie der Arbeit an der Goethe Universität in Frankfurt. War für eine Amtszeit jüngstes Betriebsratsmitglied und studiert aktuell an der ehemaligen HWP, Universität Hamburg, den interdisziplinären Studiengang Sozialökonomie. Er ist neben dem Studium ehrenamtlich in der gewerkschaftlichen Bildungsarbeit aktiv.

Krüger-Kopiske, Karsten Kunibert, geboren 1959 in Bremen und nach dem Studium der Wirtschaftswissenschaft an der dortigen Universität seit Mitte der 1980er Jahre in der Privatwirtschaft in diversen Positionen im kaufmännischen Bereich tätig. Er war Mitglied der SPD und Vorsitzender der Juso-Schülergruppen in Bremen sowie als Mitglied des Sozialistischen Hochschulbundes zeitweise im AStA der Universität Bremen. Er hat 14 Publikationen unter eigenem Namen veröffentlicht – alle im Bereich Schifffahrt und Reedereien.

Löbig, Michael, geboren 1955. Nach der Ausbildung zum Elektromechaniker zunächst Zivildienst und Abitur auf dem Zweiten Bildungsweg. Studium der Philosophie, Soziologie, Literaturwissenschaft, Sozial- und Wirtschaftsgeschichte in Hamburg und Hannover (MA). Promotion in Philosophie an der Universität Hannover. Tätigkeit als wissenschaftlicher Mitarbeiter am Gesellschaftswissenschaftlichen Institut (GI) in Hannover. Wissenschaftlicher Mitarbeiter am Institut für Philosophie an der Universität Flensburg und der Fernuniversität Hagen. Anschließend Tätigkeit als Sozialarbeiter im Bereich der Eingliederungshilfe in Hamburg.

Menrad, Thomas, geboren im Jahr 1993, lebt in Hamburg St. Pauli und arbeitet als Rettungssanitäter.

Nymoen, Ole, geboren 1998, studiert Soziologie und Wirtschaftswissenschaften in Jena und arbeitet als freier Journalist. Mit Wolfgang M. Schmitt spricht er in ihrem gemeinsamen Podcast *Wohlstand für Alle* über Geld sowie ökonomische Ideengeschichte und politische Ökonomie. 2021 veröffentlichte er gemeinsam mit Wolfgang M. Schmitt das viel beachtete Buch „Influencer. Die Ideologie der Werbekörper".

Öztekin, Tijen, geboren 1994, studierte Geographie und Kunstgeschichte an der Universität Frankfurt und Hamburg. Arbeitet als Tutorin und wissenschaftliche Mitarbeiterin in der Urbanistik.

Reichardt, Tobias, geboren 1973, ist Professor für Soziale Arbeit an der IU Internationale Hochschule, einer großen privaten Hochschule. Er promovierte in Philosophie und erwarb die Venia legendi für praktische Philosophie. Nach dem Studium entdeckte er, dass nicht nur Bücher, sondern auch die berufliche Praxis, die ihn vor allem ins Bildungs- und Sozialwesen führte, Freude bereiten und Wissen erweitern können. Seit 2023 ist Reichardt auch Betriebsrat.

Schmitt, Wolfgang M., geboren 1987, betreibt unter dem Motto „Kino anders gedacht!" seit 2011 *Die Filmanalyse* auf Youtube. Mit Ole Nymoen spricht er in ihrem gemeinsamen Podcast *Wohlstand für Alle* über Geld sowie ökonomische Ideengeschichte und politische Ökonomie. 2021 veröffentlichte er gemeinsam Ole Nymoen das viel beachtete Buch „Influencer. Die Ideologie der Werbekörper".

Stegemann, Paul, geboren 1975, studierte Soziologie, Politische Wissenschaft, Philosophie und Sozial- und Wirtschaftsgeschichte an der Universität Hamburg. Er arbeitet in der Post- und Logistikbranche und in der Erwachsenenbildung.

Zehma, Dehqan, geboren 1965 in Kabul, verließ als Minderjähriger Afghanistan und reiste 1981 in die Bundesrepublik Deutschland; Studium der Soziologie, Wirtschaftswissenschaften und Rechtswissenschaft an der Universität für Wirtschaft und Politik Hamburg, Diplom-Sozialwirt und Diplom-Sozialökonom. Im Rahmen persischsprachiger Publikationen befasste er sich u.a. mit den Themen Rassismus, Nationalismus, Kultur und Ethnizität. Beruflich arbeitet er seit 1997 im Sozialwesen.

Zuckermann, Moshe, geboren 1949, emeritierter Prof. Dr. phil. am Cohn Institute for the History and Philosophy of Science and Ideas der Universität Tel-Aviv, seit 2017 emeritiert. Studium der Soziologie, Politologie und Geschichte an der Universität Tel-Aviv. Leitete zwischen 2000–2005 das Institut für deutsche Geschichte an der TAU. Zwischen 2009–2014 war er akademischer Leiter der Sigmund-Freud-Privatstiftung in Wien. Arbeitsschwerpunkte: Geschichte und Philosophie der Geistes-, Sozial- und Kulturwissenschaften; Frankfurter Schule; Ästhetische Theorie und Kunstsoziologie; der Einfluss der Shoah auf die politischen Kulturen Israels und Deutschlands.